グローバル研究開発人材の育成とマネジメント
知識移転とイノベーションの分析

早稲田大学教授　村上由紀子　編著

Development and Management of Human Resources for Global R&D

中央経済社

序　文

　研究開発のグローバル化が進んでいる。海外の有用な知識を取り入れるために，海外の研究組織や研究開発者と共同する動きはグローバル規模で活発化している。本書はグローバル研究開発の中でも，日系多国籍企業が国境を越えて展開する共同研究開発を対象に，人材育成と人材マネジメントについて考察している。

　多国籍企業は本社と海外子会社の間で，また，海外子会社間で知識を移転し共有しながら，新製品，新技術の開発と研究に取り組んでいる。地理的に離れ，文化や経済社会制度の異なる国々の間で共同研究開発を首尾よく行うためには，国内共同研究開発とは異なる人材マネジメント上の課題があるであろう。

　そこで本書では，多国籍企業内の研究開発組織間の関係をとらえ，さらに，その関係を築いたりそれに制約されたりしながら研究開発を行う研究開発者の行動を分析し，グローバル研究開発に必要な人材の育成と研究開発成果を高める人材マネジメントについて考察した。

　本書のベースになっている研究は，日本学術振興会から資金提供をいただいた「多国籍企業における人材の国際移動によるイノベーション」という研究課題である。この課題を達成するために，多国籍企業のR&Dを対象としてグローバルイノベーションを解明する必要があり，それまでに研究開発者やエンジニアを対象にマネジメントや労働市場の研究を行ってきたメンバーが集まった。メンバーは，石田英夫編著（2002）『研究開発人材のマネジメント』（慶應義塾大学出版会）や，中田喜文・電機総研編集（2009）『高付加価値エンジニアが育つ――技術者の能力開発とキャリア形成』（日本評論社）のベースとなった研究プロジェクトに参加し，研究開発者やエンジニアの研究を行ったことはあるが，当時の対象は国内の研究・開発・製造や国際比較に限られていた。グローバル研究開発が活発化する時代に入り，メンバーは多国籍企業のグローバル研究開発に関心を持つようになり，本プロジェクトが開始された。

4年間のプロジェクト実施期間において，所属の変更により青森から京都までの広い範囲にメンバーが散らばるようになり，また，役職で多忙になるメンバーも出てきたが，本テーマに対する強い関心は変わらず，早稲田に集まり月1回の研究会を継続することができた。また，実証研究で企業にご協力をいただくために，メンバーが協力して奔走したことがデータ収集の成功につながっている。

　本書は，製薬，電機，自動車の2010年代のデータをもとに，理論的・実証的分析を行っている。グローバル研究開発は今後より一層広い範囲の地域で展開され，連携の複雑さも増すと予想されるが，本書の理論的考察は時代を超えて生かされ，また，実証的考察は発展過程の一歴史的局面を明らかにし，かつ国の政策策定と企業のマネジメント施策に有益な情報・知識を提供していると思われる。したがって，本書は経済・経営の学者ばかりではなく，企業のマネジメント担当者，政策策定に関与する専門家，社会科学を専攻する学生など，幅広い読者層を対象にしている。したがって，専門的な内容ではあるが，わかりやすさ，読みやすさを重視している。そのため専門の学者からみると，厳密さに欠けると思える部分があるかもしれないが，中央経済社のウェブサイトの本書紹介ページにおいて分析結果の詳細や質問票を開示し補っているためご容赦いただきたい。

　本書の出版に至るまで多くの方々にお世話になった。まずは，日本学術振興会には平成24年度から27年度まで科学研究費助成事業により研究資金を提供していただいた（研究課題番号：24330130，研究代表者名：早稲田大学　村上由紀子）。国内外の文献研究，ヒアリング調査，アンケート調査の資金と研究会開催の資金は本研究に必要不可欠であり，それを提供してくださった日本学術振興会と研究計画を評価してくださった匿名審査員の方々に心から御礼を申し上げたい。

　また，企業の研究開発と人事の担当の方々には，貴重な時間を割いてアンケート調査やヒアリング調査にご協力いただいた。守秘義務のため本書におい

て企業名を明らかにすることはできないが，ご提供いただいた回答や情報がなければ本書は成り立たず，ご協力に心より感謝申し上げる。

　最後に，中央経済社の市田由紀子さんには本書の出版を推進していただいた。丁寧に原稿を読み，本書の内容と意義が読者に伝わるような修正を提案していただいたおかげで，本書は完成をみるに至った。ご尽力に心より感謝申し上げる。

　本書がグローバル研究開発を担う方々，グローバル研究開発の研究や関連する政策に携わる方々に何らかの貢献ができれば幸いである。

2019年1月

早稲田大学 政治経済学術院
村上 由紀子

目　次

第1章　グローバル研究開発分析の視点と方法　　1

1　本書の背景　2
　(1)　オープンイノベーション　2
　(2)　多国籍企業の研究開発　3

2　日系MNC（多国籍企業）の研究開発に関する先行研究　5
　(1)　2000年代前半までの主な研究　5
　(2)　2000年代後半の主な研究　6
　(3)　2010年代前半の主な研究　7
　(4)　2010年代後半の主な研究と日系MNCの派遣に関する研究　8
　(5)　本書の問題関心　8

3　本書の分析のフレームワーク　9

4　調査の概要　12
　(1)　ヒアリング調査　12
　(2)　組織対象のアンケート調査　13
　(3)　個人とチーム対象のアンケート調査　14

5　本書の構成　15

第2章　海外研究開発拠点における知識吸収と成果　　25

1　「海外調査」の概要　26
　(1)　海外研究開発拠点の現状　26
　(2)　海外研究開発拠点の知識交換　30

2　分析の枠組み　35
　3　現地知識吸収モデルによる分析　37
　　⑴　モデルの説明　37
　　⑵　現地知識吸収モデルの分析結果　41
　4　拠点成果モデルによる分析　45
　　⑴　モデルの説明　45
　　⑵　拠点成果モデルの分析結果　47
　5　実務への提言　49

第3章　グローバル研究開発における国際的共同マネジメント　55

　1　グローバル研究開発における在外研究開発拠点　56
　2　グローバル研究開発における拠点間共同に関する先行調査・研究　57
　　⑴　日系多国籍企業研究開発のグローバル化　57
　　⑵　在外拠点の自律性（裁量）　59
　　⑶　拠点の自律性と拠点間共同のバランスと研究開発成果　60
　3　グローバル研究開発における共同と独立　62
　　⑴　拠点の役割と自律性　62
　　⑵　グローバル研究開発における共同　65
　　⑶　拠点の自律性と共同のマネジメントの関係　67
　4　研究開発における共同マネジメントおよび拠点自律性がグローバル研究開発連携成果に与える影響　75
　　⑴　分析およびその目的　75
　　⑵　本分析で用いる変数　76
　　⑶　分析結果　77

5　本章で明らかになった点とその含意　81

第4章　多国籍企業内の知識と人材のフロー
　　　　――地域別比較　87

　　1　地域別海外R&D拠点の特徴　88
　　　(1)　拠点の役割　88
　　　(2)　知識のフロー　89
　　　(3)　人材のフロー　91
　　　(4)　拠点の自律性　92
　　2　自律と連携　93
　　　(1)　研究拠点　93
　　　(2)　開発拠点　94
　　3　知識移転　95
　　　(1)　D社の事例　95
　　　(2)　その他の事例　97
　　4　派　遣　98
　　　(1)　派遣の目的　98
　　　(2)　派遣が知識移転に活用される理由　100
　　　(3)　教育訓練のための派遣　102
　　5　派遣の地域間比較　103
　　6　グローバル研究開発に必要な人材　105

第5章　研究開発者の情報交換ネットワークの効果と
　　　　形成要因　111

　　1　この章の検討課題　112
　　2　検討の枠組み　112

⑴ ネットワークの機能　112
⑵ ネットワークと個人の仕事パフォーマンス　113
⑶ 多様なネットワークの形成要因　115

3　研究開発者の情報交換ネットワーク　116
4　仕事パフォーマンスに対する情報交換ネットワークの効果　119
⑴ 分析に利用する変数について　119
⑵ 分析結果　121
⑶ ネットワークを通じて交換される情報の特徴　124

5　情報交換ネットワークの形成要因　125
6　明らかになったことと企業の取り組みへの示唆　128

第6章　グローバル企業の人的資源管理が研究開発者の知識共有行動に及ぼす影響　135

1　課題と背景　136
⑴ なぜ研究開発者の知識共有行動が重要なのか　136
⑵ 組織パフォーマンス向上を目指すHRM（人的資源管理）　137
⑶ 高業績を生み出すワークシステムとは　137

2　検討の枠組み　138
⑴ 検討対象のデータ　138
⑵ 本章で取り上げる知識共有行動　139
⑶ 本章で取り上げるHRMシステム　140

3　検討のフレームワーク　142
4　分析結果　144
⑴ 本章で扱う研究開発者データ　144
⑵ 研究開発者による知識共有行動　145

(3) 知識共有行動に影響する個人属性，仕事属性，HRM
　　　　　149
　5　本章で明らかになったこと　152
　　　(1) 分析から得られた知見　152
　　　(2) 実務上の含意　156

第7章　研究開発チームの多様性と創造的成果の関係　165

　1　研究開発チームと多様性　166
　2　多様性の分類　168
　　　(1) 先行研究による多様性の分類　168
　　　(2) 新しい分類の提示　169
　3　多様性と成果の関係　171
　　　(1) それぞれの多様性と成果の関係　171
　　　(2) モデレータ要因　172
　　　(3) 残された課題　173
　4　本章で取り上げるモデル　174
　　　(1) 本章で取り上げる多様性　175
　　　(2) 本章で取り上げる成果　176
　　　(3) 本章で取り上げる媒介要因　176
　　　(4) 本章で取り上げるモデレータ要因　178
　　　(5) フレームワーク図　179
　5　分　析　180
　　　(1) 調査方法　180
　　　(2) 測定尺度　180
　　　(3) 分析結果　182
　6　結論と示唆　191
　　　(1) 本章における知見　191

　　　　(2) 実務への提言　193

第8章　研究開発者の海外経験とキャリア感・仕事成果との関係性　201

　1　近年の留学をめぐる動きと問題の所在　202
　2　日本人の海外留学に関する動向と先行研究　203
　　　(1) 日本人留学生の推移　203
　　　(2) 留学経験者の就職後の動向　204
　　　(3) 企業による留学を通じた人材育成　205
　　　(4) 先行研究　206
　3　利用したデータ　207
　　　(1) 期間別に見た日本人研究開発者の海外経験　207
　　　(2) 年齢層別に見た日本人研究開発者の海外経験　208
　　　(3) 学生時代の留学経験と社会人時代の海外経験　211
　4　留学を中心とした海外経験とキャリア感　212
　　　(1) 海外経験の有無による単純比較　212
　　　(2) 他の要素をコントロールした回帰分析　212
　5　留学を中心とした海外経験と仕事成果　217
　　　(1) 成果指標について　217
　　　(2) 成果に関する分析結果　218
　6　本章の結果と示唆　220

第9章　グローバル研究開発人材の育成とマネジメント　225

　1　研究開発者に求められる能力　226
　　　(1) グローバル研究開発能力　226
　　　(2) 人材育成に必要なスキル　227

2 海外派遣者の HRM と課題　229
　(1) 海外赴任　229
　(2) 帰　任　230
3 外国人の雇用と課題　232
　(1) 日本本社採用の外国人　232
　(2) 国境をこえて形成されるプロジェクトチーム　234
4 MNC 内での HRM の独自性と統一　236
　(1) HRM と現地労働市場の相互関係　236
　(2) 評価・報酬制度の統一　237
　(3) 日本本社における HRM の変化　239
5 研究開発者の社会関係資本と人的資本の形成　240
　(1) ネットワークの形成と効果　241
　(2) 海外移動経験の効果　241
6 外部知識の獲得と職場内の共有　243
　(1) 職場内の知識共有を促進するマネジメント　243
　(2) 外部知識の獲得と職場内共有の連鎖　243
7 研究開発チーム内の多様性　245
　(1) 多様性とチームの成果との関係　245
　(2) R&D の現場で起きている多様性のメリットとデメリット　246
8 本書の貢献と残された課題　248

索　引　253

第1章

グローバル研究開発分析の視点と方法

▶本章のねらい
多国籍企業のグローバルレベルでの研究開発を，人材に焦点を当てて分析する本書の意図を明確にし，本書全体の分析のフレームワークと実証研究で活用するデータを提示して，第2章以降の分析・考察へと導く。

▶本章で明らかにされたこと
本書は，組織の行動と組織間関係を分析するマクロ的視点と，組織を構成する個人の行動を分析するミクロ的視点の両面から，多国籍企業のグローバル研究開発の分析を行う。本書の課題は，「R&D組織と研究開発者はどのようにグローバルに研究開発を行っているか」，「どのような人材がグローバル研究開発に必要か」，「グローバル研究開発に有効な人材マネジメントとは何か」について答えを見出すことである。

[村上 由紀子]

1 本書の背景

(1) オープンイノベーション

　日本が経済成長に苦しむようになって久しい。この状況を打開するために，新しい製品・サービス・技術の創出，新市場の開拓といったイノベーションに大きな期待が寄せられ，科学技術に基づくイノベーションは，日本の成長戦略の重要な柱に位置付けられている。イノベーションは既存の知識，技術，資源などの新結合による新たな経済的社会的価値の創出であるが[1]，結合されるべきものを組織がすべて自前で準備することは難しい。そこで，オープンイノベーションに対する関心が高まってきた。

　オープンイノベーションとは，有用な知識，技術，アイデア等が世の中に広く分散しているために，組織外に存在するそれらを認識し，組織内に取り込み，組織内部の既存知識等と結合させることによってイノベーションを起こすことである。オープンイノベーションが注目されるようになった背景として，高等教育の普及により有用で互いに補完的な知識が世界中で生まれ分散していることや，知識の複雑化・細分化により，組織内の知識だけでは高いパフォーマンスを達成できなくなってきたことに加え，消費者ニーズの多様化と製品サイクルの短縮がスピーディな開発を求めていることなどが挙げられる（米倉他，2012；Chesbrough, 2006）。

　したがって，オープンイノベーションという場合の空間は世界中に広がっているが，海外から新しい知識等を取り込むことは容易ではない。それを実現する1つの方法が国際共同研究であるが，日本は国際共同研究の少ない国として知られている（村上，2016）。このことは経済財政白書でも取り上げられ，先進各国が効率的にイノベーションを達成するためにグローバルに連携している中で，日本は自前主義に陥っていることが問題視されている（内閣府，2011）。また，科学技術白書では，イノベーションを実現するために科学技術活動を活

性化する必要があるものの，日本の国際共同研究が不活発であるために，日本の論文数の増加率は他の主要国に比べて低いことが指摘されている（文部科学省，2013）。

　したがって，研究者間や産学官の国際共同研究は今後の重要な課題であるが，本書はグローバル規模でイノベーションを実現するもう一つの手段として，多国籍企業内の本社と海外子会社とで実施されるグローバル研究開発に着目する。総務省の「平成29年科学技術研究調査」によると，平成28年度の日本の研究費の支出源は，民間が82％を占めており，また，研究主体別にみても研究費の約72％が民間により使用されている。したがって，イノベーションを起こす一つの原動力としての研究開発（R&D）を研究するにあたり，民間企業に焦点を当てる意義は大きい。

(2) **多国籍企業の研究開発**

　ただし，民間企業の研究開発で生み出される知識等は，企業の競争力の源泉であり，特許等の知的財産権により保護され，時には特許化されることもなく秘匿される。そこで，海外から知識を取り込むには，戦略的な提携と並んで，知識が集積しているシリコンバレーのようなクラスターに，子会社を立地させる方法がある。そのことによって，専門的知識が豊かな人材を地元の労働市場から採用して活用することができ（Almeida & Kogut, 1999；Lenzi, 2010；Parrotta, 2012），また，ローカル知識のスピルオーバー（意図されない知識の移転，外部性）の利益も期待できる（Narula & Zanfei, 2005；Bathelt et al., 2004）。ファングらが，技術的知識は法によって外部の模倣から守られているが，内部の模倣は容易であると述べているように（Fang et al., 2010），子会社の獲得した知識を多国籍企業内で移転し利用することには障害が少ないとみられている。効果的，効率的に知識を移転しグローバルに利用できることこそが，多国籍企業の存在理由であるとの指摘もある（Gupta & Govindarajan, 2000；Ambos & Ambos, 2009）。

　日本の実態に目を向けても，1990年代から日本企業の海外現地法人数は増加

し，日本企業の多国籍化が進んでいる（村上，2015・2018）。また，製造業における海外現地法人の研究開発費は，2005年には3,633億円であったが，リーマンショックの影響により2009年には3,348億円に減少したものの，2014年度には6,530億円にまで増加し，2016年度も6,134億円と6,000億円代を維持している（経済産業省，2018）。このことから2010年代に入り海外子会社で研究開発活動が活発に行われていることがわかる。さらに，外国との間で特許，ノウハウなどの技術の提供や受入れを行うことを技術貿易というが，総務省の「科学技術研究調査2017」によると，2016年度の技術輸出は35,719億円で，そのうち親子会社は約77％の高い割合を占めている。一方，技術輸入4,529億円のうち，親子会社が占める割合は約28％で輸出よりも低いが，2005年度には10.0％であったことと比べると2倍以上に増加している。したがって，日本の多国籍企業は，海外に設立した子会社との間で技術等を共同利用しながらビジネスを展開しているとみられる。

ただし，知識資源をグローバルに利用できることが多国籍企業のメリットだとしても，知識等の移転に携わる送り手と受け手の地理的距離が大きいことは事実であり，グローバル研究開発固有の難しさがあると思われる。また，多国籍企業の海外拠点は必ずしも本国の親会社との間で，また，海外子会社間で連携しあっているとは限らず，孤立している子会社が存在することも先行研究で見出されている（Monteiro et al., 2008）。したがって，多国籍企業内の国境を越えて展開される研究開発の実態を把握し，日本が今後より一層グローバルな規模でイノベーションを実現していくために何が必要かを考察することは重要な課題である。

2 日系MNC（多国籍企業）の研究開発に関する先行研究

(1) 2000年代前半までの主な研究

　日本企業の研究開発の国際化が書物の中で議論されるようになったのは，主に1990年代からである。榊原（1995）は当時の日本企業における研究開発の国際化が低い水準にあることを指摘しつつ，今後の研究開発の国際化は避けて通れない経営課題であろうと予想していた。また，中原（1998）は，当時の海外研究所の主な機能は，技術や市場情報の収集，技術サポート，改良的な製品開発であることを観察し，海外研究所が，現地市場向けの独自な製品開発を行い，グローバル市場に対する戦略的な開発拠点に成長することは，今後の確かな発展の方向であると指摘した。

　高橋（2000）は，企業の経営活動が国際化の段階からグローバリゼーションの段階へ発展したことを受けて，海外R&DをグローバルR&Dネットワークの視点から分析している。これは国内外の研究開発拠点を個別の単位ではなく，一体化したトータルの活動として捉える見方であり（高橋，2000，p.78），松下電器，NEC，トヨタなど日本を代表するMNC（Multinational Corporation：多国籍企業）がグローバルR&Dネットワークの構築を模索し始めていることを指摘している。また，R&Dネットワークの構築には，情報通信機器を利用したネットワークに加え人間関係をベースにしたヒューマンネットワークが重要であることから，海外研究開発拠点を知の集積したシリコンバレーやイギリスのサイエンスパークなどに置く日本企業の例が示されている。また，研究開発拠点が世界的規模で分散化する場合に，各拠点の自律とネットワーク全体の目標に向かったコントロールをバランスさせることや，リーダーのマネジメントが，R&Dネットワークの構築に重要であることも指摘されている。

(2) 2000年代後半の主な研究

　Iwata, Kurokawa, & Fujisue (2006) は，日系多国籍企業のアメリカ子会社の知識フロー，知識の蓄積，パフォーマンスの関係とそれらに影響を与える要因を，3段階モデルを用いて分析している。始めに知識フローに影響を与える要因として，R&D戦略，自律性，インセンティブシステムが検討され，それらの効果は，知識がテクノロジーに関するものかマーケットに関するものか，また，知識のフローが，子会社―本社間，子会社―ローカル組織間，子会社―子会社間のいずれであるかによって異なることが示されている。次に知識のフローと知識の蓄積との関係が分析され，知識の蓄積に主観的な指標を用いると，子会社間以外の知識フローは知識蓄積にプラスの影響を与えるものの，特許を指標に用いると，知識蓄積にポジティブな効果を与えるのは子会社―ローカル組織間の知識フローに限られることが示されている。最後に，知識の蓄積とパフォーマンスを主観的な指標で測ると，前者が増えると後者も高まることが見出され，子会社の知識の蓄積とそれに基づくパフォーマンスの向上をもたらす知識フローを促進することが提唱されている。

　また，岩田 (2007) は，「研究開発のグローバル化によるイノベーションの戦略的プロセスと組織的メカニズムの解明 (P.1)」を目的とした研究を行っている。海外子会社の研究開発資源（人的，物的，資金的，情報的資源）のシナジーをローカル・シナジーとグローバル・シナジーに分け，電機，自動車，化学・医薬品などの企業を分析した結果，全体的にはローカル・シナジーが多く見られ，特に業種別・地域別にみると，自動車とアジアにおいてそれが多く観察された。また，グローバル・イノベーションの成果の高い企業では，グローバル・シナジーがみられた。さらに，グローバル・シナジーに基づく行動を追求するためには，海外拠点における優秀な人材の確保，海外拠点の自主性，研究開発拠点間を連携させる組織，海外子会社―日本親会社間のフェイス・ツー・フェイスの情報交換が重要であることが指摘されている。

⑶　2010年代前半の主な研究

　若杉・伊藤（2011）は，日本企業の海外 R&D 活動について，企業レベルで定量的に分析している。そこでは，海外子会社の R&D 活動を拡大させる要因として，海外子会社の輸出比率，受入れ国の人的資源と技術知識の蓄積の大きさ，受入れ国の知的財産権の強さが見出されている。また，知的財産権の保護に強い関心が向けられ，その水準が，直接投資かライセンシングかの選択，多国籍企業内の技術移転の大きさ，現地 R&D 活動の生産性効果にも影響を与えることが示されている。

　浅川（2011）は，海外 R&D 拠点の自律性と本社による統制のバランスの問題を取り上げている。そのバランスに影響を与える要因が分析され，また，時間の経過による R&D 拠点の役割の変化が，海外拠点の自律性と本社─現地間の情報共有の実態を変えていくことが議論されている。また，世界中に分散する知識にアクセスし，それを社内に取り込み，社内の他の知識と融合し活用するためのネットワーク構造戦略や，企業の内的能力についても分析が行われ，さらに，標準プラクティスの社内普及の障害要因についても考察されている。また，浅川（2011）が考察する対象は広く，企業のグローバル R&D のマクロ環境にも注意が向けられている。すなわち，日本政府の生命科学研究への支援，産学技術提携の促進，資本市場の金融自由化などの政策が，製薬・バイオ産業の組織レベルでの R&D 戦略の変化と関連していることも指摘されている。

　米山・岩田・浅川・篠崎（2013）は，日本企業の海外現地法人を対象としたアンケート調査により，研究開発活動（R&D だけではなく技術を含む）の実態を明らかにし，現地での研究開発成果と親会社の研究開発活動への貢献度を規定する要因を分析している。その結果をもとに，親会社と海外子会社との間で自律性と依存性のバランスをとること，技術情報や市場顧客情報だけではなく，海外現地の経済社会の情報を収集するための体系整備，親会社への知識・情報移転のためのシステムの整備などが重要と指摘されている。

　また，Yoneyama（2013）は米山・岩田・浅川・篠崎（2013）と同じデータ

を使って，ローカル組織との共同が海外子会社のパフォーマンスに与える影響
や，日本の親会社からの派遣と海外子会社のローカルネットワークとの関係に
ついて分析を行っている。さらに，Yoneyama（2012）は同じデータを使って，
親会社から子会社への人，資金，情報の流れと現地での研究開発成果の関係を
分析し，親会社から子会社への人と資金を通じたコントロールが弱いことと情
報の流れが多いことが，現地での研究開発成果を高めることを見出している。

(4) 2010年代後半の主な研究と日系MNCの派遣に関する研究

鎌倉（2018）は，企業の組織，立地，知識フローの3要素の相互関係に着目
して，研究開発機能のグローバルな空間的分業の動態を分析している。日系化
学企業を対象とした実証分析によると，組織構造の集権化・分権化の程度と，
グローバル立地の集中化・分散化の程度の2軸によって，研究開発機能の空間
的分業は，国内完結型，国内中心型，国内外棲み分け型，国内外相互分業型に
分けられる。また，そのタイプは立地する国・地域により異なり，かつ，はじ
めは国内中心型であっても，国内外棲み分け型や国内外相互分業型へと変化し
ていくことが議論されている。

以上の先行研究の他にも，日本のMNCは派遣者を多用することで知られて
いるため（Beechler et al., 1996；Delios & Björkman, 2000；Belderbos & Hei-
jltjes, 2005），海外でも日系多国籍企業のR&D組織を対象に，派遣に関する研
究が行われてきた。例えば，Delios & Björkman（2000）は，知識移転のため
に派遣者を利用するMNCの特徴を，Wilkinson et al.（2008）は本社と子会社
の文化的距離と派遣者比率との関係を，Dutta & Beamisch（2013）は派遣と
ジョイントベンチャーのパフォーマンスとの関係を，また，Peng & Beamisch
（2014）は子会社の規模と派遣の量の関係をそれぞれ分析している。

(5) 本書の問題関心

以上の文献と比べた本書の特徴は，グローバル研究開発の組織間関係を主に
知識資源の観点からとらえ，かつ，知識を創出する研究開発者のミクロ的行動

にも焦点を当てて詳細に分析している点にある。MNCがグローバル規模のR&Dに成功するためには，戦略が重要であることは言うまでもないが，戦略を策定するのも，R&Dを実際に遂行するのも「人」であり，人の行動と人のマネジメントに焦点を当てた研究は重要である。しかし，多くの先行文献では本社と海外子会社を対象にして，組織の行動と組織間関係が考察されているために，人に関する十分な分析が行われていない。また，派遣の研究のように，人を対象にした研究であっても企業単位の分析であり，研究開発者個人や研究開発チームというミクロな単位での行動の分析は進んでいない。したがって，本書では，グローバルレベルで研究開発を実行するMNC内の組織間関係をとらえ，かつ，その関係を築いたりそれに制約されたりしながら研究開発を行う個人やチームの行動をも分析する。このような分析を行うことにより，個人を単位とした行動がどのようにして組織を単位とした知識創造に転換されるのかという従来のブラックボックスの解明に貢献することができると考えられる。そのような個人の行動の理論的・実証的分析を通じて，グローバル研究開発のパフォーマンス向上につながる人材マネジメントを見出すことも本研究の課題である。

3 本書の分析のフレームワーク

　R&Dは知識創造の連続である。Nahapiet & Ghoshal（1998）によると，知識創造はこれまでにつながりのなかった知識の新しいコンビネーション（結合）を作ることである。そこで，知識が別々の個人や組織によって保有されているならば，伝達や交換が結合の前提条件になり，結合までのプロセスは以下の3つのフェイズに分解される（Hotho et al., 2012）。
　① 新しい知識を認識し，それを獲得する。
　② 獲得した知識を個人や組織のコンテキストに変換する。
　③ 獲得した知識や変換した知識を他の知識と結合する。
　これらのプロセスを実行する基本的な主体は個人であるが，本書では始めに，

多国籍企業のR&D本社と海外R&D拠点という組織を単位に研究開発を考える。**図表1-1**はこの関係を表わしており、日本のR&D本社と北米、ヨーロッパ、アジアの各地域にあるR&D拠点とが知識等を移転・交換しながら、また、各地域のローカルの知識ベースから知識等を吸収しながら分業と協業を行っている側面を分析する。特に、本書は人材に焦点を当てているため、各組織間の人材の移動と、組織ごとのR&D成果を高め組織間の連携を促進する人材マネジメントの分析に重点を置く。このように地域別に海外拠点をとらえるのは、先行研究において、海外研究開発拠点の設立理由や機能が地域によって異なることが見出されてきたからである（Odagiri & Yasuda, 1996；岩田、2007；鎌倉、2018）。

また、多国籍企業の中でグローバルに活躍する人材は、企業内でのみ養成されるのではなく、学校教育の段階からの中長期的な教育もその育成にとって重要である。近年、文部科学省はグローバル人材の育成を目標に留学の促進、英語教育の拡充などの政策を実施している。本書のマクロ的分析では、そのような日本の制度・政策が多国籍企業のグローバル研究開発に与える影響について

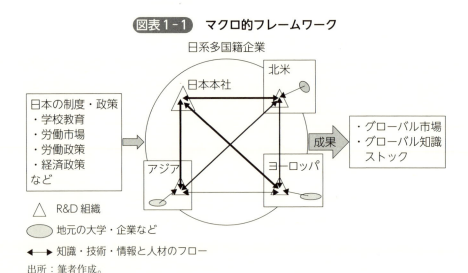

図表1-1　マクロ的フレームワーク

も考察する。

　次に，研究開発を実行する個人の行動について分析を行う。**図表1-2**は組織の中の個人を単位に知識創造を描いたものである。ここでいう組織はMNC内の本社や海外子会社など個別の組織を指している。単純化のために，組織にはAとBの2人の研究開発者が雇用されているとしよう。AとBはそれぞれ組織の外部に知識源を見つけ，そこから知識を吸収する。ただし，グローバル研究開発のコンテキストでは，組織の外部は世界中に広がっている。獲得した知識等を，組織のコンテキストに変換し，さらに，既存知識と結合して新たな知識を創造するプロセスは，多くの場合1人で行われるよりも，複数の人の協

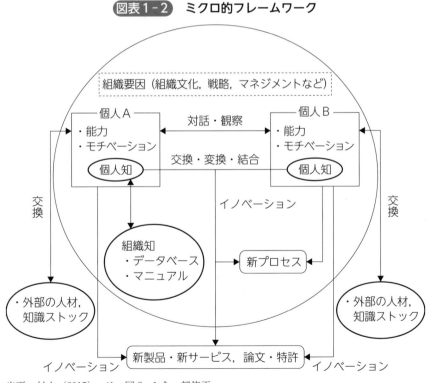

図表1-2　ミクロ的フレームワーク

出所：村上（2015）p.41，図2-1を一部修正。

力で成し遂げられる。すなわち，AとBは自己の能力・モチベーションを生かしつつ，相互の対話・観察を通して自己の持つ知識を交換・変換し，時には組織のデータベースにストックされた知識等も用いて，共同で新結合を実現する。そのようなプロセスを首尾よく行うには，人材の観点からどのようなマネジメントが必要なのであろうか？ さらに研究開発者の人数が増えれば，チームが形成されるが，グローバル研究開発では，そのメンバーは多様な国々から集められる。そのような多様性のあるチームのマネジメントの課題や成功のポイントは何であろうか？ 本書ではこれらの課題に取り組んでいく。

以上のように本書では，組織の行動と組織間関係，ならびに政策を考察するマクロ的視点と，組織を構成する個人の行動に焦点を当てたミクロ的視点の両方を合わせもち，主に以下の3つの人材に関する問いに答えを見出すことを目的としている。

① R&D組織と研究開発者はどのようにグローバルに研究開発を行っているか
② どのような人材がグローバル研究開発に必要か
③ グローバル研究開発に有効な人材マネジメントとは何か

4 調査の概要

(1) ヒアリング調査

本書は，2012-2015年度の科学研究費補助金でサポートされた研究をもとにしている[2]。実証研究の部分は，インタビュー調査とアンケート調査で得られたデータに基づいている。インタビュー調査は2012年と2013年に11の多国籍企業に対して行われた。内訳は製薬6社，自動車1社，電機4社である。日本のR&D本社へのインタビューはこれらすべての企業について行われたのに加えて（複数回のインタビューを含む），5社については，海外のR&D事業所（1社あたり複数の事業所を含む）におけるインタビュー調査も行われた。した

がって，インタビュー件数は総数で27件である。インタビューでは主に，グローバル研究開発の方法，MNC内の各社の役割，MNC内の知識等の組織間移転，グローバル研究開発に携わる人材の育成，外国人の活用，日本人の海外派遣，人的資源管理制度の国別の違いなどについて情報を収集した。ここで得られた情報と関連する先行研究をもとに，以下のアンケート調査の設問を作成した。

(2) **組織対象のアンケート調査**

アンケート調査は全部で4種類ある。すなわち，海外R&D子会社を対象としたもの（以下本書では，「海外調査」と略記する），日本の本社R&Dを対象としたもの（以下，「国内調査」と略記する），研究開発者個人を対象としたもの（以下，「個人調査」と略記する），R&Dチームを対象としたもの（以下，「チーム調査」と略記する）である。

始めに，「海外調査」の対象企業の選択には，東洋経済新報社の『海外進出企業総覧（2012年版）』を利用した。R&Dを実施している海外子会社を対象に調査を実施するために，「研究」「開発」「設計」「技術」「R&D」をキーワードに対象企業を抽出し，そこから証券，不動産，広告，建設などのR&Dと関係の弱い産業を除いた1,409社に，2013年に調査票（日本語，英語，中国語の中から選択）を配布し，会社名を明記する方法で回答を依頼した。最終的に137の有効回答が得られ，宛先不明で返送されてきた112社とR&Dを実施していないために無効回答とした19社を母数から除くと，有効回答率は10.7％であった。この調査では，R&Dに関する海外子会社の役割，自律性，日本R&D本社や他の海外子会社との間での知識移転，ローカル知識の吸収，派遣の頻度と目的，グローバル研究開発促進のマネジメント，R&D人材の人的資源管理，R&D成果などについて質問を行った。

また，「国内調査」では，東洋経済新報社の『海外進出企業総覧［会社別編］（2012年版）』を用いて，「海外調査」と同様の方法で，海外現地法人を有する企業727社を選択した。調査は2013年7月に調査票を郵送にて配布し，会社名

を明記する方法で回答されたが，そこで回答がなかった企業には，2度目の依頼を2013年11月に，さらに3度目の依頼を2014年9月に行った。以上3回の依頼の結果，抽出企業727社のうち有効回答は102社，不達と倒産・廃業・吸収合併などで対象外となった70社を除くと，有効母数は657社で，有効回答率は15.5％であった。なお，この調査では，海外進出状況や研究開発拠点の設立理由，MNC内の知識・技術等の移転，海外拠点の自律性や連携，社員の海外派遣，外国籍や海外派遣の研究開発者の特徴，研究開発者の人事評価・採用・人材育成，企業の業績やR&D成果などについて質問を行った。

(3) 個人とチーム対象のアンケート調査

「個人調査」は，ヒアリング調査対象企業の中で協力に同意してくれた企業と，過去の研究の経験から協力を依頼できる企業の合計10社を対象に2015年に行われた。産業の内訳は自動車1社，製薬3社，電機4社，その他2社である。各企業の研究開発の管理部門から研究開発者に協力を呼びかけてもらい，回答者を募ったところ，10社合計で751の有効回答が得られ，有効回答率は44.1％であった。この調査では各研究開発者に，組織外および職場内での知識等の移転・交換の現状，過去のキャリアや現在のキャリア観，仕事に対する態度や仕事上の能力，能力開発の機会，上司のリーダーシップ，職場環境，業務の性格，企業の人的資源管理，研究開発成果などについて質問を行った。

また，「チーム調査」とは3～16人規模のR&Dチームを単位とした調査である。対象企業の選定は「個人調査」と同様の方法で行われ，2015年に実施された。協力企業は7社で，その内訳は，自動車1社，製薬3社，電機2社，その他1社である。各企業につき複数のチームを選び，各チームリーダーにはチームリーダー用の調査票を，そのチームのメンバー全員にはチームメンバー用の調査票をそれぞれ配布した。7社合計で101のチームから，チームリーダー向けの調査票を101票と，チームメンバー向けの調査票を450票回収した。チームメンバー票では，チームの業務特性や創造性，チーム内での知識・情報の共有，チーム内外とのコミュニケーション，研究活動や時間に関する各自の考え，

チーム内のコンフリクト，チームリーダーの行動等について質問を行った。一方，チームリーダー票では，各チームの創造性と研究開発成果について調査を行った。

なお，各調査票は中央経済社のウエッブサイトに掲載されており，アンケート調査票の名称と調査番号は**図表1-3**の通りである。本書内で調査票の質問項目に言及する場合には，調査番号と質問項目の組み合わせで記述している。例えば，チーム調査メンバーのアンケートのQ1の1.であれば，4-Q1の1.と記載している。

図表1-3　アンケート調査票の種類

調査名	アンケート調査票の名称	調査番号
海外調査	多国籍企業の研究開発に関するアンケート調査（海外向け）	1
国内調査	多国籍企業の研究開発に関するアンケート調査（国内向け）	2
個人調査	多国籍企業の研究開発における知識・情報の共有とグローバル人材に関するアンケート調査	3
チーム調査メンバー	研究開発チームの多様性に関する調査（メンバー向け）	4
チーム調査リーダー	研究開発チームの多様性に関する調査（リーダー向け）	5

5　本書の構成

●第2章

本書は以下のように構成されている。まず第2章～4章では，図表1-1のマクロ的フレームワークの中の企業間関係の分析が行われている。始めに第2章では，日系MNCの海外R&D拠点の知識吸収に焦点を当て，前半では「海

外調査」の結果を要約し，海外R&D拠点の知識吸収の特徴をまとめている。後半では知識吸収に影響を与える要因について実証分析が行われ，海外の技術情報や研究シーズを探索する役目にある拠点では，それを役目としない拠点よりも，意欲的に現地で知識を吸収していることや，アジア・オセアニアに立地する拠点は，それ以外の地域にある拠点と比べて，現地における知識吸収に消極的であることが明らかにされている。また，拠点は日本との間での知識移転の頻度に応じて，現地にある大学・個人からの知識吸収の度合いを変化させていることが指摘されている。すなわち，日本から頻繁に研究開発知識を取り込んでいる拠点は，現地の大学・個人からも知識を活発に吸収し，日本からの研究開発知識と，現地大学・個人から得られる知識の相乗効果をねらっている。反対に，日本から製品・市場に関する知識を頻繁に受け入れている拠点は，現地の大学・個人からの知識吸収を少なくし，知識の選別を行っている。さらに，知識の吸収と研究開発成果の関係の分析により，現地の大学・個人から積極的に知識を吸収すると，日本本社とは独立に，拠点が単独で特許出願できる確率が高まることが示されている。

● 第3章

　第3章のテーマは，海外拠点の自律性と本社―海外R&D拠点間の共同マネジメントの実態を明らかにし，かつ，両者の関係がグローバルR&D連携成果に与える影響を見出すことである。分析の結果，海外拠点は人事管理と現地でのR&D活動に自律性をもち，全体的傾向としてR&D先進国にある拠点の方がその他の国にある拠点よりも自律性が高いことが示されている。また，本社と海外拠点の間では，人材マネジメント，技術情報共有，プロジェクトの編成などの点において共同マネジメントも行われている。一般的には自律性と共同マネジメントの実践度合いの間にはトレードオフの関係が考えられるが，R&D先進国では両者がともに高い拠点が相対的に多く存在することが明らかにされている。さらに，自律性が高く，かつ日本との共同マネジメントの実践度合いも高い拠点では，知識や技術の共有化，有能な人材のグローバル活用，

異なるアイデアやものの見方の導入，グローバルに活躍できる研究開発者の育成など，連携により達成できた成果が大きいことが見出されている。

●第4章

　第4章では図表1-1に示されたマクロ的フレームワークのまとめとして，R&Dの海外拠点と本社はどのように分業と連携を行いながらR&Dを実施しているのか，人的資源や知的資源をどのように共有しながら効率よくR&Dを行っているのかについて，拠点の立地する地域を軸に，具体的な事例も交えながら分析が行われている。分析の結果，拠点の立地する国の科学技術水準や経済水準によって拠点に与えられる役割や自律性，日本との間で流れる知識と人材のフローの大きさや方向に違いがあり，それらが互いに関連し合っていることが明らかにされている。MNCはそれらの多様な海外拠点を統括しながらグローバル研究開発を行っていくために，MNC全体の知識・技術の水準の底上げと，人材の育成をはかっていかなければならない。したがって，どのような人材がグローバル研究開発に必要かという本研究の1つの問いに対して，組織間関係の分析からは，グローバルレベルで研究開発競争を行なえるだけの能力・知識を持った人材，国内および海外の研究開発者を育てることのできる人材，国境を越えて広がる研究開発拠点の連携を担う人材という3つのポイントが導かれている。

●第5章

　第5章から第7章は図表1-2のミクロ的フレームワークに依拠した分析である。まず，第5章では，「個人調査」の結果を利用して，多国籍企業で働く研究開発者の情報交換ネットワークの実態を示すとともに，ネットワークの効果や形成要因を検証している。その際に，海外ネットワークの効果や，その形成における海外経験の影響など，研究開発者のグローバルに広がる活動にも注目している。分析の結果，多様なネットワークをもつ研究開発者ほど仕事パフォーマンスを高めるとされる創造的行動をとる傾向が強いだけではなく，特

許出願や新製品のリリースなどの実際の技術成果も高いことが示されている。またネットワークから入手される情報には，ネットワーク経路ごとに特徴があるため，ネットワークが多様であれば入手できる情報も多様なものとなることが導かれている。また，研究開発者の多様なネットワークの形成には職位が関与していることが確認されている。さらに，国内だけではなく海外にもネットワークを広げるには，研究開発者の職業キャリアにおける国際移動，とりわけ学会などの海外出張という経験が役立つことが見出されている。

●第6章

知識の新結合が複数の人の協力により行われることは多く，その場合に組織内で知識を共有する必要がある。そこで，第6章では研究開発者の知識共有行動に焦点を当て，「個人調査」のデータを用いて，知識共有行動がどのような人的資源管理施策によって促進されるのかという課題について分析が行われている。研究開発知識とビジネス知識に分けた分析により，HRM（Human Resource Management：人的資源管理）によってそれらの共有を促進できることが明らかにされている。まず，チーム業績への個人貢献度の評価，知識共有行動の奨励，定期的な社内発表会の実施など，知識共有を評価・奨励し，知識共有の機会を与えるHRMが，研究開発知識とビジネス知識の両方の共有行動を促すことが見出されている。また，探索的創造的要素を含む職務設計が二つの種類の知識共有行動にプラスの影響を与えていることも示されている。さらに，グローバルスキルを強化するHRM施策（海外勤務支援の研修や海外留学制度）は研究開発知識の共有行動を，また，多様性を強化するHRM施策（国籍や研究領域の多様なチーム編成）はビジネス知識の共有行動を，それぞれ促進するという分析結果も得られている。

●第7章

第7章では，研究開発チームに焦点を当て，チームの創造的成果にチーム内の多様性が及ぼす影響について分析が行われている。研究開発が国際的規模で

行われるとき，多かれ少なかれ研究開発チームのメンバーに多様性が生まれると考えられ，そのチームの多様性を適切に管理し，創造的成果に結びつけることが重要となる。仕事に関連する考え方や価値観などの多様性についてはこれまでにほとんど研究されてこなかったが，グローバル化で想定される多様性は，表層的な国籍の違いよりも，研究開発者が保有する知識や能力の違いと，国籍の違いによって引き起こされる考え方や価値観の相違であり，それらがチームの成果に影響を与えると考えられる。そこで，第7章では仕事に関連する考え方や価値観などの多様性に焦点を当て，多様性が創造的成果に与える影響とそのメカニズムについて「チーム調査」のデータを用いて実証分析が行われている。

その結果，第一に，仕事に関連する考え方や価値観の中でも，その種類によって多様性の創造的成果への影響が異なることが見出されている。例えば，技術志向多様性（「研究開発活動においては最先端技術を追求すべきだ」という考えにどの程度賛成するか）は，チームの創造的成果を高めるが，チームメンバーの時間感覚の多様性は，チームの創造的成果を低くする。第二に，仕事に関連する考え方や価値観の多様性は，情報の共有化や創造的チーム効力感という成果を高める要因を導き，同時にコンフリクトという成果を低める要因も引き起こし，研究開発成果に相反する影響を与えることも見出されている。第三に，このような多様性の影響は，チームリーダーのリーダーシップのあり方によって変わることも示されている。例えば，チーム内外の情報交流のハブとなり，かつ，チーム内外の調整を行うゲートキーパー型リーダーシップをとると，時間感覚の多様性によるマイナスの効果は弱められることが導かれている。

● 第8章

第8章では，政策を考慮したマクロ的視点と，企業内の人材活用というミクロ的視点の両方を合わせ持つ分析が行われている。多国籍企業が日本本社と海外拠点の間で連携をとりながら研究開発を進めていることから，国際的な連携を実行できる人材の育成が求められる。学校教育段階での留学推進政策がとら

れ，グローバル人材の育成に関心が集まっている今日，留学経験のある研究開発者の特徴を見出し，キャリア感や仕事の成果について議論することは重要である。そこで第8章は，研究開発者の留学を中心とした海外経験が活かされているかどうかを検証している。分析の結果，以下のことが見出されている。学生時代の留学経験の有無に関係なく，企業は幅広い研究開発者に海外経験（留学・赴任・出張）を積ませようとしている。また，一般的に，留学経験者には，機会があれば海外赴任をしたいという人が多く，さらに，留学期間が長期にわたる人の場合は，所属組織で成長できなければ社外に機会を求めるという流動的志向が強い。研究開発成果との関係については，学生時代に長期間にわたって留学を経験した研究開発者は，仕事成果としての学術論文を生み出す可能性が相対的に高く，成果につながるような創造的行動をとりやすい。一方で，社会人時代の留学経験者は新製品や学術論文を生み出す可能性が高く，中でも短期留学経験者にはその関係性が安定的にみられる。また，海外赴任経験者の場合は，新製品開発にかかわる可能性が高いことも見出されている。

● 第9章

最後に第9章では，R&D組織と研究開発者はどのようにグローバル研究開発を行っているか，どのような人材がグローバル研究開発に必要か，グローバル研究開発に有効な人材マネジメントとは何かという本書の問いに改めて向き合い，グローバル研究開発の人材にかかわる課題を，「研究開発者に求められる能力」，「海外派遣者のHRM」，「外国人研究開発者の雇用」，「MNC内でのHRMの独自性と統一」，「研究開発者の社会関係資本と人的資本の形成」，「外部知識の獲得と職場内の共有」，「研究開発チーム内の多様性」に分けて整理し，本書のまとめを行っている。合わせてグローバル研究開発の人材に関する今後の研究の方向を示唆している。

▶ 注

1） イノベーションの詳しい定義については村上［2015］pp.15-17参照。

2) 種目は基盤研究（B），研究課題名は「多国籍企業における人材の国際移動によるイノベーション」，研究課題番号は24330130，研究代表者は村上由紀子（早稲田大学教授）である。

▶▶参考文献

浅川和宏［2011］『グローバルR&Dマネジメント』慶應義塾大学出版会．
岩田智［2007］『グローバル・イノベーションのマネジメント』中央経済社．
鎌倉夏来［2018］『研究開発機能の空間的分業——日系化学企業の組織・立地再編とグローバル化』東京大学出版会．
榊原清則［1995］『日本企業の研究開発マネジメント——"組織内同形化"とその超克』千倉書房．
高橋浩夫［2000］『研究開発のグローバル・ネットワーク』文眞堂．
内閣府［2011］『平成23年版経済財政白書：日本経済の本質的な力を高める』佐伯印刷．
中原秀登［1998］『企業の国際開発戦略』千葉大学経済研究叢書2，千葉大学法経学部経済学科．
文部科学省［2013］『平成25年版科学技術白書：イノベーションの基盤となる科学技術』松枝印刷株式会社．
村上由紀子［2015］『人材の国際移動とイノベーション』NTT出版．
─────［2016］「国際共同研究に関する研究の成果と日本の政策への示唆」『研究 技術 計画』Vol. 31, No. 2, 130-144.
─────［2018］「直接投資による人口の国際移動」『統計』2018年5月号，pp.54-58.
米倉誠一郎他［2012］「特集 オープンイノベーションの衝撃」『一橋ビジネスレビュー』No. 60(2).
米山茂美・岩田智・浅川和宏・篠崎香織［2013］「日本企業の海外現地法人における研究開発活動」Discussion paper No. 98，文部科学省科学技術政策研究所．
若杉隆平・伊藤萬里［2011］『グローバル・イノベーション』慶應義塾大学出版会．
Almeida, Paul & Kogut, Bruce [1999] "The Localization of Knowledge and the Mobility of Engineers in Regional Networks" *Management Science*, 45, 905-917.
Ambos, Tina C. & Ambos, Björn [2009] "The Impact of Distance on Knowledge Transfer Effectiveness in Multinational Corporations" *Journal of International Management*, 15, 1-14.
Bathelt, Harald, Malmberg, Anders & Maskell, Peter [2004] "Clusters and Knowl-

edge: Local Buzz, Global Pipelines and the Process of Knowledge Creation" *Progress in Human Geography*, 28(1), 31-56.

Beechler, Schon, Pucik, Vladmir, Stephan, John, & Campbell, Nigel [1996] "The Transnational Challenge: Performance and Expatriate Presence in the Overseas Affiliates of Japanese MNCs" in T. Roehl & A. Bird (eds.), *Japanese Firms in Transition: Responding to the Globalization Challenge, Advances in International Management* 17, 215-242, Amsterdam: Elsevier JAI.

Belderbos, Rene A. & Heijltjes, Marielle G. [2005] "The Determinants of Expatriate Staffing by Japanese Multinationals in Asia: Control, Learning and Vertical Business Groups" *Journal of International Business Studies*, 36, 341-354.

Chesbrough, Henry [2006] "Open Innovation: A New Paradigm for Understanding Industrial Innovation," in Chesbrough, Henry, Vanhaverbeke, Wim and West, Joel (eds.), *Open Innovation: Researching a New Paradigm*, Oxford: Oxford University Press, 1-12. (ヘンリー・チェスブロウ編, PRTM監訳, 長尾高弘訳 [2008]『オープンイノベーション：組織を越えたネットワークが成長を加速する』英治出版).

Delios, Andrew & Björkman, Ingmar [2000] "Expatriate Staffing in Foreign Subsidiaries of Japanese Multinational Corporations in the PRC and the United States" *International Journal of Human Resource Management*, 11(2), 278-293.

Dutta, Dev K. & Beamisch, Paul W. [2013] "Expatriate Managers, Product Relatedness and IJV Performance: A Resource and Knowledge-Based Perspective" *Journal of International Management*, 19, 152-162.

Fang, Yulin, Jiang, Guo-Liang Frank, Makino, Shige & Beamish, Paul W. [2010] "Multinational Firm Knowledge, Use of Expatriates, and Foreign Subsidiary Performance" *Journal of Management Studies*, 47(1), 27-54.

Gupta, Anil K. & Govindarajan, Vijay [2000] "Knowledge Flows within Multinational Corporation" *Strategic Management Journal*, 21(4), 473-496.

Hotho, Jasper J., Becker-Ritterspach, Florian & Saka-Helmhout, Ayse [2012] "Enriching Absorptive Capacity through Social Interaction" *British Journal of Managemen*, 23, 383-401.

Iwata, Satoshi, Kurokawa, Sam & Fujisue, Kenzo [2006] "An Analysis of Global R&D Activities of Japanese MNCs on the US from the Knowledge-based View" *IEEE Transactions on Engineering Management*, 53(3), 361-379.

Lenzi, Camilla [2010] "Worker's Mobility and Patterns of Knowledge Diffusion: Evidence from Italian Data" *Journal of Technology Transfer*, 35, 651-670.

Monteiro, Felipe L., Arvidsson, Niklas & Birkinshaw, Julian [2008] "Knowledge Flows within Multinational Corporations: Explaining Subsidiary Isolation and its Performance Implications" *Organization Science*, 19(1), 90-107.

Nahapiet, Janine & Ghoshal, Sumantra [1998] "Social Capital, Intellectual Capital, and the Organizational Advantage" *Academy of Management Review*, 23(2), 242-266.

Narula, Rajneesh & Zanfei, Antonello [2005] "Globalization of Innovation: The Role of Multinational Enterprises," in J. Fagerberg et al. (eds.), *The Oxford Handbook of Innovation*, New York: Oxford University Press, 318-345.

Odagiri, Hiroyuki & Yasuda, Hideto [1996] "The Determinants of Overseas R&D by Japanese Firms: an Empirical Study at the Industry and Company Levels" *Research Policy*, 25, 1059-1079.

Parrotta, Pierpaolo & Pozzoli, Dario [2012] "The Effect of Learning by Hiring on Productivity" *RAND Journal of Economics*, 43(1), 167-185.

Peng, George Z. & Beamish, Paul G. [2014] "MNC Subsidiary Size and Expatriate Control: Resource-Dependence and Learning Perspectives" *Journal of World Business*, 49, 51-62.

Wilkinson, Timothy J., Peng, George Z., Brouthers, Lance & Beamish, Paul W. [2008] "The Diminishing Effect of Cultural Distance on Subsidiary Control" *Journal of International Management*, 14, 93-107.

Yoneyama, Shigemi [2012] "Building External Networks & its Effect on the Performance of Overseas R&D Base" *International Journal of Innovation Management*, 16(3), 1-18.

――――― [2013] "Internal Embeddedness and Innovation Performance of Overseas R&D Base: An Empirical Study" *International Journal of Innovation Management*, 17(6), 1-18.

▶▶▶ 参考ウェブサイト

・経済産業省［2018］『第47回海外事業活動基本調査概要』
http://www.meti.go.jp/press/2018/04/20180405001/20180405001-1.pdf　平成30年8月9日閲覧

・総務省［2017］『平成29年　科学技術研究調査結果の概要』
　http://www.stat.go.jp/data/kagaku/kekka/kekkagai/pdf/29ke_gai.pdf　平成30年
　8月9日閲覧

第2章

海外研究開発拠点における知識吸収と成果

▶分析のねらい
日系多国籍企業の海外での研究開発（R&D）活動の概況を説明する。また海外R&D拠点が日本本社や進出先の研究機関から吸収する知識に着目し，知識吸収と成果との因果関係を探る。

▶分析で明らかになったこと
日本からR&Dに関わる知識を吸収する海外拠点は，進出先でも大学との共同研究や技術者の採用を通じて知識吸収する。さらに大学との共同研究や技術者採用で現地の知識を吸収した海外拠点は，特許を出願できる確率が高くなる。

▶実務へのヒント
日本企業には，海外の大学や研究機関と密な関係のもと，技術提携や共同研究に取り組むことが期待される。また日本企業がグローバルR&D競争のなかで生き残るためには，高度専門人材の成果を妥当に評価するマネジメント構築が急がれる。

［鈴木 章浩］

1 「海外調査」の概要

(1) 海外研究開発拠点の現状

　第1章で本書には2つの特徴があることに言及した。第一は，多国籍企業（MNC）の研究開発（R&D）のグローバルな組織間関係を巨視的に分析する点である。第二は，企業の研究開発者の行動を微視的に分析する点である。このうち第2章では前者を論点とする。具体的には，日系MNCにおける日本と海外R&D拠点の組織間関係，とりわけ海外R&D拠点の働きに着目する。また本書全体に共通する関心は，知識創造の積み重ねによるイノベーションの創出である。そこで本章では，海外R&D拠点が日本本社や社外から吸収する知識，およびそこから生まれる技術革新の成果に焦点を当てる。

　知識吸収と技術革新の因果のメカニズムを明らかにすることができれば，グローバルR&Dを成果につなげるナレッジ・マネジメントを構築するうえでも大いに役立つと考えられる。またなぜ知識吸収かというと，R&Dの国際競争が激しくなりスピードと効率が求められるなか，社内の知識だけに頼るのはもはや時代遅れだからである。社外に知識を求める典型が米国のシリコンバレーに研究所を設置するようなケースだ。この場合，有力大学やハイテクベンチャーの集積地で知識の取り込みを狙うことになる。こうしたオープンイノベーションの効果を明らかにする点からも，本章は重要な示唆を提示できると考える。

　以下の構成で話を進める。前半では第1章で説明した「海外調査」の結果を概説する。「海外調査」アンケートの結果をまとめ，日系MNCの海外R&D活動に関する基礎的な情報を提供したい。後半では「海外調査」のデータを解析し，海外拠点による外部からの知識吸収とイノベーションの関係性を明らかにする。実証分析を中心に議論を広げ事例分析を交えて結果を解釈する。

　それでは「海外調査」の結果の説明からはじめよう。本節で説明する拠点の

特徴は，そのR&D成果に影響を与える要因として次節で再度登場する。次節の実証分析の手がかりともなるため順に読んでもらいたい。

「海外調査」では，日系MNCが海外に保有する137のR&D拠点から回答を得た。最初に拠点の立地地域の内訳を**図表2-1**で示す。本調査でR&D拠点が最も多く進出しているのはアジア・オセアニアで全体の42%，つづいてアメリカ合衆国が35%，ヨーロッパが20%である。137拠点のうちアメリカ合衆国に47，中国に26の拠点があり2か国で全体の半数以上を占める。

次に業種（**図表2-2**）は，機器製造（電気機器，一般機械，精密機器）が33%で最も多い。そのほか，輸送用機器が18%，医薬品・化学が10%，情報・通信が21%となった。**図表2-3**は海外拠点の年代別の設立数を表したグラフである。日本企業は1960年から80年代半ばにかけて海外にR&D拠点をつくり始めた。R&Dの海外進出が本格化するのは80年代後半からだ。90年以降も設立のペースは落ちることなく，2000年代に入るとその数が一段と増加した。この推移からも海外R&D活動の存在感が増しており，着目する意味があることがわかる。

さらに**図表2-4**で拠点に所属する研究開発者数を見ると，0～20名の拠点が44%と最も多く，次いで21～50名が24%，51～100名が13%，101～200が11%，201名以上が8%であった。一拠点当たりの平均人数は74名である。

拠点の業務内容は**図表2-5**で示した。137のうち研究を行っているのは63拠点，開発は108拠点，設計は76拠点あった。よって大半の拠点が開発をしている一方で研究を行っているのは半数以下である。なお本設問は複数の選択肢を選べるため，いくつかの業務を兼ねている場合がある。また**図表2-6**で拠点がグループ内でどういう役割を担っているかを確認できる。表中の数値は，各項目が拠点の役割に「該当する」もしくは「該当しない」と回答した拠点の数である。「該当する」が多いのは，「現地の市場ニーズをとらえる」，「現地で，サプライヤー，共同研究先，提携先を探索する」，「現地の技術情報や研究のシーズを探索する」で，7割から8割の拠点がこれらを実施している。

「現地で，サプライヤー，共同研究先，提携先を探索」して有望なパートナー

図表 2-1　海外 R&D 拠点の立地地域
（n＝137）

図表 2-2　海外 R&D 拠点の業種
（n＝137）

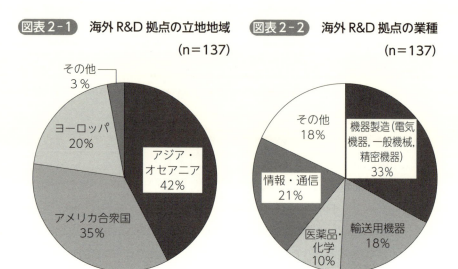

注：その他には中南米とカナダが含まれる。
出所：筆者作成。

出所：筆者作成。

図表 2-3　海外 R&D 拠点の設立年

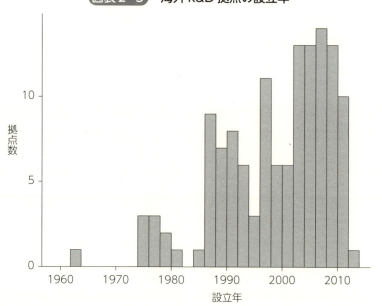

出所：筆者作成。

第2章 海外研究開発拠点における知識吸収と成果　29

図表2-4　海外R&D拠点の研究開発者数　(n=134)

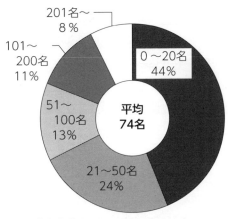

出所：筆者作成。

図表2-5　海外R&D拠点の業務

(拠点数)

	該当する	該当しない
研究	63	74
開発	108	29
設計	76	61

出所：筆者作成。

図表2-6　海外R&D拠点の役割

(拠点数)

	該当する	該当しない
現地の市場ニーズをとらえる	111	22
現地で，サプライヤー，共同研究先，提携先を探索する	102	27
現地の技術情報や研究のシーズを探索する	94	36
日本／グローバル向け製品について，研究開発プロセスの一部を拠点単独で担う	85	40
現地向け製品について，研究開発プロセスの一部を拠点単独で担う	74	53
現地における政府や標準化委員会等への対応を行う	61	67
先端的研究や先行研究を行う	50	79
現地向け製品について，拠点単独で研究開発プロセスのほぼすべてを担う	42	88
日本／グローバル向け製品について，拠点単独で研究開発プロセスのほぼすべてを担う	26	104

出所：筆者作成。

を探し当てることができれば，R&Dを良い方向に導いたり技術の専有性を高めたりできる。また「現地の技術情報や研究のシーズを探索する」ということは，日本国内と比べて進出先に技術の優位性があることを意味している。このように日本企業の海外でのR&D活動は，グローバルに門戸を開き卓越した知識を導入する窓口になっている。外部知識の取り込み経路としての海外拠点の役割は重要度を増していると思われる。ところが日本企業に関しては，その重要性があまり明らかにされてこなかった。次節以降ではこの点もひも解いていく。

(2) 海外研究開発拠点の知識交換

情報的経営資源は特殊であるほど企業に競争優位をもたらす源泉になる（加護野編，2003）。よってMNC内のR&D拠点が互いの情報的経営資源を融通すれば付加価値が生まれる可能性がある。そこで日本本社と海外とがどんな知識をどのくらいの頻度で交換しているかを確認しよう。

図表2-7は日本から海外への知識移転，**図表2-8**は海外から日本へのそれを表す。知識の移転頻度を，1年間のうち「全くない」・「たまにある」・「よくある（月に1回以上）」の3段階で尋ねた。グラフより，日本から海外へ頻繁に移転されているのは，「研究開発の進捗状況」，「研究開発内容に関わる知識・技術」，「社内の製品仕様や品質基準」，「研究開発戦略・方針」である。ゆえに日本からは，業務の進捗を伝えるとともに，R&Dの知識・技術，製品の仕様・品質基準といったものづくりを支える知を海外に教示している。

反対に，海外から日本へは「研究開発の進捗状況」「研究開発内容に関わる知識・技術」に加え，「市場の製品・技術ニーズ」と「新製品・技術に関する市場評価」の移転頻度が高い。よって海外から日本へも業務の進捗やR&Dの知識・技術を伝えると同時に，現地顧客のニーズや市場からの反応という，海外にいるからこそわかる情報を日本へ提供している。

さらに拠点を立地で分類すると知識移転の特徴をよくとらえることができる。**図表2-9**と**図表2-10**は上述した頻度の，「全くない」を「1」，「たまにある」

第 2 章 海外研究開発拠点における知識吸収と成果

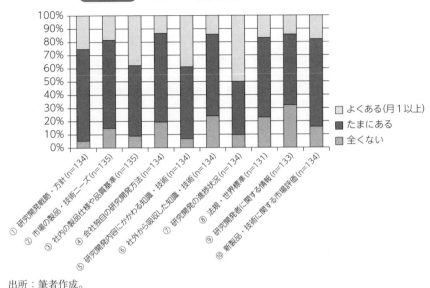

図表 2-7 日本から海外拠点への知識の移転頻度

出所：筆者作成。

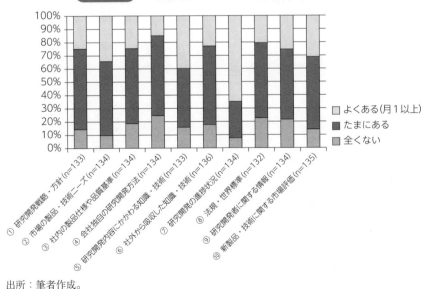

図表 2-8 海外拠点から日本への知識の移転頻度

出所：筆者作成。

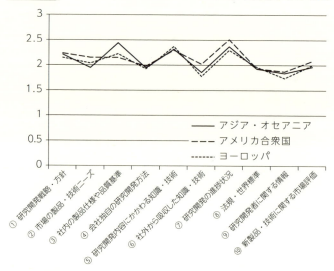

図表2-9　日本から海外拠点への知識の移転頻度（地域別）

出所：筆者作成。

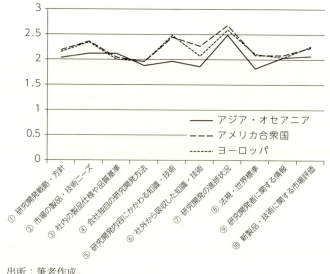

図表2-10　海外拠点から日本への知識の移転頻度（地域別）

出所：筆者作成。

を「2」,「よくある(月に1回以上)」を「3」として,拠点の立地別(アジア・オセアニア,アメリカ合衆国,ヨーロッパ)に平均値を示したものである。数値が高いほど日本・拠点間のやり取りが活発であることを意味する。図表2-9は日本から海外への移転,図表2-10は海外から日本へのそれを表す。日本から海外への移転で目立つのは,アメリカに向けて「研究開発の進捗状況」と「社外から吸収した知識・技術」が伝えられている点である。また,日本からアジア・オセアニアに向けては,「社内の製品仕様や品質基準」がよく伝達されている。

　他方,海外から日本への移転で特徴的なのは,アメリカならびにヨーロッパからは頻繁に知識が伝えられているのに対し,アジア・オセアニアからの移転は少ないことである。10項目のうち,アジア・オセアニアの平均値がアメリカとヨーロッパを上回るのは「社内の製品仕様や品質基準」のみである。例えばアメリカ・ヨーロッパからは「研究開発内容に関わる知識・技術」と「社外から吸収した知識・技術」が頻繁に移転されているが,アジア・オセアニアからは「たまにある」の「2」を下回り,両者の差が顕著だ。これらから知識のやり取りには地域性があり,その特性に留意して議論する必要がある。ゆえに次節以降の分析では地域の違いも考慮する。

　さらに「海外調査」では,拠点がどういった手段を使って現地の知識を吸収しているのかを調べた。欧米では外部から必要な知識を取り込むオープンイノベーションに積極的に取り組んでいる(オープンイノベーション・ベンチャー創造協議会編,新エネルギー・産業技術総合開発機構編,2018)。一方,日本企業は研究から製品化までを自社で手掛ける自前主義が残っていて,外部との連携は欧米ほど進んでいない(未来工学研究所,2016)。では,本調査の企業は海外でどんな知的ネットワークを持っているだろうか。**図表2-11**を見よう。ここで挙げた6項目に関し,現地の知識を吸収する手段としてどの程度用いているかを,「活用していない」から「活用している」までの5段階で答えてもらう。表中の数値は,各項目に回答した拠点の割合である。その結果,多数の拠点が活用している手段は「現地研究開発者の採用」で「活用している」と「や

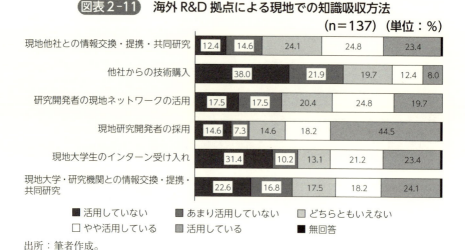

図表2-11 海外R&D拠点による現地での知識吸収方法

や活用している」を合計すると6割を上回っていた。調査した中では情報・通信業界の海外拠点が「現地研究開発者の採用」を多用している。

つづいて積極的に用いられているのが，「現地他社との情報交換・提携・共同研究」と「現地大学・研究機関との情報交換・提携・共同研究」である。ともに「活用している」と「やや活用している」を合わせると4割を超える。こちらは医薬品・化学と輸送用機器業界で積極的に活用する企業が多い。以上の産業は外部に知識を求めることに前向きであるといえそうだ。

日本企業の海外R&Dが活発になるにつれて，日本企業が国外で生む知的財産も急増している（近藤，2018）。そこで，さいごに海外拠点が2012年度に（他拠点と共同ではなく）単独で出願した特許数を確認する。調査対象全体のうち57％の拠点は特許を出願していない。一方，特許を出願した拠点を出願件数別に見ると1～4件が19％，5～10件が9％，11～20件が9％，21件以上が6％である。全体の平均は6.3件であった（図表2-12）。次節以降，この特許出願を海外R&Dの成果として扱う。

図表 2-12 海外 R&D 拠点が単独で出願した特許数（2012年度）

(n=129)

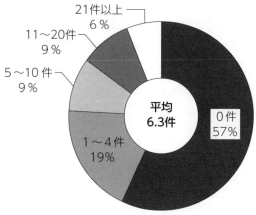

出所：筆者作成。

2 分析の枠組み

　オープンイノベーションが R&D に利益をもたらすであろうことは世の中で再三，言われている。しかし外部に知識を求めるといっても，具体的にどんな手段でどの知識を得れば成果に直結するか，に着目した研究は少ない。また海外 R&D 拠点が現地で知識を吸収する要因にフォーカスした研究はさほど行われてこなかった。

　そこで「海外調査」で得たデータを解析して，以下の研究課題を解き明かす。第一のテーマは，海外拠点による現地での知識吸収を促す要因は何か，である。第二のテーマは，海外拠点による知識吸収がその成果にいかなる影響を与えるか，である。2 つの問いに村上（2014）の分析モデルに依拠した枠組みで議論を深めていく。

　図表 2-13 で分析のフレームワークを説明する。本章の最終目的は海外拠点の成果の解明である。そしてその成果を生み出すのは知識であると想定してい

る。したがってMNCをとりまく知識の流れが枠組みの要諦になる。

　海外拠点から見て知識の吸収源は大きく2つある。図表2-13の矢印が指し示すように，一つは進出国の大学・企業等である。海外R&D拠点は進出先で利用できる知識のつながりが豊かであるほど高い創造性を発揮する（Almeida & Phene, 2004）。たとえば海外拠点が現地企業から知識を吸収するとその特許出願数にプラスに作用する（Phene & Almeida, 2008）。またAsakawa, Nakamura & Sawada（2010）によれば，現地の大学・ベンチャー企業・サプライヤーと共同研究を行う海外拠点は優れた研究成果を出す。さらに他社との共同研究で企業のイノベーション力は15%上昇し，特に海外企業との共同研究の効果は国内企業との共同研究の効果の3割増しになるという報告もある（戸堂, 2018）。

　このとおりグループ内の人材や旧来の発想だけで不十分ならば，自社に欠けたものを海外に取りに行かねばならない。それについては読者の納得を得られると思うが，そもそもどんな拠点が進出先の知識を必要としているのだろうか。そして現地で獲得する知識は成果に結びつくのか，をそれぞれ次節と第4節で明らかにする。

　知識の吸収源としていまひとつ挙げるべきは，日本のR&D部門である。MNCの本社はグループの全体最適化のため，有益な知識の移転・共有を推進する立場にある。それゆえ日本から海外へ適切な知識を送り届ける務めがある。前節でも確認したとおり日本から海外への知識移転はたびたび行われている（図表2-7）。こうしたMNCグループ内でのグローバルな知識移転は海外拠点の創造性を高める（Gupta & Govindarajan, 1994；Harzing & Noorderhaven, 2006）。

　本書の研究プロジェクトで行ったインタビュー調査でも，中核となる技術は日本が保有し必要に応じて海外拠点に移転するという企業が複数あった。このとき日本が知識を授ける側にいる。第4節では実証分析により，授ける知識が海外拠点にとって有用なのか，を定量的に明らかにする。

図表2-13　MNCにおける知識の流れ

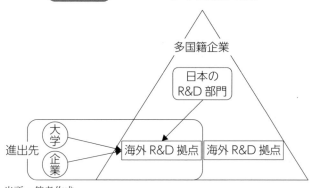

出所：筆者作成。

3 ｜ 現地知識吸収モデルによる分析

(1) モデルの説明

　第一のテーマ，「海外拠点による現地での知識吸収を促す要因は何か」を解くためのモデルを「現地知識吸収モデル」と呼ぶ。現地知識吸収モデルの枠組みは**図表2-14**のとおりである。図中の矢印で示すように，拠点の役割，日本から拠点への知識移転，拠点の立地する地域が，現地での知識吸収に影響すると考え，重回帰分析（OLS）で検証する。以下，図表2-14の4つの大項目を説明する。また**図表2-15，2-16**がモデルで使う変数の一覧である。図表2-14と対応しているのであわせて参照する。

　まず現地での知識吸収とは，前節で述べた進出先における知識吸収方法の活用度のことである。再度，図表2-11を参照してほしい。海外拠点が現地で知識を吸収する6つのパターンが示されている。この6項目を因子分析という手法で共通要因を取り出したところ2種類の変数を抽出できた。これが図表2-14にある「企業からの知識」と「大学・個人からの知識」である[1]。すなわち

拠点が現地で知識を吸収する手段は，企業を使うものと大学・個人を使うものとに大別できると理解してほしい。

現地での知識吸収は，その他3つの変数から影響を受ける（説明される）変数であるから被説明変数という。**図表2-15，2-16**それぞれの上段に記載されており因子得点という形で変数化する。なお本章で扱う因子分析の詳細は【中央経済社のウェブサイト】に解説がある。

図表2-14 現地知識吸収モデルの枠組み

```
┌─────────────────────┐
│   拠点の役割        │
│ 技術情報・研究シーズの探索 │────┐
│ 現地向け製品の単独開発 │    │
└─────────────────────┘    │
                            ▼
┌─────────────────────┐   ┌─────────────────────┐
│  日本からの知識移転 │   │  現地での知識吸収   │
│  研究開発知識       │──▶│  企業からの知識     │
│  製品・市場知識     │   │  大学・個人からの知識│
└─────────────────────┘   └─────────────────────┘
                            ▲
┌─────────────────────┐    │
│   拠点の立地地域    │────┘
│   アジア・オセアニア │
└─────────────────────┘
```

出所：筆者作成。

つづいて，現地での知識吸収に影響があると推察する3つの要因を順に説明していく。それぞれ図表2-14の左側に描かれ矢印の出元となっている。これらは現地での知識吸収を説明する変数であることから説明変数という。図表2-15と2-16では下段に記載されている。

第一に，拠点の役割については「技術情報・研究シーズの探索」をしている拠点と，「現地向け製品の単独開発」をしている拠点について調べる。それぞれの役割にある拠点が現地の知識を吸収しているかどうかを知ることが目的だ。

「技術情報・研究シーズの探索」を役目とする拠点が現地の知識を吸収することは，Kuemmerle (1997) や Piscitello & Rabbiosi (2006) でも明らかにさ

図表2-15　現地知識吸収モデルにおける変数の説明(1)

変数	説明
被説明変数	
現地企業からの知識	現地企業からの知識の因子得点
説明変数	
技術情報・研究シーズの探索ダミー	技術情報・研究シーズの探索をしていれば1，していなければ0
現地向け製品の単独開発ダミー	現地向け製品を拠点単独で開発していれば1，していなければ0
日本からの研究開発知識移転	日本からの研究開発知識の移転頻度の因子得点
日本からの製品・市場知識移転	日本からの製品・市場知識の移転頻度の因子得点
アジア・オセアニアダミー	アジア・オセアニアは1，それ以外に立地する拠点は0
研究開発者数	拠点に属する研究開発者数の対数変換
操業年数	2013年時点における拠点の操業年数

出所：筆者作成。

図表2-16　現地知識吸収モデルにおける変数の説明(2)

変数	説明
被説明変数	
現地大学・個人からの知識	現地大学・個人からの知識の因子得点
説明変数	
技術情報・研究シーズの探索ダミー	技術情報・研究シーズの探索をしていれば1，していなければ0
現地向け製品の単独開発ダミー	現地向け製品を拠点単独で開発していれば1，していなければ0
日本からの研究開発知識移転	日本からの研究開発知識の移転頻度の因子得点
日本からの製品・市場知識移転	日本からの製品・市場知識の移転頻度の因子得点
アジア・オセアニアダミー	アジア・オセアニアは1，それ以外に立地する拠点は0
研究開発者数	拠点に属する研究開発者数の対数変換
操業年数	2013年時点における拠点の操業年数

出所：筆者作成。

れている。Piscitello & Rabbiosi（2006）は，進出先において知識や技術を探索する役割にある R&D 拠点が，現地の研究機関から新規性のある知識を吸収することを確かめた。また，インタビューを行った製薬企業 A 社の海外拠点は世界中のどこにもないような化合物，すなわちシーズの探索を役割としていた。そのため，他社から優秀な人材を引き抜いたり，現地大学の研究者から R&D 活動へ助言をもらったりすることで，知識を吸収している。

もう一点検証するのは，「現地向け製品の単独開発」を担っていれば，現地での知識吸収が多くなるか，という点である。例えば総合電機 B 社の海外拠点は日本で販売している家電製品を現地市場向けにつくりかえる場合，日本製品の仕様をどう変えれば売れそうかを考える。その際，日本に仕様変更のための設計技術がなければ海外拠点が独力で現地の知識・技術を得て設計するしかないという。このように拠点が現地向け製品を作り出さねばならない場合は，現地の知識を必要とする可能性がある。

つぎに，図表 2-14 のとおり日本からの知識移転が現地での知識吸収に影響すると考える。つまり，日本からの知識移転の頻度が高いか低いかによって現地での知識吸収がどう変化するかを探る。

こう考えたのは以下の先行研究に依拠する。まず Song, Asakawa & Chu（2011）によれば，拠点が現地の科学者コミュニティーのなかに入り込んでいる場合，現地での知識吸収が多くなる。他方，本国を含めた自社グループ内での関係性が密だと，現地での知識吸収が少ない。また Kotabe, Dunlap-Hinkler, Parente & Mishra（2007）は，MNC が科学技術の知識をグローバルに獲得しようとする場合，むやみにその交換相手を増やすのではない。先進の科学技術を必要とする企業ほど知識を吸収する相手を厳選し，知識の深さを重視しているのだという。さらに Yoneyama（2012）は海外 R&D 拠点のパフォーマンスに重要なのは，共同研究相手の多さよりも希少な知識の所有者との提携だと主張する。

こうした先行研究の知見は，広く浅い知識よりも狭く深い知識の方が有効であることを示唆する。例えば先述の B 社では日本で販売する製品の開発を海

外に移管する場合，日本人向けの設計・品質基準に関する知識が現地従業員へ伝えられるが，現地での知識探索は求められていない。なぜなら開発期限があるがゆえに，すぐに製品に活かされない知識は必要ないからである。この場合，日本から重点的に知識を吸収し現地での知識吸収は減少する。

　以上の記述とは反対の現象が起きる可能性もある。すなわち日本からの知識移転が頻繁であるほど，現地でも知識を吸収している場合である。インタビュー調査でも，日本から取り入れた知識と現地人が持つ設計技能を組み合わせて新製品を生んだ事例があった。このように日本からの知識と現地の知識が揃うことによる相乗効果があれば，拠点は双方から知識を得ようとするだろう。

　あらためて整理すると，日本から吸収する知識の多い少ないが現地における知識吸収を左右する，という仮説に立っている。そこで前節の図表2-7に立ちかえりたい。10項目の知識について日本から拠点への移転頻度を調べた。因子分析によってこの10項目から「研究開発知識」と「製品・市場知識」という変数を作成した[2]。すなわち日本から拠点へ移転される知識は，R&Dという上流工程で必要とされるものと，製品・市場に関する消費者に近いもの，2種類あると理解できる。

　おしまいに，現地における知識吸収は拠点が立地する地域に影響されると考える。現地の科学技術の水準は，拠点がそこで知識を取り込むかどうかと密接に関わる。仮に進出先で得られる知識の水準が低くMNCの要求を満たさなければ，R&D拠点は現地を見限り国外から知識を獲得する（Kotabe et al., 2007）。そこで今回のモデルでは，アジア・オセアニアにある拠点とそれ以外にある拠点とを比較して，立地による現地知識吸収の違いを検証する。

(2) 現地知識吸収モデルの分析結果

　現地知識吸収モデルの分析結果を**図表2-17，2-18**で説明する。図表2-17は「企業からの知識」の吸収に影響を及ぼす要因について，図表2-18は「大学・個人からの知識」の吸収に影響を及ぼす要因についての結果である。表中でアスタリスクのついた説明変数を確認してほしい。アスタリスクのついた説

明変数は被説明変数にとって統計的に有意である。いいかえれば説明変数を原因，被説明変数を結果とする因果関係が認められる。

はじめに図表2-17を見ると，技術情報・シーズの探索ダミーが有意，かつ「β」の符号がプラス（正）になっていることが確認できる。これは，技術情報や研究シーズの探索を役割とする拠点ではそれを役割としない拠点と比べ，現地企業から知識吸収していることを意味する。一方，現地向け製品の単独開発ダミーは有意ではない。これは，拠点が現地製品の開発をしていてもそうでなくても，現地企業からの知識吸収へ何ら影響を及ぼしていないということである。現地製品の開発には現地企業からの知識吸収が必要かと思われたが，本モデルではその可能性は排除された。

つぎに日本からの知識移転は「研究開発知識」，「製品・市場知識」，どちらも有意ではない。したがって日本からの知識移転を多くしようが少なくしようが，現地企業からの知識吸収は変わらない。

さいごに，アジア・オセアニアダミーが有意であり符号はマイナス（負）となった。よって，アジア・オセアニアにある拠点は他地域の拠点と比べて，現地企業からの知識吸収が少ないことがわかる。この要因は後ほど考察する。

つづいて，図表2-18で「大学・個人からの知識」吸収の結果を見よう。まず技術情報・研究シーズの探索ダミーが有意，符号はプラスになった。よって，技術情報や研究シーズを探索することを目的とする拠点はそれ以外の拠点と比べ，現地の大学・個人から知識を吸収している。他方，現地向け製品の単独開発ダミーはここでも有意ではなかった。つまり現地向け製品を単独で開発している拠点が特段，大学・個人から知識を入手しているわけではない。

つぎに，日本からの研究開発知識の移転が有意で符号はプラスとなった。これは，日本から頻繁に研究開発知識を取り込んでいる拠点ほど，現地の大学・個人からも知識を吸収していることを意味する。なお注2にあるとおり，日本からの研究開発知識の主な中身は，研究開発内容にかかわる知識・技術，研究開発の進捗状況，会社独自の研究開発方法，社外から吸収した知識・技術，である。

図表2-17　現地企業知識の吸収の分析結果

被説明変数　企業からの知識	β	標準誤差
技術情報・研究シーズの探索ダミー	0.25	0.175**
現地向け製品の単独開発ダミー	−0.071	0.166
日本からの研究開発知識移転	−0.082	0.099
日本からの製品・市場知識移転	−0.065	0.099
アジア・オセアニアダミー	−0.237	0.174*
研究開発者数	0.004	0.129
操業年数	−0.024	0.008
R^2	0.162	
Adj. R^2	0.105	
N	112	

注：**$p<0.01$，*$p<0.05$
出所：筆者作成。

図表2-18　現地大学・個人知識の吸収の分析結果

被説明変数　大学・個人からの知識	β	標準誤差
技術情報・研究シーズの探索ダミー	0.294	0.135***
現地向け製品の単独開発ダミー	0.041	0.128
日本からの研究開発知識移転	0.2	0.076*
日本からの製品・市場知識移転	−0.22	0.076**
アジア・オセアニアダミー	−0.255	0.133**
研究開発者数	0.308	0.099***
操業年数	0.029	0.006
R^2	0.379	
Adj. R^2	0.337	
N	112	

注：***$p<0.001$，**$p<0.01$，*$p<0.05$
出所：筆者作成。

この結果を解釈すれば，日本から研究開発知識を受け取る拠点はR&Dにおいて日本との連携が強いと想定される。加えて，現地大学・個人から吸収する知識にも，拠点の技術志向の高さがうかがえる。したがって双方から得られる知識はどちらもR&D技術に関連付けられ，親和性が高い。ゆえに日本からも現地からも知識を吸収することが合理的なのだと考えられる。見方を変えれば，日本から移転される研究開発知識と現地の大学・個人から得られる知識とには相乗効果がある。

　対照的に，日本からの製品・市場知識の移転は有意でマイナスの符号になった。すなわち，日本から製品・市場に関する知識を受け入れている拠点ほど，現地の大学・個人からは知識を吸収していない。注2のとおり，日本からの製品・市場知識の内訳は，社内の製品仕様や品質基準，法規・世界基準，新製品・技術に関する市場評価である。

　この結果は以下のように解釈できる。製品・市場知識を受け取る拠点は消費者に近い情報で日本とつながっている。一方，現地大学・個人と連携して得られる知識は技術志向が強く，マーケットとは距離がある。そのため両者は別種の知識である。ゆえに日本からの知識に絞って狭い範囲から限定的に吸収することが合理的だと考えている。すなわち知識の選別が行われているのである。

　さいごに，アジア・オセアニアダミーの係数が負で有意となった。したがってアジア・オセアニアにおいては現地企業からの知識吸収に加え，大学・個人からの知識吸収も活発ではない。

　アジア・オセアニア拠点の知識吸収の少なさには2つの原因があると考えられる。第一に，アジア・オセアニアの拠点では社外から知識を獲得できるほどの人材を採れていない。インタビューでは，欧米拠点と比べアジアの拠点は自分たちで現地知識を調達する段階にないという声が聞かれた。第二に，アジア・オセアニアの拠点は総じて歴史が浅い。ゆえに現地企業との知的つながりが形成されておらず知識吸収できていない。とはいえ，これらは推測の域を出ず，断定するにはより精緻な検証が必要である。

4 拠点成果モデルによる分析

(1) モデルの説明

　本節では第二のテーマ，「海外拠点による知識吸収がその成果にいかなる影響を与えるか」を検証していこう。分析モデルを以下，「拠点成果モデル」と呼ぶ。拠点成果モデルでは，**図表2-19**のとおり拠点の特許出願の有無を拠点による成果ととらえ，それに影響する要因を3点から検証する。つまり図表2-19で矢印の出元となる現地での知識吸収，日本からの知識移転，研究開発者へのインセンティブ施策が主たる説明変数となる。また**図表2-20**がモデルで使う変数の一覧で図表2-19と対応する。

　被説明変数として特許出願の件数ではなく出願の有無を用いるのは，産業による特許数の多寡の違いにより，結果の解釈を誤る危険性を避けるためである。具体的には図表2-20上段にあるとおり，当該拠点が1件でも特許出願をして

図表2-19　拠点成果モデルの枠組み

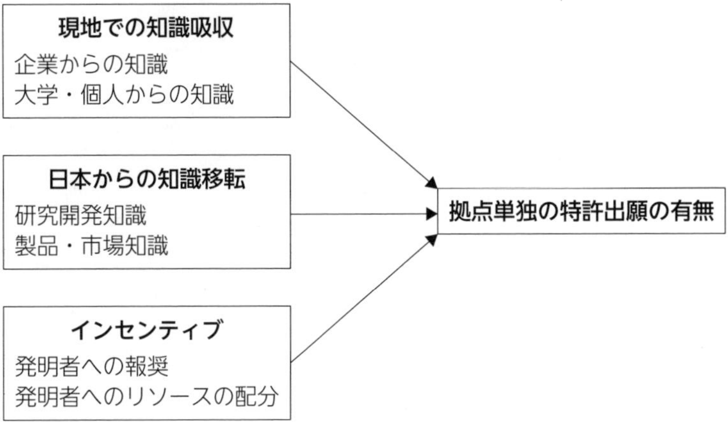

```
現地での知識吸収
  企業からの知識
  大学・個人からの知識        ┐
                              │
日本からの知識移転            │
  研究開発知識                ├──→  拠点単独の特許出願の有無
  製品・市場知識              │
                              │
インセンティブ                │
  発明者への報奨              ┘
  発明者へのリソースの配分
```

出所：筆者作成。

図表2-20 拠点成果モデルにおける変数の説明

変数	説明
被説明変数 　拠点単独の特許出願の有無	拠点単独の特許出願があれば1，なければ0
説明変数 現地での知識吸収 　企業からの知識 　大学・個人からの知識	 現地企業からの知識吸収の因子得点 現地大学・個人からの知識吸収の因子得点
日本からの知識移転 　研究開発知識 　製品・市場知識	 日本からの研究開発知識の移転頻度の因子得点 日本からの製品・市場知識の移転頻度の因子得点
インセンティブ 　発明のインセンティブとして報奨を授与 　評価・アイデアに応じた研究開発者へのリソース配分	 「職務発明のインセンティブとして発明者に報奨を与えている」場合は1，してなければ0 「人事評価の結果や研究のアイデアに応じて，研究開発者に資金等のリソースを配分している」場合は1，していなければ0
研究開発者数 操業年数 アメリカダミー 研究ダミー 開発ダミー	拠点に属する研究開発者数の対数変換 2013年時点における拠点の操業年数 アメリカ合衆国は1，それ以外に立地する拠点は0 研究をしていれば1，していなければ0 開発をしていれば1，していなければ0

出所：筆者作成。

いれば「1」，0件であれば「0」の二値変数を被説明変数とする二項ロジスティック回帰分析を採用する。この分析により，それぞれの説明変数が特許出願にどれほど貢献するのかがわかる。

つづいて説明変数を解説する。第一に，拠点が現地で知識吸収すると，拠点の特許出願の可能性が高まるかを検証する。先の現地知識吸収モデルにならい，現地で吸収する知識を企業からの知識と大学・個人からの知識に分け，それぞれの知識による拠点の特許出願への影響を分析する。

第二に，日本から知識が頻繁に移転されると，拠点の特許出願の可能性が高まるかを検証する。ここも現地知識吸収モデルを援用し，日本から移転される

知識を研究開発知識と製品・市場知識に分け，それぞれが特許出願の有無にどう影響するのかを調べる。

第三に，成果に報いる人事制度が拠点の特許出願の可能性を高めるかを検証する。具体的には，「職務発明のインセンティブとして発明者に報奨を与えている」施策と，「人事評価の結果や研究のアイデアに応じて，研究開発者に資金等のリソースを配分している」施策を行っている拠点は特許出願にプラスなのかを検証した。

(2) 拠点成果モデルの分析結果

拠点成果モデルの分析結果を**図表2-21**に示した。説明変数のアスタリスクを見てほしい。拠点が特許出願する確率を高める要因が2つあることが明らかになる。第一に，現地で大学・個人から知識を吸収することである。第二に，職務発明のインセンティブとして発明者に報奨を与えることである。インセンティブ制度によって成果が向上するのは想定内の結果である。よって以下では前者の発見を中心に議論し，インセンティブについては最終節で言及する。

拠点成果モデルで明確になったのは，現地の大学・個人から知識吸収する拠点ほど，単独で特許出願できる可能性が高いということである。一方で，知識に関するその他の説明変数は有意ではない。すなわち現地知識のうち企業から吸収する知識，そして日本から移転される知識は，拠点の特許出願に寄与しない。この結果からオープンイノベーションの中でも，現地の大学・個人からの知識取り込みが有益であるとの提言ができる。

特許に対して，日本からの知識が影響せず現地大学・個人からの知識が好影響をもたらす理由への解釈だが，一口に知識吸収と言っても海外拠点が日本から吸収することと，海外拠点が現地から吸収することでは性質が異なる。そこには受動的か，能動的かの違いがある。日本から知識が伝えられる際は企業グループ内での移転である。海外への分業等をするうちに，意識せずとも業務の一環で知識が移されることも少なくない。そうした知識が拠点の特許に直結するか，というと必ずしもそうではないだろう。

対して，現地で知識を吸収するには，社外に出向く等してこちらから必要な知識をみつけに行くことになる。海外拠点の意図と自律が介在する。この観点で解釈すれば，現地の知識吸収が拠点にとって有益で，日本からの知識は影響しないという結果も理にかなっている。

それでは具体的にどんな手段で取り込むか，ということであるがそれは注1にあるとおり，現地研究開発者の採用，現地大学生のインターンシップ受け入れ，現地大学・研究機関との情報交換・提携・共同研究，である。こうした手段を用いて現地の知識を吸収すれば，特許の出願確率が高まる。

実際にB社では，現地向け製品の開発で的確なアイデアを出すのはやはり現地採用の技術者なのだという。その土地の消費者が抱える製品への不満や要望は，日本人赴任者では察知しがたいのである。また総合電機メーカーC社の

図表2-21　海外拠点単独の特許に関する分析結果

被説明変数　拠点単独の特許出願の有無	B	標準誤差
現地での知識吸収		
企業からの知識	−0.586	0.315
大学・個人からの知識	1.04	0.459*
日本からの知識移転		
研究開発知識	−0.565	0.331
製品・市場知識	−0.276	0.321
インセンティブ		
発明のインセンティブとして報奨を授与	1.763	0.509***
評価・アイデアに応じた研究開発者へのリソース配分	0.93	0.659
研究開発者数	0.025	0.439
操業年数	−0.021	0.026
アメリカダミー	−1.271	0.857
研究ダミー	0.687	0.649
開発ダミー	−0.025	0.502
Cox-Snell R^2	0.322	
N	117	

注：***$p<0.001$，**$p<0.01$，*$p<0.05$
出所：筆者作成。

中国拠点は2001年に有力大学との協業を開始，共に国際標準を生み出したり学生を採用したりしている。地道な活動が花開き，今では複数の大学とのコラボレーションに発展している。

　以上，日系 MNC による進出先での現地人採用や産学連携が実を結びはじめている。これら現場の実態は，今回の，現地大学・個人からの知識吸収がプラスになるという結果と符合する。

5　実務への提言

　オープンイノベーションが R&D の成果を高めると言われ，世間の耳目を集めている。しかし，具体的にどのような手段でいかなる知識を取り込めば成果に結びつくのか，を実証的に裏付ける根拠は多くなかった。これに対して本章では，現地の大学・個人から知識を吸収すると成果につながることを明らかにできた。

　本章で定義した，現地の大学・個人からの知識吸収には，大学・研究機関との情報交換・提携・共同研究が含まれる。情報交換・提携・共同研究の恩恵を受けるには，産学官連携における日本と外国の意識の違いを認識することが必要だ。インタビューから処方箋を探る。まず海外で外部の R&D 機関と連携する場合，重要な戦力として相手側にも厳格な成果を求めるのが通例であるという。したがって曖昧さを排除した仕様書で共同研究相手への要求をはっきりと示すことや，仕事の期限を区切ることは歓迎されることが多い。また，研究テーマのうち大学や公的機関に任せる部分と企業が担当する部分の役割分担を明確にしておきたい。こうした側面で企業側の意思表明をすることが重要であると考えられる。

　拠点成果モデルでは，日本から拠点へ移転される知識は拠点の特許出願に影響しないことも明らかになった。親会社が子会社とのシナジーを作り出す能力には巧拙があって（Campbell et al., 1995），学術研究でもグループ内の調整がシナジーを生むかについては見方が分かれる（Mudambi, 2011）。親会社・子

会社間の歯車がかみ合わない要因には，親会社のやり方が商慣行や市場ニーズが大きく異なる国に適合しない，親会社のやり方を強圧的に押し付ける等がある（Anderson & Markides, 2007；中川・中川・多田，2015）。

　前節では，日本から拠点へ移転される知識が特許出願に貢献していないことを理にかなうと解釈した。しかしこれが，上述の問題をはらんでいて特許を出すことにうまく活用できていないとすれば改善されないといけない。あわせて日本から海外へ知識を移転するには間違いなくコストがかかっている。にもかかわらず投資を下回る価値しか生み出せていないとすれば早急な対策が望まれる。

　対策を講ずるうえで示唆に富むデータがある。コペンハーゲンビジネススクールのフィリップ・ネル准教授らの調査である。Nell & Ambos (2013) は，海外子会社が持つサプライヤー，顧客，現地政府との関係性に親会社が関与すると，子会社の経営にとって有益な知識を送ることができるという。なぜなら子会社の直面する経営環境を理解できるからである。ゆえに親会社は費用をかけてでも現地に踏み込んで，子会社の周辺関係を知ることが重要であると論ずる。彼らの知見を，日本企業の海外子会社への知識移転に役立てることができるかもしれない。

　あらためて特許に有効だとわかった，現地の大学・個人からの知識に議論を戻そう。現地の大学・個人からの知識には，現地での研究開発者の採用と大学生のインターンシップ受け入れが含まれる。この2つを実現するには現地技術者と大学生に魅力に思ってもらえるだけの評価・処遇制度が要る。ここで拠点成果モデルで得られた，職務発明のインセンティブとして発明者に報奨を与えるとプラスという結果がインプリケーションを有する。

　一言でいえば，金銭的報酬はパフォーマンス向上の動機づけになるということである。多くの日本企業は従業員の職務遂行能力の伸びを長い目で見て選抜してきた。しかし外国人は現在就く職務の難易度や組織への貢献に応じた処遇を望む。

　例えばB社のシンガポール拠点では，技術レベルを向上させたり，仕事を

獲得した者の給与を早期に上げる。なぜなら現地人の，給与こそが自分を評価する指標だ，という意識が非常に強いためである。またC社の中国拠点にいる現地人技術者は30歳までにどれだけ腕を磨き，給与を伸ばせるかに高い関心を寄せている。現地従業員にとって日本式の「遅い選抜」はスピード感を欠く。この2社はいずれも日本型処遇だと外国人材をひきつけられないことを学び，日本本社とは異なる評価・処遇制度を作りあげている点がポイントである。

　国内市場の縮小，R&Dの国際化が進展し日本企業が現地の研究開発人材に頼る場面は多くなるだろう。これは日本企業だけではなく他の先進諸国にとっても同じである。優秀な人材の獲得競争は新興国をも巻きこみながら，グローバルレベルで激しくなると想像できる。いやがうえにも高度専門人材のプールは世界中に広がり，彼・彼女らから力を引き出せない企業は国際R&Dで後れを取る。半面，高度専門人材を相応に処遇してこなかったことで日本企業の弱みが顕在化してきた。企業にはグローバル研究開発人材の成果に応える評価・処遇をはじめ，国際化に対応できる制度構築が求められよう。

▶注

1) 「企業からの知識」の内訳は，現地他社との情報交換・提携・共同研究，他社からの技術購入，研究開発者の現地ネットワークの活用，である。「大学・個人からの知識」の内訳は，現地研究開発者の採用，現地大学生のインターンシップ受け入れ，現地大学・研究機関との情報交換・提携・共同研究，である。
2) 「研究開発知識」の主な内訳は，研究開発内容にかかわる知識・技術，研究開発の進捗状況，会社独自の研究開発方法，社外から吸収した知識・技術，である。「製品・市場知識」の内訳は，社内の製品仕様や品質基準，法規・世界標準，新製品・技術に関する市場評価，である。

▶▶参考文献

浅川和宏［2009］「日本企業のR&D国際化における現状と課題―組織・戦略的アプローチ―」RIETI Discussion Paper Series 10-J-007.
―――［2011］『グローバルR&Dマネジメント』慶応義塾大学出版会.

オープンイノベーション・ベンチャー創造協議会編, 新エネルギー・産業技術総合開発機構編［2018］『オープンイノベーション白書　第二版』経済産業調査会.
加護野忠男編［2003］『企業の戦略』八千代出版.
近藤正幸［2018］「グローバルな知財戦略を」『日経産業新聞』6月15日日刊, 第6面.
戸堂康之［2018］「『工場』から「技術革新」の拠点に」『日本経済新聞』4月11日朝刊, 第28面.
中川充・中川功一・多田和美［2015］「海外子会社マネジメントにおける組織社会化のジレンマ―日系企業の新興国海外子会社6社の分析―」『日本経営学会誌』, 36, 38-48.
未来工学研究所［2016］「企業の研究開発投資性向に関する調査」.
村上由紀子［2014］「海外R&D拠点の知識吸収とパフォーマンス」『研究・技術計画学会第29回（2014年）年次学術大会講演要旨集』56-59.
米山茂美・岩田智・浅川和宏・篠崎香織［2013］「日本企業の海外現地法人における研究開発活動」文部科学省 科学技術・学術政策研究所 Discussion Paper, No. 98.
若林直樹［2017］「子会社管理 成功の秘訣は？」『日本経済新聞』12月13日朝刊, 第28面.
Almeida, Paul & Phene, Anupama [2004] "Subsidiaries and Knowledge Creation: The Influence of the MNC and Host Country on Innovation" *Strategic Management Journal*, 25 (8-9), 847-864.
Anderson, Jamie & Markides, Costas (2007) "Strategic Innovation at the Base of the Pyramid" *MIT Sloan Management Review*, 49(1), 83-88.
Andersson, Ulf, Forsgren, Mats & Holm, Ulf [2002] "The Strategic Impact of External Networks: Subsidiary Performance and Competence Development in the Multinational Corporation" *Strategic Management Journal*, 23(11), 979-996.
Asakawa, Kazuhiro, Nakamura, Hiroshi & Sawada, Naohiro [2010] "Firms' Open Innovation Policies, Laboratories' External Collaborations, and Laboratories' R&D Performance" *R&D Management*, 40(2), 109-123.
Campbell, Andrew, Goold, Michael & Alexander, Marcus [1995] "Corporate Strategy: The Quest for Parenting Advantage" *Harvard Business Review*, March-April, 120-132.
Florida, Richard [1997] "The Globalization of R&D: Results of a Survey of Foreign-affiliated R&D Laboratories in the USA" *Research Policy*, 26(1), 85-103.
Gupta, Anil K. & Govindarajan, Vijay [1994] "Organizing for Knowledge Flows

within MNCs" *International Business Review*, 3(4), 443-457.

Harzing, Anne-Wil & Noorderhaven, Niels [2006] "Knowledge Flows in MNCs: An Empirical Test and Extension of Gupta & Govindarajan's Typology of Subsidiary Roles" *International Business Review*, 15(3), 195-214.

Kotabe, Masaaki, Dunlap-Hinkler, Denise, Parente, Ronaldo & Mishra, A. Harsh [2007] "Determinants of Cross-national Knowledge Transfer and its Effect on Firm Innovation" *Journal of International Business Studies*, 38(2), 259-282.

Kuemmerle, Walter [1997] "Building Effective R&D Capabilities Abroad" *Harvard Business Review*, March-April, 61-70.

Mudambi, Ram [2011] "Hierarchy, Coordination, and Innovation in the Multinational Enterprise" *Global Strategy Journal*, 1(3-4), 317-323.

Nahapiet, Janine & Ghoshal, Sumantra [1998] "Social Capital, Intellectual Capital, and the Organizational Advantage" *Academy of Management Review*, 23(2), 242-266.

Nell, Phillip. C. & Ambos, Björn (2013) "Parenting Advantage in the MNC: an Embeddedness Perspective on the Value Added by Headquarters" *Strategic Management Journal*, 34, 1086-1103.

Pavitt, K. [1988] "Uses and Abuses of Patent Statistics", In van Raan, A.F.J. (Ed.), *Handbook of Quantitative Studies of Science and Technology* Amsterdam: Elsevier Science Publishers.

Phene, Anupama & Almeida, Paul [2008] "Innovation in Multinational Subsidiaries: The Role of Knowledge Assimilation and Subsidiary Capabilities" *Journal of International Business Studies*, 39(5), 901-919.

Piscitello, Lucia & Rabbiosi, Larissa [2006] "How Does Knowledge Transfer from Foreign Subsidiaries Affect Parent Companies' Innovative Capacity?", Paper to be Presented at the DRUID Summer Conference 2006 on "Knowledge, Innovation and Competitiveness: Dynamics of Firms, Networks, Regions and Institutions".

Song, Jaeyong, Asakawa, Kazuhiro & Chu, Youngeun [2011] "What Determines Knowledge Sourcing from Host Locations of Overseas R&D Operations?: A Study of Global R&D Activities of Japanese Multinationals", *Research Policy*, 40(3), 380-390.

Yoneyama, Shigemi [2012] "Building External Networks and its Effect on the Performance of Overseas R&D Base" *International Journal of Innovation Management*, 16(3), 1-18.

第3章

グローバル研究開発における国際的共同マネジメント

▶分析のねらい
日系多国籍企業の在外 R&D 拠点が持つ自律性と本社あるいは他の海外 R&D 拠点との国際共同（協働）マネジメントを概観し，それら自律性と国際共同マネジメントのバランス（組み合わせ）が国際的な R&D 連携に及ぼす影響を明らかにする。

▶分析で明らかになったこと
在外 R&D 拠点が持つ人事管理および現地活動における自律性が高くグローバル R&D レベルでの共同マネジメント実践が活発に行われている拠点ではグローバル R&D 連携成果が高まる可能性が示唆された。

▶実務へのヒント
グローバル R&D における在外 R&D 拠点のマネジメントにおいて「権限を委譲しつつ，国際的な視点をもって活動を行ってもらう」必要があることを示唆する結果を示した。

［田中　秀樹］

1 グローバル研究開発における在外研究開発拠点

　本章では，第1章・**図表1-1**で示された多国籍企業研究開発（Research and Development，以下R&D）における本社と海外R&D子会社間の組織間関係に焦点を当てる。具体的には，日系多国籍企業の在外R&D拠点が持つ自律性と本社あるいは他の海外R&D拠点との国際共同（協働）マネジメントに着目して，グローバル研究開発（R&D）活性化に対するそれら自律性と国際共同マネジメントの効果について考える。

　イノベーションを創出（あるいは加速化）するためにグローバルレベルでの知識のやり取りなどが必要となっており，グローバルR&D活動における組織間関係に関する考察が一層求められる。そこで，本章では，第2章に引き続き，グローバルレベルでの組織間関係における在外拠点のR&D活動とそれらがグローバルR&D活性化に与える影響を考察する。

　本章における検討項目は以下の4点である。まず，日系多国籍企業の在外R&D拠点において，共同的なR&D活動あるいは独立的なR&D活動がどの程度行われているかを明らかにする。具体的には，拠点の立地によってR&D活動における共同性／独立性がどの程度異なるのかを明らかにする。次に，グローバルレベルでのR&Dにおける国際共同マネジメントがどの程度行われているかを明らかにする。そして，在外拠点の自律性と国際共同マネジメントの関係を確認した上で，グローバルR&Dにおける自律性と国際共同マネジメントがグローバルR&Dにおける拠点間連携成果に与える影響について明らかにする。

2 グローバル研究開発における拠点間共同に関する先行調査・研究

(1) 日系多国籍企業研究開発のグローバル化

　近年，経済活動のグローバル化に伴い，日系多国籍企業のグローバルR&D活動も進んでいることは周知の事実である。知識経済化が進む中，先進国を中心にしてR&Dが果たす役割はますます増大していることも自明であり，新たな価値創出のためにR&D活動の更なる活性化が求められる。

　1990年代までは製造業の生産部門の国際化（すなわち，生産拠点の現地化）が注目されており，2000年代前半に行われた調査結果（文部科学省，2004）によると，その当時においては日系多国籍企業のR&D活動のグローバル化はまだ遅れていたことも指摘されていた。しかし，それ以降は本国（本社が位置する国）以外でのR&D活動拠点を設置する企業が増え，注目の対象は生産活動拠点の国際化からR&D拠点の国際化に移っていった（Asakawa & Westney, 2013）。日本企業においても，他のビジネス活動同様に，R&D活動の国際展開が進んでおり，グローバルなR&D活動も盛んに行われる状況になってきた。

　国際経営の理論では，R&D拠点は他の職能と比べて最後に国際化を果たす職能であるといわれており（Pearce & Singh, 1992），人口減少や市場の縮小といった問題を抱える日系企業が海外市場に乗り出すに伴って，現地に適合した製品開発や優秀なR&D人材の獲得のためにR&D活動の国際化に本格的に乗り出すようになっている傾向がみられる。

　文部科学省（2004）の調査結果によると，日系多国籍企業が海外にR&D拠点を設置する理由として「外国人ユーザーの嗜好やニーズに対応した製品の研究開発を容易に行うことができる」（54.6％），「海外の優れた人材が比較的容易に確保できる」（33.3％）や「海外で研究開発を行う方がコスト的に有利である」（25.9％）（複数回答；N＝216社）が上位3位として挙げられている。近

年では，米山他（2013）による調査も行われており，日系多国籍企業が海外でR&D活動を行う理由として，「研究開発活動のスピードアップ」，「現地の顧客・市場ニーズを踏まえた研究開発」及び「現地の優れた人材の採用」が上位3位として挙げられている。また，米山他（2013）による分析では，最近の日系多国籍企業のグローバルR&D活動の現状として，(1)海外現地法人でのR&D活動は最近10年間で活発化していること，(2)海外現地法人でのR&D活動の主要な内容は「製品・工程の改良」，「生産・販売活動の技術支援」，「新製品・サービスの開発」であること，(3)海外現地法人でR&D活動を行う最大の理由は「現地の顧客・市場ニーズを踏まえた研究開発の推進」であることなどが指摘されている。

これまでの調査研究結果から，10年前から現在までの間，日系多国籍企業は現地市場に適応するべくR&D活動を行ってきたこと，そして現地の優れた人材あるいは彼・彼女らが持つ知識を獲得するためにもグローバルR&D活動を現地に根差した形で進めてきた（進めようとしてきた）ことがうかがえる。先行研究においても，現地での知識ネットワークの多さが創造性を高めることも指摘されており（Phene & Almeida, 2008），海外R&D拠点が現地に根差した活動によってR&D成果に貢献することも期待されているといえよう。しかし，その一方で，海外R&D拠点は本社R&D部門に資源を依存することは当然ながら多いことも考えられる。親会社（本国）に資源（例えば，資金や人材など）を握られている場合，親会社に対して在外R&D拠点が依存する度合いが高いことも指摘されている（Pfeffer & Salancik, 1978など）。では，はたして，現在の日系多国籍企業において本国（日本）と海外R&D拠点の関係性はいかなるものなのであろうか。

そこで，本章では我々が収集したデータをもとに日系多国籍企業の在外R&D拠点の実態を明らかにする。具体的には，日系多国籍企業の在外R&D拠点において，どの地域の拠点でいかなるR&D活動が行われているのかを明らかにする。そして，そこでは共同的なR&D活動あるいは独立的なR&D活動がどの程度行われているかを明らかにする。

(2) 在外拠点の自律性（裁量）

　日系多国籍企業のグローバル R&D では未だに自前主義などが問題になることが相対的に多くオープンイノベーションの潮流に乗り切れていないことも指摘されておりそれらを克服するべきだといわれている（浅川，2011等）[1]。とりわけ，日本の大企業においては日本国内に立地する中央研究所等を中心とした自前主義が他の先進国と比べて"周回遅れ"を引き起こしている要因であろう。そのため，近年はオープンイノベーションの議論を受けて，グローバル R&D 活動における外部（＝他企業や大学など）との連携やその効果への注目度が高い。その一方で，企業内部での組織間関係が果たす役割，いわゆる内部ネットワークの役割が軽視されているという指摘もある（米山他，2013）。この課題点を解消するためにも国際共同 R&D 活動における企業内部での組織間関係が R&D 成果に与える影響についての研究が求められよう。

　この問いに応えるために，本章では「在外 R&D 拠点が持つ自律性」に着目する。ここでの「自律性」とは裁量や自由度と同義であり，在外 R&D 拠点が「自律性を持っている」状態とは，それらの拠点が現地でのオペレーションなどに関する意思決定権限を持っている状態を指す。現地でのオペレーションを迅速に進めるには拠点自身が意思決定権限を持つことが効率的であるが，上述の通り R&D に関わる資源の多くは本社 R&D 部門が持つことが多いというグローバル R&D マネジメント特有の形態が自律性のあり方に大きく影響していると考えられる。また，在外拠点の自律性はこれまでも研究対象とされてきたトピックであるものの，先行研究においては在外拠点の自律性は組織間緊張状態の文脈で考察されることが多かったことが指摘されている（Chini et al., 2005；Paterson & Brock, 2002）。在外拠点の自律性は本社―拠点間の資源量の差などの力関係によって規定されるものであり（Pfeffer & Salanick, 1978），在外拠点の自律性の理想形はどのようなものであるかが議論されてきた。

　前掲のアンケート結果（文部科学省，2004；米山他，2013）においては，グローバル R&D を行う理由として"現地の市場ニーズの把握"や"現地の優秀

な人材の獲得"など「現地で成功すること」を念頭においた在外R&D拠点設置理由が挙げられていた。しかし，言うまでもなく，進出地域・マーケットへの適合だけではなく，在外R&D拠点と日本本社の相互連携をスムーズに行うことでグローバルR&D活動の効率性を高めることも求められる。そこで，本章では，在外R&D拠点の自律性の現状に加えて，グローバルレベルでの組織間関係において国際共同R&Dマネジメントがどの程度行われているかについても明らかにする。

(3) 拠点の自律性と拠点間共同のバランスと研究開発成果

現地において適時に対応すべく自律性を持つことは現地での競争優位性を保つ上では有益であろうが，在外拠点の自律性が高いことにより拠点が独自性を持ち過ぎることでグローバル（全世界）最適を妨げるという状況も考えられる。先行研究において，R&D予算，テーマ，進め方や人事管理の裁量が高い拠点ほど現地での研究開発成果が高いことも指摘されている（米山他，2013）。その一方で，同じく米山他（2013）では上記の項目に関する意思決定への裁量が高いと親会社の研究開発活動への貢献度が低い傾向も指摘されている。このように，日系多国籍企業のグローバルR&Dにおける組織構成やマネジメントがR&D成果に与える効果は検討され始めており，より一層の蓄積が望まれる。

一般的に，在外R&D拠点の自律性が高いとその拠点は意思決定権限が強いため，拠点独自でのR&D活動を行いやすく，情報・技術共有などの国際的共同R&Dマネジメントの度合いが低くなると考えられる。あるいは，在外R&D拠点の自律性が低い場合，本社に依存あるいは強制されるR&D活動も多いことが考えられることから，国際共同R&Dマネジメントの度合いが高くなることが予想される。

そこで，本章では「在外R&D拠点の自律性―グローバルR&D共同マネジメント」の関係（バランス）に着目して，日系多国籍企業におけるそれらの状況を概観する。具体的には，在外拠点の自律性の程度とグローバルR&D共同マネジメントの程度をそれぞれ高低に分けたマトリクスを概観して，在外拠点

の自律性とグローバル R&D 共同マネジメントの程度の関係（バランス）を明らかにする。ここでは，「自律性　高　×　国際共同 R&D　低」あるいは「自律性　低　×　国際共同 R&D　高」の 2 つの象限に分布が集中することが予想されるが，はたして日系多国籍企業においてもそうなのであろうか。

上記分析に加えて，自律性と国際 R&D 共同マネジメントの関係性がグローバル R&D における拠点間の連携成果にどのような影響を与えているのかについても検討を行う。在外拠点の自律性がその拠点のパフォーマンスに与える影響については多国籍企業研究において検証されてきた（Asakawa, 2001）。近年では，米山他（2013）においては，親会社からの統制度合いが高いほど現地での成果が下がる一方で，親会社からの情報移転度合いが高いほど現地成果には寄与する，といった「『付かず離れず』の距離」（米山他，2013，p.74）の構築が現地成果に寄与する可能性が示唆されている。

本章では，在外 R&D 拠点の自律性と国際的な共同 R&D マネジメントの一見相反するが両立が望まれる両者のバランスがグローバル R&D 連携に与える影響を分析する。グローバル R&D の理想形としては，在外 R&D 拠点が現地での活動において自律性をもって優秀な研究者や彼・彼女らの知識を獲得しつつ，グローバルレベルでそれらを活用し，拠点間の連携成果に寄与するケースが考えられる。本章では，そのようなケースを実現するために自律性と国際共同 R&D マネジメントのバランスとして求められる形を明らかにすることで，今後の日系多国籍企業のグローバル R&D 成果の向上・促進を実現する方策を提示したい。そこで，次節以降は拠点の自律性，共同マネジメント及びそれらが持つ効果に着目した分析を行う。

3 グローバル研究開発における共同と独立

(1) 拠点の役割と自律性

　本章で用いるデータは「海外調査」データである。このデータは第2章でも用いたものである。データの概要については第1章及び第2章を参照頂きたい。国際的共同R&D活動やそれらのR&D成果への影響を考察する前に、在外R&D拠点の属性とそれら拠点のR&D活動及びマネジメントの特徴の関係性を概観する必要があろう。そこで、本節においては、在外R&D拠点の立地の違いによる拠点の役割や拠点自律性を概観する。

　浅川（2010）では、アジアをはじめとする新興国における日系多国籍企業のR&D展開は日が浅く、アジア諸国への展開は低コストでのR&D活動の実現などが志向されている局面であることが指摘されている。また、米山他（2013）では、基礎研究を行っている現地法人は欧州・北米に多いことが指摘されている。立地による拠点に対する役割期待の違いに起因すると考えられよう。すなわち、先進的なR&Dに取り組む企業・大学が多く立地する欧州・北米の地の利を活かすべくそれら地域に研究拠点を立地させている可能性が考えられる。

　本章で扱うデータ（海外調査データ）においては、海外子会社において当該拠点業務が研究であるか開発・設計であるかを問うている。当該拠点の業務が研究であると答えた拠点、すなわち研究拠点（63拠点）のうち、74.6％（47拠点）が米国、カナダ、欧州に立地している。これらの理由はイノベーションをもたらすことを目的としたR&Dに必要となる先端知識や情報連携の窓口がそれらの地域に多く存在するからだと推察される。したがって、以下の分析では、R&Dレベルが日本と同等水準であると考えられる米国や欧州の国（以下、R&D先進国）と東南アジアや南米（フィリピン、ブラジルなど）をはじめとする米国・欧州以外の国及び地域（以下、その他の地域）との間でそれら拠点の役割や自律性が異なるのかを検討する[2]。**図表3-1**はR&D拠点の立地と

その拠点の役割のクロス集計結果である。

　全体傾向として，地域に関係なく「現地の市場ニーズをとらえる」ことが拠点の役割となっていることが明らかになった（全体：81.0％，R&D先進国：84.0％，その他地域：77.4％）。文部科学省（2004）・米山他（2013）でも指摘されている「現地ニーズへの対応」については，拠点の立地はあまり関係せず，グローバルR&Dを行う理由として全世界的に重要視されていることが分かる。また，「現地で，サプライヤー，共同研究先，提携先を探索する」ことも，立地に関わらず，求められている（全体74.5％，R&D先進国70.7％，その他地域：79.0％）。

図表3-1　拠点の立地と役割（クロス集計）

	全体		R&D先進国		その他の地域	
	実数	％	実数	％	実数	％
現地の市場ニーズをとらえる	111	81.0	63	84.0	48	77.4
現地の技術情報や研究のシーズを探索する	94	68.6	60	80.0	34	54.8
先端的研究や先行研究を行う	50	36.5	41	54.7	9	14.5
現地における政府や標準化委員会への対応を行う	61	44.5	37	49.3	24	38.7
現地で，サプライヤー，共同研究先，提携先を探索する	102	74.5	53	70.7	49	79.0
現地向け製品について，拠点単独で研究開発プロセスのほぼすべてを行う	42	30.7	24	32.0	18	29.0
現地向け製品について，研究開発プロセスの一部を拠点独自で行う	74	54.0	39	52.0	35	56.5
日本／グローバル向け製品について，拠点単独で研究開発プロセスのほぼすべてを担う	26	19.0	18	24.0	8	12.9
日本／グローバル向け製品について，研究開発プロセスの一部を拠点単独で担う	85	62.0	47	62.7	38	61.3
日本の研究開発者と一緒に拠点横断的なプロジェクト・チームを形成し，研究開発を共同で行う	93	67.9	59	78.7	34	54.8
N	137		75		62	

注1：この設問は上記10項目において，あてはまるものに○をつける複数回答設問。
注2：表中の実数値および％は各設問において○をつけた拠点の数を示している。
出所：筆者作成。

図表3-1の結果から，米国・欧州をはじめとするR&D先進国の拠点では，その他の地域の拠点に比べて「現地の技術情報や研究のシーズを探索する」「先端的研究や先行研究を行う」「現地における政府や標準化委員会への対応を行う」などのR&Dのシーズ（種）になるものを探す，あるいはそれらを普及させる方策を考えるといった役割を担っていることが示されている。加えて，「日本の研究開発者と一緒に拠点横断的なプロジェクト・チームを形成し，研究開発を共同で行う」ことを役割として付与されているR&D先進国の拠点が多いことも分かった。これらから，R&D先進国における在外拠点に求められる役割は最先端の知識・研究成果を獲得することであることに加えて，日本との共同R&D活動を行うことにあるといえる。

では，拠点の立地と拠点の自律性の関係を概観しよう。**図表3-2**は拠点の立地別に見た拠点の自律性についての平均値比較結果である。

図表3-2の結果から，「研究開発予算の策定及び収益管理」においては

図表3-2 拠点立地による独立／共同の程度：拠点の自律性
R&D先進国 vs その他の地域 （平均値比較）[3]

尺度：5件法 「該当しない＝1」～「該当する＝5」	R&D先進国 N=61	その他の地域 N=55	有意確率
研究開発の業務計画の策定	3.92	3.56	+
研究開発予算の策定及び収益管理	3.56	3.78	
研究開発者の採用方針や基準の決定	4.43	4.27	
研究開発者の育成の方針決定や運用	4.44	4.35	
研究開発者の人事評価・処遇の方針決定や運用	4.57	4.60	
技術情報・研究シーズの探索	4.05	3.42	**
現地向け製品の仕様決定	3.41	3.42	
研究開発テーマ・プロジェクトの策定	3.61	3.22	+
研究開発の方法の決定	4.02	3.55	*
現地サプライヤー，提携先，共同研究先の選定	3.70	3.71	
他の海外拠点との連携の実施	3.49	2.93	*

注：$**p<0.01$, $*p<0.05$, $+p<0.10$
出所：筆者作成。

R&D 先進国よりもその他の地域の方が裁量を有している（ただし，統計的に有意ではない）ものの，ほとんどの項目で R&D 先進国の方が拠点としての自律性を有していることが分かる。平均値の差が統計的に有意である項目として，「技術情報・研究シーズの探索」「研究開発の方法の決定」「他の海外拠点との連携の実施」，そして「研究開発の業務計画の策定」「研究開発テーマ・プロジェクトの策定」が挙げられる。この平均値比較結果より，米国・欧州といった R&D 先進国においては人材・組織マネジメントをはじめとする現地 R&D 活動に対する自律性が付与されているといえる。この分析結果の具体例として，製薬企業 A 社欧州拠点でのインタビュー調査において，「各拠点におけるオペレーションは各拠点のトップに権限移譲されている」「各ユニット長の権限でベストな研究布陣を指向し組織運営を行っている」との発言もあった。

R&D 活動が成熟化して当該拠点が自律的に活動するためには，ある程度の時間的経過および蓄積が要される。そこで，拠点設立年数と自律性の関係性についての分析も行った。拠点設立からの年数に関しては，R&D 先進国が20.31年，その他の地域が12.41年であったが，拠点設立からの年数と拠点の自律性の相関関係において統計的に有意な関係は見られなかった。このことより，拠点の自律性の高さは拠点設立からの年数よりも拠点の立地によって規定される可能性が考えられよう。

(2) グローバル研究開発における共同

本節では，まず，R&D 先進国とその他の地域の別にグローバル R&D における共同について分析を行った。具体的には，グローバル R&D の成功に向けて本社や他の拠点とどのような共同に取り組んでいる取り組みを問うた設問を用いた。

図表3-3は R&D 先進国とその他の地域における共同マネジメントの実施度合いを示し，双方の平均値を比較した結果である。なお，「各拠点においてその地域の文化・慣習に合わせたマネジメントを行う」ことは拠点自律性を示す項目に一瞥できるが，本設問では「グローバル R&D 成功に向けての取組」

図表3-3 グローバルR&Dにおける共同的マネジメント：
R&D先進国 vs その他の地域（平均値比較）[4]

尺度：5件法 「実施していない=1」～「実施している=5」	R&D先進国 N=51	その他の地域 N=43	有意確率
日本と拠点の間で研究開発者のコミュニケーションを密に行う	4.55	4.28	
技術情報をデータベース化し，拠点間で情報共有を促進する	3.45	3.42	
日本本社に蓄積された技術を活用する	3.55	4.09	**
成功例や失敗例を，グローバルレベルで共有する	3.06	3.23	
日本と拠点との間でグローバル研究開発の方針を共有する	3.98	3.53	+
世界中の拠点から必要な人材を選抜し，プロジェクト・チームを組織する	2.20	1.81	
研究開発プロジェクトの編成において，研究領域の異なる人材の組み合わせを重視する	2.33	1.86	+
海外での長期滞在経験者を海外との調整役として活用する	3.31	3.34	
日本から研究開発者を派遣してもらう	3.90	4.07	
研究開発者の国籍を多様化する	3.02	2.23	**
各拠点においてその地域の文化・慣習に合わせたマネジメントを行う	3.86	3.65	
優秀な研究開発者を確保する	4.20	3.65	**

注：**$p<0.01$，*$p<0.05$，+$p<0.10$
出所：筆者作成。

を問うているものである。すなわち，グローバル連携として地域ごとの特性を尊重する取組を行っているかどうかを問うものであり，拠点自律性とは異なる文脈での問であることに注意してもらいたい。また，「優秀な研究開発者を確保する」についてもグローバルR&D成功のために行う施策ではあるものの，本社と在外拠点が協力して人材確保を行うこととは限らない点にも注意しても

らいたい。

　グローバルR&Dにおける共同のマネジメントにおいて「研究開発者の国籍を多様化する」「優秀な研究開発者を確保する」「研究開発プロジェクトの編成において，研究領域の異なる人材の組み合わせを重視する」など，いわゆるR&D人材に関わるマネジメントについては，米国・欧州などR&D先進国において実施される傾向がうかがえる。一方，「日本本社に蓄積された技術を活用する」においては，米国・欧州以外の地域の方が米国・欧州よりも平均値が高かった（有意確率：5％水準）。すなわち，グローバルR&Dにおける共同において米国・欧州以外のR&D拠点の多くは日本本社に技術的に依存している可能性が考えられよう。インタビュー調査においても，電機産業のB社では「ここ数年，欧州や米国では海外拠点が自律的に動き日本に提案することが増えてきている。一方で，インドや中国にも同じようにオートノミー（自律性）を与えているが，現時点での提案は少ない。」という発言があった。

　本節の分析を概観すると，図表3-1においてR&D先進国の多くに求められる役割として「現地の技術情報や研究のシーズを探索する」「先端的研究や先行研究を行う」などが挙げられており，図表3-2において米国・欧州拠点はそれ以外の地域の拠点と比べて「技術情報・研究シーズの探索」における自律性が高いことも示されていた。一方，図表3-3からは，グローバルR&Dにおける共同において米国・欧州以外のR&D拠点の多くは日本本社に技術的に依存している可能性が示唆された。これらの結果から，R&D先進国とそれ以外の地域の拠点間では，拠点の立地（あるいはその立地における拠点の特性）によって役割，自律性や本社・他拠点との共同のあり方が異なる傾向が示された。

(3) 拠点の自律性と共同のマネジメントの関係

① 分析の目的

　日系多国籍企業の在外R&D拠点の自律性やグローバル共同マネジメントがR&D先進国とそうでない国の間でどのような差があるかを検討した結果，

R&D 活動が成熟化している地域では拠点 R&D 活動における自律性がより大きく許容されていること，R&D 人材に関わるグローバル共同マネジメントが R&D 先進国において実施される傾向が明らかになった。

現地において適時に対応するために自律性を持つことは現地及びグローバルでの競争優位性を保つ上ではメリットがあると考えられる一方で，在外拠点の自律性が高く拠点が過度に独自性を持つことで全世界最適を妨げる状況も考えられる。すなわち，前述した通り，一般的には，在外拠点の自律性が低く国際共同 R&D が実現する，あるいは在外拠点の自律性が高く国際共同 R&D が実現できない，というトレード・オフの関係が考えられよう。はたして，在外拠点の自律性と国際共同的な R&D マネジメント実現は両立しうるのであろうか。そこで，本節では自律性の高低とグローバル共同マネジメント実践度合いの高低を軸として，自律性とグローバル共同の両立・バランスについて概観する。

② **本分析で用いる変数**

本分析で用いている変数である国際的共同 R&D 活動，拠点自律性について説明する。グローバル R&D における共同の程度を測定するために具体的に使用した設問は，日本を含む他の海外拠点と連携して研究開発を成功・促進するためにそれぞれの施策をどの程度行っているかを問うた設問12項目である。これらの共通性を分析し，3つの因子群を構成した。因子分析の詳細については【中央経済社のウェブサイト】を参照されたい。なお，以後の分析においては，これら因子構成変数の平均値を使用している。

因子分析の結果，第一因子群として「研究開発者の国籍を多様化する」「海外での長期滞在経験者を海外との調整役として活用する」などの項目が抽出された。これらは人材の国籍多様化や現地と日本の人を介したマネジメントに相当し，人材やスタッフィング（staffing）に関する項目であることから「国際的視野に立った人材マネジメント」（以下では「国際的人材マネジメント」とする）と命名した（クロンバックの $\alpha = .718$）。次に，第二因子群として「日本本社に蓄積された技術を活用する」「技術情報をデータベース化し，拠点間

で情報共有を促進する」などの項目が抽出された。これらは情報・技術のやり取り・共有を促進するマネジメントに相当することから「技術・情報共有マネジメント」(以下では,「技術情報共有マネジメント」)と命名した(クロンバックの $\alpha = .716$)。第三因子群として「世界中の拠点から必要な人材を選抜し,プロジェクト・チームを組織する」「研究開発プロジェクトの編成において,研究領域の異なる人材の組み合わせを重視する」の2項目が抽出されたため,「グローバル最適化に向けたプロジェクト編成マネジメント」(以下では,「グローバル編成マネジメント」と記す)と命名した(クロンバックの $\alpha = .840$)。

拠点の自律性に関しては,図表3-2の各項目について上記の共同マネジメントと同様の手続きで因子分析を行った。この因子分析の詳細についても【中央経済社のウェブサイト】を参照されたい。なお,本変数群についても,以後の分析では因子構成変数の平均値を使用している。

第一因子群として「研究開発者の採用方針や基準の決定」「研究開発者の人事評価・処遇の方針決定や運用」などが抽出された。これらは人事管理にかかわる項目群であることから「人事管理自律性」と命名した(クロンバックの $\alpha = .895$)。次に,第二因子群として「研究開発テーマ・プロジェクトの策定」「現地サプライヤー,提携先,共同研究先の選定」などの項目が抽出された。これらは現地R&D活動における自律性に関するものであることから「現地活動自律性」と命名した(クロンバックの $\alpha = .765$)。

③ 分析方法

これら変数をもとにして,それぞれの変数の平均値を境に平均値未満のグループを「共同マネジメント低群」,「拠点自律性低群」,そして平均値以上のグループを「共同マネジメント高群」「拠点自律性高群」としてクロス集計を行った。なお,本分析においては,「自律性 高 × 国際共同R&D 低」あるいは「自律性 低 × 国際共同R&D 高」の2つの象限(第1象限(右上),第3象限(左下))に分布が集中することが一般的であろうと予想している(図表3-4参照)。

図表3-4　自律性の高低×国際共同R&D実践の高低（イメージ図）

自律性	国際共同R&D実践	
	低群	高群
低群	第2象限	第1象限
高群	第3象限	第4象限

出所：筆者作成。

　次節では，「国際的人材マネジメント」「技術情報共有マネジメント」「グローバル編成マネジメント」の3つの国際共同R&D実践度合いと「人事管理自律性」「現地活動自律性」の2つの自律性の高低の3×2通りの分析を行う。本章では6通りの分析のうち，特に注目すべき結果を示したものを図表として掲載している（その他の図表は【中央経済社のウェブサイト】参照）。各セル下部では，そのセル内における拠点分布及び各地域内でのパーセンテージを示している。

④　分析結果（クロス集計結果）
　まず，**図表3-5**はR&D先進国において人事管理自律性と国際的人材マネジメント実施程度のクロス表である。この結果より，R&D先進国において人

図表3-5　人事管理における自律性と国際的人材マネジメント（クロス表）

R&D先進国

N=73	国際的人材マネジメント	
人事管理自律性	低群	高群
低群	18 (24.7%)	12 (16.4%)
高群	15 (20.5%)	28 (38.4%)

その他地域

N=57	国際的人材マネジメント	
人事管理自律性	低群	高群
低群	16 (28.1%)	7 (12.3%)
高群	23 (40.4%)	11 (19.3%)

出所：筆者作成。

第3章 グローバル研究開発における国際的共同マネジメント　71

事管理自律性と国際的人材マネジメント実施（参加）程度の双方が高い拠点が多いことが明らかになった（73拠点のうち28拠点：38.4％）。この点から，R&D先進国では人事管理自律性と国際的人材マネジメントが両立している可能性が想定される。

　また，R&D先進国ではない地域においては，57拠点のうち約6割に当たる34拠点は人事管理における自律性が高いことが明らかになった。しかし，人事管理における自律性が高いものの，国際的人材マネジメント実践はあまりなされていない拠点も多く（23拠点：40.4％），研究開発者の国籍多様化や優秀な研究者の確保などの国際共同R&Dマネジメントの実践度合いが低い拠点も多い。

　R&D先進国において人事管理の自律性と国際的人材マネジメントが両立している理由として，R&D先進国には世界中から集まった優秀な人材も多く，そういった人材の確保・獲得を通じてあるいは確保・獲得のために他拠点との連携も図りやすいことが考えられよう。在外R&D拠点が優秀な人材を獲得するべく人事管理における現地自律性を発揮して，その人材がグローバルR&D成功・促進を目指した他拠点との連携において活躍している可能性などが想起される。もし，そうであれば，R&D先進国において「人事管理自律性　高　×　国際的人材マネジメント　高」であることはグローバルR&D連携成果に寄与している可能性もありえる。この点に関する検証は次節で行う。

　人事管理自律性と情報共有マネジメントの高低のクロス分析結果の詳細は【中央経済社のウェブサイト】を参照されたい。主要な結果として，R&D先進国において情報共有マネジメントの実践度合いが低い拠点が相対的に多く見られた点が挙げられよう（73拠点のうち39拠点：53.4％）。図表3-1でも示した通り，R&D先進国では「現地の技術情報や研究のシーズを探索する」「先端的研究や先行研究を行う」拠点が多いため，日本本社からの技術情報に依存するR&D形態でない可能性も考えられ，日本との（とりわけ日本拠点発信の）情報・技術のやり取りがそれほど重要でないのかもしれない。しかし，現地に根差した人事管理（現地の優秀な人材の確保やそれらを可能にする現地適応型報

酬制度など)に関する自律性が高ければ,現地において有益な情報を獲得できよう。それら情報を拠点間で共有できれば,グローバルR&D連携成果にもつながる可能性も考えられよう。

続いて,**図表3-6**は人事管理の自律性とグローバル編成マネジメントの高低によるクロス集計である。一般的に,人事管理の自律性が高い状況では在外R&D拠点が独自に人事管理を行いうる裁量を高めることになるため,グローバル最適を目指したグローバルチームの編成やそれに向けた人材選抜に対する在外R&D拠点の関与を弱める可能性が考えられる。R&D先進国・それ以外の地域ともにグローバルチームマネジメント実践が低い拠点が過半数を超えるものの,R&D先進国においては,人事管理の自律性が高くグローバル編成マネジメント実践の度合いも高い拠点が20拠点存在した(R&D先進国のうち27.4%)。これら拠点は人事管理の自律性を高く持ちつつグローバルチームへの貢献も志向あるいは実践している拠点といえる。このケースの場合,現地での人事管理自律性に基づいて現地に相応しい採用・処遇・育成を行った上でグローバルチームに人材を送り出していることから,現地採用の優秀な人材がグローバルレベルで活躍することによって国際的なR&D連携成果を向上することが想定できよう。この点については次節で検証する。

図表3-6 　**人事管理における自律性とグローバル編成マネジメント(クロス表)**

R&D先進国

N=73	グローバル編成マネジメント	
人事管理自律性	低群	高群
低群	18 (24.7%)	12 (16.4%)
高群	23 (31.5%)	20 (27.4%)

その他地域

N=57	グローバル編成マネジメント	
人事管理自律性	低群	高群
低群	19 (32.2%)	6 (11.3%)
高群	23 (38.9%)	11 (18.6%)

出所:筆者作成。

図表3-7 現地活動における自律性と国際的人材マネジメント（クロス表）

R&D先進国

N=70 現地活動自律性	国際的人材マネジメント	
	低群	高群
低群	15 (21.4%)	14 (20.0%)
高群	18 (25.7%)	23 (32.9%)

その他地域

N=57 現地活動自律性	国際的人材マネジメント	
	低群	高群
低群	21 (36.8%)	8 (14.0%)
高群	18 (31.6%)	10 (17.5%)

出所：筆者作成。

図表3-7は在外R&D拠点の現地活動の自律性と国際的人材マネジメントの高低のクロス表である。当初想定していたトレード・オフの関係（すなわち，第1象限と第3象限に分布が集中する関係）とは相反する結果となり，R&D先進国では「自律性　高　×　国際的人材マネジメント　高」拠点数が，その他の地域では「自律性　低　×　国際的人材マネジメント　低」拠点数がそれぞれ最も割合が高かった。すなわち，R&D先進国では現地活動における自律性が高くグローバルR&Dマネジメントとして人材確保・獲得を他拠点・日本拠点と共同している拠点が多いことが分かった。一方，その他の地域では，現地活動の自律性が低いからといって共同マネジメントとして人材確保・獲得に対して本社との協力（協働）体制にあるとは限らないことも明らかになった。「自律性　高　×　国際的人材マネジメント　高」のケースでは，拠点立地の文化・慣習に合わせた人材確保を国際的共同成功に向けて行った上で研究シーズや現地パートナーの探索・選定を行っており，グローバルR&D連携において高い相乗効果が見込まれるであろう。この点についても次節で分析を行い検証する。

図表3-8は在外R&D拠点の現地活動の自律性とグローバルR&D共同としての技術情報共有マネジメント実践の高低のクロス表である。主要な結果として，現地活動自律性が高く技術情報共有マネジメント度合いも高いR&D先進

図表3-8　現地活動における自律性と情報共有マネジメント（クロス表）

R&D 先進国

N=70

現地活動自律性	技術情報共有マネジメント	
	低群	高群
低群	18 (25.7%)	11 (15.7%)
高群	20 (28.6%)	21 (30.0%)

その他地域

N=59

現地活動自律性	技術情報共有マネジメント	
	低群	高群
低群	14 (23.7%)	17 (28.8%)
高群	14 (23.7%)	14 (23.7%)

出所：筆者作成。

国拠点が3割に上る一方で，同程度（28.6%）のR&D先進国拠点では現地活動自律性が高いものの情報共有はなされていないことが分かった。加えて，R&D先進国では情報共有マネジメントを実践している拠点は全体の半数以下であった。一方で，その他の地域では，各象限ともほぼ均等な分布で，半数程度の拠点が情報共有マネジメントを実践していることが明らかになった。拠点が本国から受け取る情報量が多いことが想定されるその他地域においては，情報共有マネジメントが実践されることは想定に難くない。しかし，現地活動における自律性の高低によって情報共有マネジメント実践度合いが変化するとは言い難い分布であった。その他地域の拠点では本社への情報・技術依存度が高いことや本社からの情報・技術移転を受けることも多いと考えられる開発拠点が多いことが情報共有マネジメント実践度合いの高さを規定する要因になっている可能性も想定できよう。

現地活動自律性とグローバル編成マネジメントの程度のクロス表の詳細は【中央経済社のウェブサイト】を参照されたい。主な結果として，R&D先進国拠点の6割程度，その他地域の拠点の7割程度においてグローバル編成マネジメントの実践度合いは低いことが明らかになった。

4 研究開発における共同マネジメントおよび拠点自律性がグローバル研究開発連携成果に与える影響

(1) 分析およびその目的

　本節では，グローバルR&Dにおける拠点自律性と共同マネジメントのどのような組み合わせ（あるいはバランス）がR&Dにおける連携成果を向上させるのかについて明らかにする。具体的には，第3節(3)で検討した拠点自律性と共同マネジメントの高低の組み合わせを主要な説明変数として現地R&D拠点と日本あるいは他の海外拠点との連携成果を被説明変数とした回帰分析（順序回帰分析）を行う。

　前述の通り，一般的には，在外拠点の自律性が高いことがグローバルレベルでの共同の阻害要因となる可能性，あるいはグローバルレベルでの共同の実践度合いが高いと在外拠点の自律性を阻害する可能性が考えられる。しかし，前節のクロス集計表を見る限り，第1象限（自律性　低　×　共同実践　高）と第3象限（自律性　高　×　共同実践　低）に分布が偏ることはそれほど多くなく，第4象限（自律性　高　×　共同実践　高）にも分布が見られた。拠点自律性が高いことと国際共同R&D実践度合いが高いことは現地（部分）最適化と全体（グローバル）最適化の双方を志向するものであり，両立は難しいものと考えられるが，前節の結果からそれら双方を志向する"両立"型の在外R&D拠点のあり方が提示された。このような両立型の場合，現地でのオペレーションにおいて自律的に行動して現地人材の採用・活用や現地からの知識吸収などを行いつつ，それらを国際共同R&Dに活かすことができるなどのケースも想定され，理想的な本社（あるいはグローバル）―在外拠点関係ともいえる。では，そのような両立型の場合，はたしてグローバルR&D連携成果向上に寄与するのか。本節ではその点を検証する。

(2) 本分析で用いる変数

　本節における被説明変数は「在外R&D拠点が日本あるいは他の海外拠点との連携によって達成できた」内容及びその度合いを当該拠点のトップに問うた設問を使用している。リリース件数などの客観的指標ではなく本設問を使用した理由は，在外R&D拠点の自律性と国際共同マネジメントの次段階での成果としてグローバル連携成果が創出されるため，本分析では拠点自律性と国際的共同マネジメントの直接的な成果を見るべきだと考えたからである。

　本分析では，具体的には，「知識や技術の共有化」（以下，知識共有と表記），「異なるアイデアやものの見方の導入」（以下，多様な観点と表記），「有能な人材のグローバル活用」（以下，人材活用と表記）や「グローバルに活躍できる研究開発者の育成」（以下，人材育成と表記）の達成度合い（「達成できなかった＝1」～「達成できた＝5」の5件法）を被説明変数としている。国際共同マネジメントの目的はグローバル連携の最適化にあるため，主観的成果指標の中でもこれらグローバル連携成果を示す変数を使用することとした。

　本分析における主要な説明変数は，前節で分析を行ったグローバルR&Dにおける共同マネジメントの実施度合い（程度）と在外R&D拠点としての自律性の高低の組み合わせである。「自律性」×「共同マネジメント」において，「自律性（高）」×「共同マネジメント（高）」，「自律性（高）」×「共同マネジメント（低）」，「自律性（低）」×「共同マネジメント（高）」，「自律性（低）」×「共同マネジメント（低）」の4つの組み合わせについて，「自律性（低）」×「共同マネジメント（低）」を基準としてダミー変数を投入している。この分析によって，日系多国籍企業の海外R&D拠点の自律性とグローバル共同のバランスにおいて，どのバランスがグローバルR&D連携成果向上に寄与するのかを明らかにすることができる。

　主要説明変数のほかに，研究拠点を1とするダミー変数，情報通信産業を基準とした産業別のダミー変数（電気・精密機器産業，輸送用機器産業，化学・医薬品産業，その他の産業），拠点の従業員総数（対数変換），拠点における研

究開発者の割合，拠点の研究開発者に占める日本からの派遣研究開発者割合，拠点年齢，R&D先進国を1とする地域ダミー変数（基準はR&D先進国以外の地域）をコントロール（条件合わせ）変数として投入している。

(3) 分析結果

図表3-9および**図表3-10**が分析結果である。図表3-9は在外R&D拠点における「人事管理自律性」と「国際的人材マネジメント」「情報共有マネジメント」「グローバル編成マネジメント」の各組み合わせが，グローバル連携成果としての「知識共有」「多様な観点」「人材活用」そして「人材育成」と表記）の達成度合いに与える影響を分析した結果である。

図表3-9の結果から下記の点が明らかになった。図表3-9のA欄は「人

図表3-9　人事管理の自律性×国際R&D共同マネジメントが連携成果に与える影響

説明変数 \ 被説明変数	A (N=87) 人事管理×国際的人材				B (N=89) 人事管理×情報共有				C (N=89) 人事管理×グローバル編成			
自律性×共同マネジメント	知識共有	多様な観点	人材活用	人材育成	知識共有	多様な観点	人材活用	人材育成	知識共有	多様な観点	人材活用	人材育成
高×高	+	+	+	+	+	+	+	+	+	+	+	+
高×低												
低×高		+					+	+				
主たる業務　研究拠点	+				+				+			
産業　　　　その他		+								+		
人員数　　　研究開発者割合			+	+			+	+			+	+
日本からの派遣研究開発者								−				

注：係数がプラスで有意となれば+を示している（有意水準は5％）。また，係数がマイナスで優位となれば−を示している（有意水準は5％）。コントロール（条件合わせ）変数については有意なもののみを示した。詳細については，【中央経済社のウェブサイト】を参照されたい。
出所：筆者作成。

事管理自律性」×「国際的人材マネジメント」の高低によるグローバル連携成果への効果を示している。「自律性　高　×　国際的人材マネジメント　高」の場合,「多様な観点」「人材活用」「人材育成」にプラスの影響を与えることが示された。在外拠点に対して人材採用・処遇・育成の自律性を持たせつつグローバルレベルで研究開発者の国籍多様化や海外経験者に調整役を担ってもらうことによって, グローバル R&D 連携を活性化させている様子が分かる結果と言える。

「人事管理自律性」×「情報共有マネジメント」の効果については図表3-9のB欄に示されている。「自律性　高　×　情報共有マネジメント　高」の場合,「人材育成」以外のグローバル R&D 連携にプラスの影響を与えることが明らかになった。グローバルレベルでの研究開発方針の共有や技術情報データベースの活用とともに, 現地で優秀な人材を確保できるような自律性を在外拠点が持ち優秀な人材の確保による知識・ノウハウの蓄積がなされてそれらがグローバルレベルで共有しやすくすることでグローバル R&D 連携成果の向上・促進に寄与する可能性が示されたといえる。例えば, 在外拠点が現地の優秀な人材を確保・育成において自律性を発揮しつつ, グローバルレベルでの研究開発方針を踏まえた行動や技術情報データベース化を活用すること（すなわち, 情報共有マネジメントを促進すること）でグローバル連携を強化している, といったフローなどが考えられるだろう。

また,「自律性　低　×　情報共有マネジメント　高」の場合でも,「多様な観点」「人材活用」に対してプラスの影響を示した。すなわち, 拠点の自律性がたとえ低くても, 日本と拠点との間でのグローバル研究開発方針共有や技術情報のデータベース化などの情報共有マネジメントがきちんとなされていたら「多様な観点」「人材活用」に対しては有効に機能する可能性があるのかもしれない（逆に, 自律性が低いままで情報共有マネジメントもなされていないとグローバル連携成果へのプラスの効果が期待できない）。

「人事管理自律性」と「グローバル編成マネジメント」についての分析結果は図表3-9のC欄に示している。「自律性　高　×　グローバルチームマネ

ジメント　高」のケースのみが「知識共有」「多様な観点」「人材活用」「人材育成」にプラスの影響を示した。グローバル観点から人材の選抜・活用を行うことはグローバルR&D連携成果を向上させることを予想するのは難くないが，人事管理の自律性が高いことがそれらの阻害要因とならないことは興味深い発見と言えよう。在外R&D拠点が人事管理に関する自律性を発揮して優秀な人材を確保した上で，彼・彼女らそして彼・彼女らの持つ知識を国際プロジェクトや異分野交流の現場において活用させることでグローバルR&D連携成果を向上させているケースなども考えられよう。

図表3-10は在外R&D拠点における「現地活動の自律性」と共同マネジメントの各組み合わせがグローバル連携成果としての「知識共有」「多様な観点」「人材活用」「人材育成」に与える影響を分析した結果である。

図表3-10　現地活動の自律性×国際R&D共同マネジメントが連携成果に与える影響

説明変数 \ 被説明変数		D (N=84) 現地活動×国際的人材				E (N=86) 現地活動×情報共有				F (N=86) 現地活動×グローバル編成			
		知識共有	多様な観点	人材活用	人材育成	知識共有	多様な観点	人材活用	人材育成	知識共有	多様な観点	人材活用	人材育成
自律性×共同マネジメント	高×高	＋	＋	＋	＋	＋	＋	＋	＋	＋	＋	＋	＋
	高×低			＋	＋				＋				＋
	低×高	＋		＋	＋			＋					
主たる業務　研究拠点		＋				＋							
産業　その他			＋										
人員数　研究開発者割合				＋	＋			＋	＋			＋	＋
R&D先進国ダミー									＋				

注：係数がプラスで有意となれば＋を示している（有意水準は5％）。コントロール（条件合わせ）変数については有意なもののみを示した。詳細については，【中央経済社のウェブサイト】を参照されたい。
出所：筆者作成。

「現地活動自律性」×「国際的人材マネジメント」の効果についてはD欄の通りである。「自律性　高　×　国際的人材マネジメント　高」の場合，「知識共有」「多様な観点」「人材活用」「人材育成」すべてに正の有意な影響を与えることが明らかになった。また，「自律性　低　×　国際的人材マネジメント　高」の場合も「知識共有」「人材活用」や「人材育成」に正の影響を与えていた。すなわち，「研究開発テーマ・プロジェクトの策定」「現地サプライヤー，提携先，共同研究先の選定」といった点で自律性が低くても，「研究開発者の国籍を多様化する」ことや「優秀な研究開発者を確保する」ことが「人材活用」や「人材育成」に良い影響を与えている可能性が考えられる。現地活動での自律性も重要であるが，自律性が低い場合であっても，国籍を多様化することやグローバルレベルでの調整役がいることが知識・技術の共有やグローバルでの有能な人材の活用・育成を促す上で一定の効果が見込まれる結果を示したといえる。

　「現地活動自律性」×「情報共有マネジメント」の効果については図表3-10のE欄に示した通りである。「自律性　高　×　情報共有マネジメント　高」の場合，「知識共有」「多様な観点」「人材活用」「人材育成」すべてに正の有意な影響を与えていた。情報共有マネジメントが実践されることでグローバルレベルでの「知識共有」や「多様な観点」が促進されることは当然であるといえるが，本結果からは，在外R&D拠点が自律性を持って現地のシーズや共同研究先などを選定してそれらから得られた情報をグローバルに提供する環境（すなわち，国際共同マネジメントとしての情報共有ができる環境）が備わっている場合にその効果は大きくなる，という示唆が得られたといえる。

　「現地活動自律性」×「グローバル編成マネジメント」についてはF欄の通りの結果が示された。「自律性　高　×　グローバル編成マネジメント　高」の場合，「知識共有」「多様な観点」「人材活用」「人材育成」すべてに正の有意な影響を示していた。在外R&D拠点が現地で新たな技術情報・シーズなどを探索したり，現地向け製品に関する知識を身に着けた人材をグローバル最適化のためにあるいは異分野交流のために送り出すことで高いグローバルR&D連

携成果を生み出している可能性が示唆できる結果といえよう。

5 本章で明らかになった点とその含意

本章で明らかになった主な点は以下の通りである。

- R&D 先進国に立地する在外 R&D 拠点では拠点 R&D 活動における自律性がより大きく許容されている
- R&D 先進国では「人事管理自律性」と「国際的人材マネジメント」が両立している可能性が想定される
- R&D 先進国において情報共有マネジメントの実践度合いが低い拠点がやや多い
- R&D 先進国では「現地活動自律性　高　×　国際的人材マネジメント　高」拠点数の割合が高かった一方，その他の地域では「現地活動自律性　低　×　国際的人材マネジメント　低」拠点数の割合が最も高かった
- 現地活動自律性が高く技術情報共有マネジメント度合いも高い R&D 先進国拠点が 3 割に上る一方で，同程度の R&D 先進国拠点では現地活動自律性が高いものの情報共有はなされていないことが分かった
- R&D 先進国では情報共有マネジメントを実践している拠点は全体の半数以下であった
- 「人事管理自律性　高　×　国際的人材マネジメント　高」の場合，グローバル R&D 連携成果としての「多様な観点」「人材活用」「人材育成」にプラスの影響を与える
- 「人事管理自律性　高　×　グローバル編成マネジメント　高」の場合，「知識共有」「多様な観点」「人材活用」「人材育成」すべてのグローバル R&D 連携成果に対してプラスの影響を与える
- 在外 R&D 拠点が人事管理に関する自律性を発揮して優秀な人材を確保した上で，人材及び知識をグローバルレベル（国際プロジェクトや異分野交

流など）に送り込んでいることなどによってグローバルR&D連携成果が向上している可能性が考えられる
- 「現地活動自律性　高　×　国際的人材マネジメント　高」「現地活動自律性　高　×　情報共有マネジメント　高」そして「現地活動自律性　高　×　グローバル編成マネジメント　高」の場合，「知識共有」「多様な観点」「人材活用」「人材育成」すべてのグローバルR&D連携成果にプラスの影響を与える

　上述部分において，在外R&D拠点が持つ人事管理および現地活動における自律性が高くグローバルR&D共同マネジメント実践が行われている拠点ではグローバルR&D連携成果が高まる可能性が示唆される結果が列挙されている。これらの結果より，グローバルR&D連携成果向上のためには，自律性と共同マネジメント実践度合いがともに高い状態（すなわち，自律性と国際共同R&D実践が両立している状態）がグローバルR&D連携成果に好ましい影響を与えることが分かった。

　そして，そこには様々なメカニズムが存在すると考えられる。例えば，在外R&D拠点が自律性を持って現地においてシーズや共同研究先などを選定してそこから得られた情報をグローバルに提供する情報共有マネジメント（例えば，グローバル情報データベースの活用など）の環境が備わっている場合，グローバルR&D連携における知識・技術の共有や異なるアイデアやものの見方の導入を成功へと導く，などのメカニズムである。こういったメカニズムについては今後様々な観点から検討を要すると考えられ，今後の研究課題としたい。

　本章では，日系多国籍企業のグローバルR&D活動における在外R&D拠点の自律性と拠点間の共同マネジメントのバランスがR&D連携成果にもたらす効果について考察を行った。その結果，自律性と共同マネジメント実践度合いがともに高い状態（両立状態）がグローバルR&D連携成果に好ましい影響を与えることが明らかになった。一見背反すると考えられがちであることから想起される「在外R&D拠点の自律性が高い状態」と「国際共同マネジメントが

実施される状態」であるが，それらの両立がグローバル R&D 連携にプラスの影響を与えることを示したことは本研究が見出した新たな知見として重要であろう。本章は，グローバル R&D における在外 R&D 拠点のマネジメントにおいて「権限を委譲しつつ，国際的な視点をもって活動を行ってもらう」必要があることを示唆する結果を示し，それにチャレンジすることの有益性を示唆するものといえよう。

▶注

1) グローバル R&D 活動を行うような大企業における R&D では本社研究部門などの自前の研究リソースが比較的潤沢であるため，外部連携には消極的になりがちであり，あらゆる R&D 活動を自分たちの手（いわゆる"自前"）で行おうとすること。
2) それぞれの内訳は以下の通りである。
    R&D 先進国：米国，ドイツ，フィンランド，カナダ，ニュージーランド，英国，オーストラリア，デンマーク，スウェーデン，シンガポール，イタリア，スイス，フランス，オランダ，韓国，台湾
    その他の地域：フィリピン，中国，タイ，インドネシア，ベトナム，マレーシア，ブラジル，メキシコ
    R&D 先進国とその他の地域の内訳判断基準は労働力人口（もしくは人口）に占める研究者数の割合とした。その理由は人口に占める研究者数割合が高いことはその国の労働市場全体における R&D 環境の活性化・成熟化をもたらすと考えられるからである。文部科学省（2016）『科学技術要覧平成28年版』および科学技術振興機構（2017）『科学技術・イノベーション動向報告台湾編（2016年度版）』を参照した結果，人口に占める研究者数の割合が高い韓国と台湾を R&D 先進国グループに加えるべきと判断した。
3) 平均値比較においてすべてのペアが成立するケースのみを取り出したため，R&D 先進国は N=61，その他の地域は N=55 となっている。
4) 上記注3と同様の処理を行ったため，R&D 先進国 N=51，その他の地域 N=43 となっている。

▶▶ 参考文献

浅川和宏［2010］「日本企業のR&D国際化における現状と課題—組織・戦略的アプローチ—」RIETIディスカッションペーパー，10-J-007.
——［2011］『グローバルR&Dのマネジメント』慶應義塾大学出版会.
科学技術振興機構［2017］『科学技術・イノベーション動向報告台湾編（2016年度版）』.
文部科学省［2016］『科学技術要覧平成28年版』.
——［2004］『民間企業の研究活動に関する調査報告（平成15年度）』
村上由紀子［2015］『人材の国際移動とイノベーション』NTT出版.
米山茂美・岩田智・浅川和宏・篠崎香織［2013］『日本企業の海外現地法人における研究開発活動』NISTEP Discussion Paper, No. 98.
——［2013］「グローバルR&Dのマネジメント：親会社との関係が海外拠点の研究開発成果に与える影響」『研究・技術計画学会　年次学術大会講演要旨集』28, 29-32.

Asakawa. K. [2001] "Organizational Tension in International R&D Management: The Case of Japanese Firms" *Research Policy*, 30(5), 735-757.

Asakawa K. & Westney. D.E. [2013] "Evolutionary Perspectives on the Internationalisation of R&D in Japanese Multinational Corporations" *Asian Business and Management*, 12(1), 115-141.

Chini. T., Ambos. B. & Whele. K. [2005] "The Headquarters-Subsidiaries Trench: Tracing Perception Gaps within the Multinational Corporation" *European Management Journal*, Vol. 23, Issue 2, 145-153.

F. McDonald, S. Warhurst & M. Allen [2008] "Autonomy, Embeddedness, and the Performance of Foreign Owned Subsidiaries" *Multinational Business Review*, 16, 3, 73-92.

Paterson, S.L. & Brock, D.M. [2002] "The Development of Subsidiary-management Research: Review and Theoretical Analysis" *International Business Review*, 11 (2), 139-163.

Pearce, R. & Singh, S. [1992] *Globalizing Research and Development*, Springer.

Pfeffer. J. & Salancik. G.R. [1978] *The External Control of Organizations*, Harper and Row: New York.

Phene. A. & Almeida. P. [2008] "Innovation in Multinational Subsidiaries: The Role of Knowledge Assimilation and Subsidiary Capabilities" *Journal of International Business Studies*, 39(5), 901-919.

第4章

多国籍企業内の知識と人材のフロー
―― 地域別比較 ――

▶ **分析のねらい**
海外R&D拠点と日本のR&D本社はどのように分業と連携を行いながらR&Dを実施しているのかについて，拠点の立地する地域の違いに焦点を当てて事例を交えながら分析し，グローバル研究開発に必要な人材について考察する。

▶ **分析で明らかになったこと**
拠点が立地する地域によって拠点に与えられる役割や自律度に違いがあり，それに応じて，海外拠点と日本のR&D本社との間で移転される知識の内容，方向，頻度に違いがある。人材のフローがMNC内の知識の移転と創出を支えている。

▶ **実務へのヒント**
グローバル研究開発には，グローバル競争の中で研究開発を成功させる能力・知識を持った人材，国内および海外の研究開発者を育てることのできる人材，国境を越えて広がる研究開発拠点の連携を担う人材が必要である。

[村上 由紀子]

第2章では海外研究開発拠点の知識吸収の現状，第3章では海外拠点の自律性と日本―海外共同マネジメントがそれぞれ議論され，その中で，海外拠点の立地する地域による多くの違いが見出された。グローバルにR&Dを展開する多国籍企業内の組織間でどのように分業と連携が行われているのかを明らかにすることは本書の一つの課題である。そこで，本章では第1章の図表1-1に示されたマクロ的フレームワークのまとめとして，R&Dの海外拠点と本社はどのように分業と連携を行いながらR&Dを実施しているのかについて，人的資源や知的資源のフローの観点から，拠点の立地する地域を軸に事例を交えながら考察する。

1 地域別海外R&D拠点の特徴

(1) 拠点の役割

　本章では始めに，第2章と3章と同様に「海外調査」のデータを使い，北米，アジア，ヨーロッパの3地域に分けて，拠点の役割，日本のR&D本社との間の知識のフローや人材のフロー，自律性についてまとめよう。一般的に海外R&D拠点は本社の技術やノウハウを活かしながら海外マーケットに適した製品の開発を行っていると想像される。海外調査のデータを見ると，確かにそれが確認され，しかもその点について北米，アジア，ヨーロッパで大差はない。すなわち，現地向け製品について，拠点単独で研究開発プロセスのほぼすべてを行っている企業の割合も，一部のみを行っている企業の割合も，北米，アジア，ヨーロッパともに，前者が3割程度，後者が5割強でほぼ同じである。
　しかし，前章までにも指摘されたように，欧米とアジアでは明らかな違いがある。すなわち，図表4-1の「拠点の役割」に示す通り，欧米では半数以上の拠点が先端研究を行い，8割程度が研究・技術のシーズの探索を行い，さらに，日本・グローバル向け製品の研究開発をほぼ単独で行っている拠点も2割以上存在する。これに対して，アジアの拠点の中で，先端研究を行っている企

業は1割，研究・技術のシーズ探索は6割弱，日本・グローバル向け製品の単独研究開発は1割弱と少ない。さらに，日本の研究開発者と一緒に拠点横断的なプロジェクトチーム（PT）を形成し，研究開発を共同で行っている企業の割合（グローバルPT）は，北米が90％以上であるのに対して，ヨーロッパとアジアは60％弱で，北米が突出している。

　Kumemmerle（1997）は，研究開発拠点が海外に設置される目的によって，ホームベース活用拠点（Home-base-exploiting laboratory site）とホームベース補強拠点（Home-base-augmenting laboratory site）に分類している。前者は本国（ホームベース）にある知識や資源を海外で活用して市場を拡大することを目的としており，後者は現地のサイエンスコミュニティから知識を吸収し，本国にそれを移転して，本国の知識や他の資源を強化することを目的としている。本研究の結果は，前者の役割については地域間格差が小さいものの，後者の役割については，欧米，特に北米の拠点の貢献が大きいことを示している。

(2) 知識のフロー

　実際に現地の知識（技術，情報を含む）の吸収の状況をみても，欧米の拠点の吸収量が多い。すなわち，図表4－1の現地知識の吸収を示す各矢印に添えられた2つの数字のうち，最初の値が現地企業からの知識吸収，2番目の値が現地大学・個人からの知識吸収を示しているが，北米，ヨーロッパの値はどれもアジアの値を上回っており，アジアの拠点の現地知識の吸収が相対的に少ないことがわかる[1]。このようなローカル知識の吸収に関する違いは，拠点から日本のR&D本社への知識移転の違いにもつながっている。すなわち，図表4－1の拠点と日本本社をつなぐ実線に添えられた2つの数字は，最初が日本から拠点への知識移転の頻度，2番目が拠点から日本への知識移転の頻度を表わしている。この頻度は，全くない＝1，たまにある＝2，よくある（月1回以上）＝3としたときの，各地域の拠点の平均値である。図表4－1に示されるように，日本から海外拠点に送られる研究開発知識の頻度（最初の数値）は地域別に大差はないが，拠点から日本への知識移転の頻度（2番目の数値）に関し

図表4-1 拠点の地域別特徴

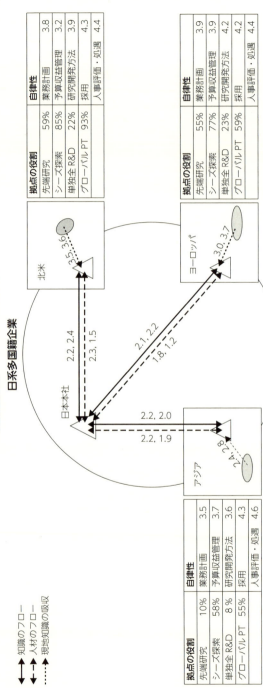

日系多国籍企業

注1：サンプル数は、本図を作成するためのアンケート調査項目に回答した企業であり、北米が41社、ヨーロッパが22社、アジアが40社である。
2：現地知識の吸収を示す矢印に添えられた2つの数字のうち、最初の値が現地大学、2番目の値が現地人からの知識吸収を示している。本文の注1を参照。
3：拠点と日本本社との知識フローをなぐ矢印に添えられた2つの数字は、最初が日本本社から拠点への知識移転の頻度、2番目が拠点から日本への知識移転の頻度を表す。各地域の拠点の平均値である。この頻度は、全くない＝1、たまにある（月1回以上）＝2、よくある＝3としての平均値の平均値である。
4：人材のフローを示す破線に添えられた2つの数値のうち、最初の値が日本から海外拠点への派遣（3カ月以上の滞在）の頻度、2番目の数値が海外拠点から日本への派遣の頻度である。ただし派遣を実施していない＝1、必要に応じて実施＝2、常に実施＝3としたときの各地域の拠点の平均値である。
5：拠点の役割は、各役割項目を実施している企業が、注1に示された各地域の企業総数に占める割合である。
6：自律性は、拠点の裁量がない＝1から、拠点の裁量がある＝5までの5段階で測った地域別平均値である。

出所：筆者作成。

ては，現地の知識を最も多く吸収している北米からが最も多く，アジアからが最も少ない。

また，日本を介さずに海外拠点間で水平的に起こる知識のフローもあり，**図表4-2**はこの状況を示している。他の海外拠点に知識提供を行っている企業の割合は，どの知識の種類についても，北米が最も高く，ヨーロッパ，アジアの順で少なくなっている。活発にローカル知識を吸収している北米，ヨーロッパの拠点は，他の海外拠点に知識の提供を行っていることがわかる。

図表4-2 知識の種類別 他の海外拠点に知識を提供している拠点の割合

単位：％

知識の種類	北米	ヨーロッパ	アジア
市場の製品・技術ニーズ	55.0	54.5	27.5
社内の製品仕様や品質基準	50.0	45.5	25.0
研究開発内容にかかわる知識・技術	62.5	59.1	25.0
研究開発の進捗状況	57.5	40.9	25.0

注：サンプル数は，図表4-1と本表を作成するためのすべてのアンケート調査項目に回答した企業であり，北米40社，ヨーロッパ22社，アジア40社である。
出所：筆者作成。

(3) 人材のフロー

一方，人材のフローに関しては，知識のフローと若干異なる様子が見られる。人材のフローは図表4-1の拠点と本社R&Dをつなぐ破線で示されており，破線に添えられた2つの数値のうち，最初の値が日本から海外拠点への派遣（3か月以上の滞在）の頻度，2番目の数値が海外拠点から日本への派遣の頻度を表わしている。ただし派遣の頻度とは，全く実施していない＝1，必要に応じて実施＝2，常に実施＝3としたときの各地域の拠点の平均値である。図表4-1に示されるように，地域にかかわらず，日本から拠点への派遣の方が，その逆方向の派遣よりも多い。また，地域別の特徴としては，第一に，ヨーロッ

パの拠点について両方向の派遣が最も少ない。第二に，拠点から日本への知識移転が最も少なかったアジアの拠点からの派遣が最も多い。このような派遣の特徴については，本章の第4節において改めて考察する。

(4) 拠点の自律性

　拠点の自律度は，図表4−1に示されるように全体的に高い。ここでいう自律度は，表中の各項目について，拠点の裁量がない＝1から裁量がある＝5までの5段階で測った地域別平均値であるが，どの項目についても3以上の高い数値になっている。特に，採用，人事評価・処遇といった人的資源管理（HRM）にかかわる項目の平均値が4以上と高く，しかも地域差がほとんどない。各地域の労働市場や雇用慣行に合わせて，拠点独自のHRMを行っているとみられる。地域別の違いがみられるのは予算収益管理で，北米の自律度が低い。北米の拠点と日本本社R&Dとの間では，知識のフローと人材のフローが多いことに加え，財務面でも関係が強いことがわかる。また，研究開発方法については，ヨーロッパの自律度が高いという特徴もみられる。ヨーロッパと北米の拠点は単独で研究開発を行える技術力をもっており，北米の拠点はその技術力を生かして日本と連携を深めているが，ヨーロッパの拠点はその技術力ゆえに研究開発方法を任されているとみられる。

　以上のように，拠点はある程度自律性を保ちながらも，日本のR&D本社との間で人材や知識を共有し協力しながらR&Dを実施している。また，その状況は拠点の地域によって違いがみられる。そこで次に，海外拠点は具体的にどのようにしてある程度自律しながら日本本社と連携しているのか，地域による具体的な違いは何かについて，ヒアリング調査を行った電機メーカーB社の事例をみてみよう。

2 自律と連携

(1) 研究拠点

　B社の海外R&D拠点は大きく研究拠点と開発拠点に分けられる。研究拠点は，次世代のビジネスシーズとなる知識や技術を海外から獲得することを目的としており，そのために海外の大学との産学連携や海外他社との技術的協業を行っている。一方，開発拠点は日本の各事業部の中の開発部門と分業しながら，低コストの設計や現地の市場に特化した製品の開発設計を行っている。

　欧米の研究拠点は自律的に活動し，日本に様々な貢献・提案をしている。例えばシリコンバレーの拠点では，日本本社から資金をもらいながら，共同や提携のパートナーとベンチャーの投資先を自由に決めている。B社は大企業でカバーする範囲が広く，すべて自前で行うことはできないため，提携先，共同先，投資先を探すことは非常に重要である。アメリカの大企業も，かつては自前主義であったが，今は提携や共同を主軸にしている。西海岸には，カリフォルニア大学，スタンフォード大学，サンノゼ州立大学などの有名大学がある。また，材料科学，インターネットセキュリティ，ネットワークコミュニケーション，半導体，エネルギーなどの分野で多様なスタートアップ企業が生まれ，マイクロソフト，インテル，HP，アップル，シスコ，GMなどの大企業も集積している。そのため，次々に新しいアイデアや技術が生まれており，B社の拠点はそれを吸収して日本に移転している。同時に，シリコンバレーのオープンイノベーションやスピーディな意思決定のビジネスモデルも移転しようとしている。

　シーズ探索の可能性はアジアにもあるため，研究拠点は欧米のみならず中国，インドにも置かれている。欧米の大学であれば大学の研究内容をウェブで閲覧することができるが，中国では公開されていないことが多い。そのような場合でも，研究開発者が大学へ出向き，コミュニケーションをとりながらB社の研究内容と大学の研究内容とが合致するかを見極め，シーズを探索するには，

現地に研究拠点があると効率がよい。ただし，2012年のヒアリング調査の時点では，欧米とは異なり，インドや中国の研究拠点はシーズの探索に苦労していた。

また，研究拠点では連携の1つの形態として，国境を越えてプロジェクトチームが組まれることがある。すなわち，どこの拠点で採用されたかにかかわらず，最適なメンバーを集めてプロジェクトチームが形成される場合がある。世界に点在する技術情報を集めたり，国にかかわらず有用な知識を探索することが優先されたりする場合がこれにあたる。この場合は，日本のR&D本社がどこの拠点にどのように優れた人材がいるのかを把握して，グローバルR&Dを指揮する。

(2) 開発拠点

一方，開発拠点では主に現地のマーケットに対応した製品の開発・設計を行っている。例えば，中国で洗濯機の開発を行っているが，中国では硬水を使うため日本製品をそのまま販売することはできず，関連する知識をもつ現地の設計者の力が必要になる。ただし，開発のプロセスや管理手法は，既に確立されたB社独自のものを世界で共有している。例えば，設計に使うCAD，工程管理のための帳票は世界共通である。そのような開発プロセス・手法を教えるために日本人が派遣される。また，これまでにない難しい技術開発が必要な時は，海外拠点が単独では行わず，本社技術部門と海外拠点とが連携して進める。一般的に，開発拠点は，研究拠点よりも自律度が低い。なぜなら，生産計画とリリースの予定日が決まっており，線表に沿ってスケジュールを決めなければならない状況において，品質，コスト，納品までの流れを考えて，すべてを現地の人にまかせられる段階にはないからである。

また，B社のシリコンバレーの拠点は研究拠点であると同時に開発拠点でもある。そこでは，新技術，新製品，新システムを生みだし，開発の段階までを終える。日本に引き渡すのは主にデザインもしくは製造の段階である。日本はシリコンバレーで生み出された製品やシステムを実務的な観点から，もしくは，

低コスト化の観点から修正することがある。また，共同プロジェクトという形で，設計について日米で分担する場合もある。さらに，日本側が問題をかかえたときに，シリコンバレーの拠点の研究開発者が協力することもある。したがって，アジアの拠点とは異なり，シリコンバレーの拠点では，自律的に新技術，新製品，新システムを生み出し，また，一部で日本と連携しながら開発を行っている。

3 知識移転

多くの学者が，知識をグローバルに利用できることが多国籍企業のアドバンテージであると強調してきた（Gupta & Govindarajan, 2000；Noorderhaven & Harzing, 2009；Miao et al., 2016）。補完的な知識が国境を越えて広く分散している現状において，MNC は多様な知識にアクセスする機会に恵まれている（Kotabe et al., 2007；Narula & Zanfei, 2005）。また，研究開発に関する知識は，企業の競争力の源泉であるため，特許等の知的財産権により保護され，時には特許にすることもなく秘匿されるが（Szulanski, 1996），MNC 内部ではその心配は少なく，より効率的・効果的に知識を移転することができる。したがって，図表 4-1 に示されるように，日本から海外拠点の方向のみならず，逆方向の知識移転も実施されている[2]。

(1) D 社の事例

日本と海外の R&D 拠点の間で知識が移転されるとは具体的にどういうことであろうか？　この点について，ヒアリング調査により得られたケースをここで紹介しよう。自動車会社の D 社では，どの車種でも少なくとも開発の一部は日本が担当している。グローバルに情報収集できるのが日本であり，開発設備，実験設備がいちばんそろっているのも日本だからである。企画がグローバル開発のトップに承認されると，その中の共通部分は効率を考えて日本で集中的に開発される。乗用車は大別すると，上屋，プラットフォーム，パワートレ

インの三部で構成されており，プラットフォームとパワートレインは共通部分に相当するケースが多い。一方，上屋の部分は人目に触れるため，市場に近い所で開発する方がよく，海外拠点にまかされることが多い。また，性能・品質保証のための現地実験は生産部門の近くで行われなければならず，海外にテストコースを設けてそこで実施している。

　上屋の開発は海外にまかせやすいといっても，全体の整合性を考えなければいけない以上，上屋，プラットフォーム，パワートレインと完全に分けて開発できるわけではない。例えば，上屋を変えると燃費に影響するためにパワートレインの性能を上げなければならない場合がある。「燃費」はまさにコア技術で，コア技術に影響するものについては，海外に完全にまかせることができず，日本と海外でディスカッションを密に行う。言い換えると，コア技術に触れない部分については海外にまかせやすく，権限を海外に委譲する方針である。どれだけ委譲できるかは海外の技術レベルに依存しており，委譲できるように，海外の技術力をあげる教育も行っていかなければならない。

　上記の3つの部分があって初めて完成車になる以上，上述の分業を行っているときに，日本側が担当した開発部分の知識や技術的情報は，海外拠点に伝えられる。加えて日本から海外拠点には開発スタンダードや設計の基準に関する知識が移転される。日本で抱える開発の本数は拠点と比べて桁違いに多いため，スピーディで安定した開発のプロセスとツールは，日本で進化している。欧米の技術者はテクノロジーのレベルは高いが，D社の開発スタンダードや設計の基準がわからないため，任せきれない部分がある。スタンダードな開発方法や設計の基準が本社の技術力であり，それが強みとなってグループを統括できる。それらはマニュアル化されているが，紙面上では伝えきれない暗黙知を含んでいるため，海外派遣者がOJT（On-the-Job Training）によって一緒に開発しながら伝えていく。中国やインドなどの新興国の技術者の場合は，D社の開発スタンダードがわからないだけではなく，技術者としての教育も十分ではないため，より一層日本から伝えるべき知識や教えるべき技術も多い。

　また，海外拠点から日本には，拠点が担当する部分の知識が伝達される。ま

た，共通部分に関しても拠点の要求を伝えていくことは重要である。例えば，D社全体としては，低コスト化のために電子，外装部品などをできるだけ共通化したい。何を共通部品にするかの決定は日本でなされるが，その情報が海外拠点にきちんと伝わらなければならず，同時に，共通部品であっても海外拠点側の要件が適切に組み込まれていなければならないため，日本と海外拠点の間で知識を共有する必要がある。以上のD社の事例から，日本が研究開発の中心になっているため，日本から海外拠点に移転される知識の方がその逆方向の知識の移転よりも多くなることがわかる。

(2) その他の事例

前節で紹介したB社の場合も，開発のプロセスや管理手法は，経験により確立したB社独自のものを世界で共有しており，そのために海外派遣を通じて日本から知識移転が行われている。また，ヒアリング調査を行った製薬会社でも同様の情報が得られた。すなわち，日本から海外拠点に移転される知識には，サイエンスレベルの知識と研究開発方法に関する知識の両方があり，その量は後者の方が多い。歴史の浅い海外拠点の場合は，製品の市場化までを経験したことがなく，最終的に製品をつくるまでの大きな流れを意識しながら研究開発を行うメソッドをもっていない。それに対して日本側は，全体を見渡した上での効率の良い作業の進め方を見出しており，そのノウハウを海外拠点に伝授することが知識移転の一面である。

また，海外から日本に知識が流入する事例として，上述のD社に加えて前節で紹介したシリコンバレーのB社拠点のケースもある。日本側は伝統的にハードの開発・設計・製造について明確なプロセスとデータを持っているが，例えば，テレビのハードだけで利益を上げ続けられるかというと答えはノーであり，ハードとサービスをセットにすることで新しいビジネスチャンスが生まれる。そこで，新たなアイデアを提案し，それを実現するための技術をB社のシリコンバレーの拠点が提供する。さらに，製薬会社の事例では，日本本社にない技術をもっている海外企業や，日本側が取り組んだことのない疾患の治

療薬を研究開発している海外企業を買収して，日本側に不足している知識や技術を海外拠点から日本に移転している。

4 派　遣

(1) 派遣の目的

　多国籍企業内の日本と海外の組織間では，知識のフローばかりではなく，人材のフローもみられる（図表4-1）。短期の出張は頻繁に行われているため，ここでは3か月以上の派遣という形での人材の移動についてより詳しくみてみよう。

　派遣には親会社から子会社への方向（expatriation）と，子会社から親会社への方向（inpatriation）があるが，図表4-1からもわかるように，一般的に前者の方が量的に多く，研究も前者に関して進んでいる。親会社から子会社への派遣については，知識の移転，人的手段によるコントロールやコーディネーション，海外での欠員の補充，国際経験のあるマネジメントチームの育成等の役割や機能のあることが先行研究で議論されてきた（Gaur et al., 2007；Delios & Björkman, 2000；Brock et al., 2008；Riusala & Suutari, 2004）。また，子会社から親会社への派遣の研究は少ないが，マネジメントチームの文化的多様化による戦略の国際化，知識移転，親会社と子会社の協調などのために派遣が活用されることが指摘されている（Harvey & Buckley, 1997；Gertsen & Søderberg, 2012）。日系多国籍企業は欧米企業よりも日本からの派遣を多用することでよく知られており（Belderbos & Heijltjes, 2005；Delios & Björkman, 2000；Beechler et al., 1996），そのことが子会社の自律性を損なうと問題視されることもある。しかし，コストのかかる派遣を実施するには，それなりの理由があると推測される。そこで，「海外調査」のデータで派遣の理由を地域別にみてみよう。

　図表4-3は，「海外調査」において日本からの派遣者を受け入れる理由と，

日本に派遣者を送り出す理由について，それぞれ8つの選択肢を設け，各選択肢がどの程度該当するかを5点尺度（該当しない＝1～該当する＝5）で尋ねたときの平均値を，上位5つの理由について示した表である。これを見ると，日本から海外拠点への派遣についても，その逆方向の派遣についても，日本からの技術移転を目的とすると回答した企業がいちばん多い。また，日本の研究開発・マネジメントの方法を拠点に移転するという目的も両方向の派遣について多く指摘されており，前節の事例で示されたように，日本側がもつ技術や長年の経験で見出された最適な研究開発の方法等を拠点に移転するために，両方向の派遣が利用されている。加えて，派遣者の教育訓練のためにも両方向の派遣が行われている。一方，海外拠点の技術を日本に移転するための派遣は，主に日本から海外に向けて行われている。すなわち，拠点からの派遣者が海外技術を日本に運び入れるよりも，日本からの派遣者がそれを取りに行く傾向がみられる。さらに，拠点のマネジメントを実施するための派遣は日本から海外拠点に向けて，また，マネジメントや戦略を調整・相談するための派遣は海外拠点から日本に向けて，それぞれ実施されている。

　地域別にみると，日本からの技術移転と日本の研究開発・マネジメントの方法を拠点に移転するための日本からの派遣は，アジアの拠点に向けて多く行われているが，拠点からの技術移転と日本の研究開発者の教育訓練のために行われる日本からの派遣は，北米の拠点に向けて行われることが多い。前述のように，北米の拠点はローカル知識を多く吸収している。そのような環境のもとで，日本の研究開発者自身が人的資本を蓄積したり，獲得した技術や知識を日本に移転したりするために，北米に派遣されている。

　また，前述のように，海外拠点から日本への派遣は全体的に少ないが，相対的にアジアの拠点からの派遣は多い。**図表4-3**の海外から日本への派遣理由を見ると，「日本からの技術移転」「日本の研究開発・マネジメントの方法を拠点に移転」「拠点の研究開発者の教育訓練」という理由は，アジアの拠点で最も多く指摘されており，ローカル知識の吸収の少ないアジアの拠点は日本の知識に頼る傾向が強く，日本で知識を学び拠点に持ち帰るために派遣を多く利用

していると考えられる。

図表4-3　地域別派遣理由

派遣理由	全体	北米	ヨーロッパ	アジア
日本から海外への派遣				
①日本からの技術移転	3.80	3.42	3.07	4.44
②拠点のマネジメントを実行	3.38	3.37	3.27	3.40
③日本の研究開発・マネジメントの方法を拠点に移転	3.29	3.08	2.80	3.67
④日本の研究開発者の教育訓練	3.08	3.56	3.00	2.72
⑤拠点からの技術移転	3.01	4.21	3.67	1.77
海外から日本への派遣				
①日本からの技術移転	3.97	3.56	3.33	4.34
②拠点の研究開発者の教育訓練	3.78	3.65	2.67	4.05
③拠点の研究開発者のネットワーク形成	3.48	3.84	3.17	3.29
④日本の研究開発・マネジメントの方法を拠点に移転	3.45	3.22	2.83	3.71
⑤戦略・マネジメントの調整・相談	2.52	2.83	3.33	2.26

注：回答企業総数は以下の通りである。
　　日本から海外―全体104，北米39，ヨーロッパ15，アジア43
　　海外から日本―全体 66，北米19，ヨーロッパ 6，アジア38
　　ただし，全体にはオセアニア，中南米も含む。
出所：筆者作成。

(2) 派遣が知識移転に活用される理由

　以上のように，知識移転は日本と海外の両方向の派遣について主要な目的になっている。ただし，近年では情報通信技術（ICT）が発達しているために，eメール，TV会議などを利用することによって知識移転を行うこともできる。実際に，ヒアリング調査においても，IT機器を利用できるようになったため，以前と比べて知識移転のために研究開発者が派遣される機会は減ったという情報が複数の企業で得られた。それにもかかわらず，知識移転のための派遣がな

くならず，派遣の最大の理由が広義の知識移転であるのはなぜであろうか？

　理由の1つは，研究開発で利用され創出される知識に暗黙性・複雑性・特殊性があるからである。暗黙性とは言語化，コード化できない性質であり，複雑性とは知識が独立したものではなく相互に依存しあったコンポーネントの一部になっているという性質である（Hansen, 1999）。また，知識特殊性はコンテキストに特異な知識の性質を指している。本書の文脈で例示するならば，企業文化や慣行の反映された企業独自の研究開発方法には暗黙性が含まれる。海外のローカル市場に関する知識はコンテキスト特殊的である。R&Dに関する知識には高度な複雑性がある。

　このような性質の知識を移転するためには，対面によるインタラクションが望ましい（Noorderhaven & Harzing, 2009；Gallié & Guichard, 2005；Olson & Olson, 2003）。なぜなら，対面によるインタラクションで場を共有することにより，言葉に表現できない視覚的な情報を伝えることができ，また，直接的にフィードバックを授受することができるからである。国境を隔てた組織間で対面によるインタラクションの機会をつくる手段が人の移動である。ICTは標準化されたデータ，理解されやすいメッセージや情報の移転には効果があるが（Rabbiosi, 2011；Gallié & Guichard, 2005），暗黙・複雑・特殊な知識の移転には，ICTよりも対面によるインタラクションの機会を作り出すことのできる派遣が適している。

　さらに，知識の送り手と受け手の関係が知識移転の成否を左右する。文化的共通性を持った人たちや信頼関係にある人たちはお互いを理解しやすく，暗黙・複雑・特殊な知識の交換に適している。（Kotabe et al., 2007；Gallie & Guichard, 2005）。そのため，本社と子会社の文化の両方を熟知し，場を共有することによって相手側との信頼関係を形成しやすい派遣者を，知識移転の媒介とすることは理にかなっている。

　前述のD社の乗用車開発の例では，日本人派遣者は若手であっても少なくとも小さいチームのリーダーになって，日本からの知識や技術を伝授する役割を担っている。しかし，彼らは経験として技術を修得していて，理屈をうまく

説明できない場合もある。欧米の研究開発者やエンジニアは理屈がないと行動しない傾向があり，知識移転は容易ではなく，開発の数をこなしながら繰り返し伝えているという。また，共通部品に拠点の要件を組み入れたり，日本本社との間で研究開発のリソースの配分を交渉したりする場合に，ドキュメントの裏の意味をとれる人，いわば日本側の暗黙知の部分を解釈できる人が必要になり，日本からの派遣者がその役割を担っている。

(3) 教育訓練のための派遣

　上述のように，両方向の派遣には派遣される研究開発者の教育訓練の目的が含まれている。これに関してヒアリング調査で得られた事例をここで紹介しよう。

　ただし，この目的のためには3か月以上の派遣だけではなく，3か月未満の長期出張も活用されている。日本から海外拠点への教育訓練のための派遣・出張には，若手研究開発者のR&D関連の知識の修得を目的として行われるものがある。例えば，電機メーカーの場合は，30代前半の若手を3年間で100人欧米へ派遣するという取り組みを行っている。若手研究開発者は海外拠点に出向し，そこから現地の包括提携先に派遣され，大学や他社の研究開発者と共に学びながら知識を修得している。また，日本に不足している技術を補う目的で欧米企業を買収した製薬会社の場合は，若手を中心に3～6か月程度技術を学ぶために，買収した拠点に日本人を送っている。また，別の製薬会社では，教育目的の長期派遣は給与の3倍のコストがかかるため，景気の悪い時期にはほとんど行われないが，3か月の短期滞在で若手に経験を積ませるケースは多くある。

　このように，教育訓練を目的とした日本からの派遣は欧米に向かうことが多いが，逆に教育訓練のために日本に来る派遣はアジアの拠点からが多い。ある電機メーカーでは大きく分けると3つのパターンの日本への派遣がある。すなわち，①幹部候補生を日本でしかるべきポストに就けて成果をあげてもらい，日本から戻った時に海外拠点の責任者を任せるパターン，②中堅社員に日本で

技術を修得してもらうパターン，③会社に愛着をいだいてもらう目的で，新入社員の導入教育を日本で行い，離職率の低下をねらうパターンの3つであり，相対的に多いのは②である。現地でしか仕事をしたことのない人と比較をすると，日本に派遣された人の方が技術習得のスピードが速いことから，日本への派遣の効果は大きいとみられている。

　さらに，国を問わずにグローバルタレントを養成する目的で行われる派遣もある。例えば，自動車メーカーでは海外事業所を含む全社の従業員の中から将来の役員候補を選び，海外事業所をローテーションさせることによりOJTでグローバルタレントを養成している。年功序列ではないため，候補者の中には若手も含まれる。異なる文化の国の人々をどう管理するかを学ぶためには海外でのOJTが不可欠であるため，時間をかけて教育訓練を行っている。

5　派遣の地域間比較

　これまでみてきたように，拠点の立地する地域によって日本との間で実施される派遣の頻度は異なっている。そのような違いはなぜ生じるのであろうか？Murakami (2017) は，「海外調査」のデータを使って，海外拠点から日本へ研究開発知識を移転する目的で行われる派遣について，地域別違いを考察している。そこでは，日本と拠点のある国との相違に関する事柄（1人当たりGDP，地理的距離，文化的距離）と，個別の多国籍企業に関連する事柄（日本本社と海外拠点それぞれの研究開発活動の活発さ，共同プロジェクトの実施の有無）が，派遣の頻度に関与する要因として検証されている。

　分析の結果，国の要因としては，1人当たりGDPが低い国の拠点からは，より高い生活水準や集積された豊富な知識の獲得を求めて，日本への派遣が多いことが見出されている。一方，GDPの高い国の拠点では，自国で科学的知識や技術を修得する機会が十分にある上に，自分と家族の快適な生活を手放したくないために派遣は避けられる傾向がある。ヒアリング調査においても，欧米の研究開発者は日本への派遣を望まないという情報が得られ，その主な理由

は夫婦共働きが普通で，配偶者のキャリアや子育てを考えると家族一緒の移住が難しいこと，また，日本では当たり前のように行われている単身赴任は考えられないことが指摘された。

　また，地理的距離が小さい国の拠点からは移動コストが低いために派遣が多いことも見出されている。輸送システムの発達によって国際移動が容易になったといっても，移動のための金銭的，時間的コストは無視しえない要因であり，一般的に距離と共にそのようなコストが増大するために，遠距離の拠点からの派遣は抑制される。逆に，2国間の文化的距離については，大きい方が派遣を促進することが明らかにされた。文化的距離が大きい場合には，知識移転に際し，人の移動を通じて対面によるインタラクションの機会をつくり，文化の違いを理解し合うことがより一層重要になるからであろう。ただし，文化的距離とは，社会の価値や規範，国民の志向を捉えたホフステッドの6つの文化的ディメンジョンを用いて指標化したものである[3]。それを用いることにより，R&Dの実施方法，仕事に対する従業員の取組み姿勢，知識の伝達・教授方法などに影響するであろう文化の違いが考慮されている。中国とドイツを比較すると，日本からの地理的距離は中国の方が小さいが，ホフステッドの指標によると文化的距離はドイツの方が小さいというように，地理的距離と文化的距離の長短は同じではない。

　一方，個別企業の要因としては，海外拠点の研究開発費，日本の親会社の規模，海外拠点と日本の間での共同プロジェクトの実施が派遣を増やす要因である。すなわち，R&Dを活発に行い知識の生産量が多い海外拠点，日本と共同で連携しながら研究開発を行っているために，日本にとって価値の高い知識を創出している海外拠点，規模の大きい日本の親会社から吸収すべき知識の多い海外拠点は，日本と海外拠点の間の知識移転のために日本へ研究開発者を派遣している。

　さらに，分析結果を用いて地域別の要因分解を行うと，アジアでは他の地域と比べて，地理的な近さと1人当たりGDPの低さが日本への派遣を増やす要因になっているが，子会社の研究開発費と日本との共同プロジェクトの少なさ

がその減少要因になっている。他地域と比べて増加要因が減少要因よりも強いため，図表4-1に示されるように，日本への派遣を実施している拠点はアジアで最も多い。逆に北米の拠点では，拠点の研究開発費と日本との共同プロジェクトが多いことが派遣の増加要因であるが，大きな地理的距離と高い1人当たりGDPにより，派遣は抑制されている。活発な研究活動から創出された海外拠点の知識は，拠点からの派遣よりも両方向の出張や日本からの派遣によって移転されている点が，アジアと比べた北米の特徴である。

6 グローバル研究開発に必要な人材

　本章では，日系多国籍企業がグローバル研究開発を行うにあたり，海外拠点との間でいかに分業と連携を行っているのかについて考察を行った。拠点がどこの国に立地するかによって拠点に与えられる役割や自律性，日本との間で流れる知識と人材のフローの大きさや方向に違いがあり，それらの違いには整合的な理由が存在することが明らかになった。
　特に対照的なのは北米の拠点とアジアの拠点である。北米の拠点は，北米マーケット向けの製品開発を行うことに加えて，自律的に先端知識の吸収や研究・技術のシーズを探索する役割を担っており，実際にローカルの大学や企業から先端知識を吸収し，研究・技術のシーズを見出している。これらの成果は日本に移転され，そのために日本の研究開発者が派遣されている。これに対してアジアの拠点は，研究・技術のシーズ探索を行っているものの，北米の拠点に比べて技術的提案は少ない。アジアの拠点は，アジアのマーケットをターゲットにした製品の開発を日本と共同で担うケースが多く，そのために日本から技術移転や，長年日本で蓄積された効率的な研究開発方法と品質基準に関する知識の移転を受けている。それらの知識移転のためには，日本からアジアの拠点に派遣者が送られるだけではなく，逆にアジアの拠点から日本に研究開発者が派遣されている。
　このような拠点の立地する地域による違いは，拠点の発展段階の違いとも関

係していると考えられる。すなわち，一般的にいうと，北米の拠点の方がアジアの拠点よりも設立年が古く長い歴史をもっており，「海外調査」のデータにその傾向が表れている。したがって，北米の拠点は経験を蓄積する中で日本への知識依存を低め，日本に知識移転のできる生産的な拠点に成長していった面もあるであろう。しかし，それ以上に，国全体の経済や科学技術水準の違いの影響は大きいと考えられる。吸収できる先端知識やシーズがあるかどうか，国境横断的なプロジェクトチームに参加できる研究開発者を供給できるかどうかは，ローカルの科学技術水準や人的資本の水準に大いに影響される。Murakami（2017）は，個々のMNCに関する要因よりも国の要因の方が派遣に与える影響力が大きいことを見出している。そのような状況の中で，相対的に経済水準や科学技術水準の低い国をも含む形でグローバル研究開発を行い，それを成功させるためには，MNC全体の知識・技術の水準の底上げと人材の育成をはかっていかなければならない。

特に，海外市場向けの製品開発を海外で行う場合には，MNCがローカル人材の教育訓練を行うことが重要である。ヒアリング調査では，技術の理解とマーケットでの生活実感が合わさって価値あるアイデアが生まれるという経験則が聞かれた。すなわち，新興国の科学技術水準や人的資本の水準が相対的に低いとしても，マーケットの近くで開発を行う意義は大きく，それを実現するためには日本の本社から知識を移転すること，海外拠点の人材を育てることが重要である。日本の大企業は新卒を一括採用し社内の教育訓練で育成することに定評があるが，日系MNCは海外拠点で雇用された人材にも教育訓練を行っている。また，グローバルマーケットで競争していくためには，日本の組織自体が研究開発力を高めていかなければならない。そのために，北米の拠点等から知識を吸収したり，そこに日本人研究開発者を派遣して彼らに教育訓練を行ったりしている。したがって，グローバル研究開発には，グローバルレベルの競争の中で研究開発を成功させる能力・知識を持った人材，国内および海外の研究開発者を育てることのできる人材，国境を越えて広がる研究開発拠点の連携を担う人材が必要である。

▶注

1) 本章の現地知識の吸収は，第2章と同様に，「企業からの知識」と「大学・個人からの知識」に分けられる。企業からの知識吸収を表す3項目と大学・個人からの知識吸収を表す3項目については，いずれも吸収・活用の程度について5段階で回答が行われ，本文中の「企業からの知識吸収」と「大学・個人からの知識吸収」は，それぞれ3項目の回答の平均値を示している。
2) 鈴木（2015）は，「海外調査」のデータを使って，海外拠点から日本への知識移転に影響を与える要因の分析を行っている。
3) ホフステッドの6つの文化的ディメンジョンとは，権力格差（power distance），不確実性回避（uncertainty avoidance），男らしさ／女らしさ（masculinity/feminity），個人主義（individualism），長期志向（long term orientation），快楽か禁欲か（indulgence/restraint）である。Hofstede（1980）参照。

▶▶参考文献

鈴木章浩［2015］「多国籍企業における海外研究開発拠点から日本への知識移転」『国際ビジネス研究』Vol. 7, No. 2, 59-74.

Beechler, Schon, Pucik, Vladmir, Stephan, John & Campbell, Nigel [1996] "The Transnational Challenge: Performance and Expatriate Presence in the Overseas Affiliates of Japanese MNCs" in T. Roehl & A. Bird (eds.) *Japanese Firms in Transition: Responding to the Globalization Challenge, Advances in International Management.* 17, 215-242. Amsterdam: Elsevier JAI.

Belderbos, Rene A. & Heijltjes, Marielle G. [2005] "The Determinants of Expatriate Staffing by Japanese Multinationals in Asia: Control, Learning and Vertical Business Groups" *Journal of International Business Studies,* 36, 341-354.

Brock, David M., Shenkar, Order, Shoham, Amir & Siscovick, Ilene C. [2008] "National Culture and Expatriate Deployment" *Journal of International Business Studies,* 39, 8 1293-1309.

Delios, Andrew & Björkman, Ingmar [2000] "Expatriate Staffing in Foreign Subsidiaries of Japanese Multinational Corporations in the PRC and the United States" *International Journal of Human Resource Management,* 11, 2 278-293.

Gallié, Emilie-Pauline & Guichard, Renelle [2005] "Do Collaborations Mean the End of Face-to-Face Integrations?: An Evidence from the ISEE Project" *Economics* of *Innovation and New Technology*, 14, 6 517-532.

Gaur, Ajai S., Delios, Andrew & Singh, Kulwant [2007] "Institutional Environments, Staffing Strategies, and Subsidiary Performance" *Journal of Management*, 33, 4 611-636.

Gertsen, M.C. & Søderberg, A.M. [2012] "Inpatriation in a Globalising MNC: Knowledge Exchange and Translation of Corporate Culture" *European Journal of International Management*, 6, 1 29-44.

Gupta, Anil K. & Vijay Govindarajan [2000] "Knowledge Flows within Multinational Corporation" *Strategic Management Journal*, 21, 4 473-496.

Hansen, M.T. [1999] "The Search-Transfer Problem: The Role of Weak Ties in Sharing Knowledge across Organization Subunits" *Administrative Science Quarterly*, 44, 82-111.

Harvey, Michael G. & Buckley, Ronald M. [1997] "Managing Inpatriates: Building a Global Core Competence" *Journal of World Business*, 32, 1 67-78.

Hofstede, Geert [1980] *Culture's Consequences*, New York: Sage Publications.

Kotabe, Masaaki, Dunlap-Hinkler, Denise, Parente, Ronaldo & Mishra, Harsh A. [2007] "Determinants of Cross-National Knowledge Transfer and its Effect on Firm Innovation" *Journal of International Business Studies*, 38, 2 259-282.

Kumemmerle, Walter [1997] "Building Effective R&D Capabilities Abroad" *Harvard Business Review*, March-April, 61-70.

Miao, Yuzhe, Zeng, Yuping & Lee, Jeoung Yul [2016] "Headquarters Resources Allocation for Inter-Subsidiary Innovation Transfer: The Effect of Within-Country and Cross-Country Cultural Differences" *Management International Review*, 56, 665-698.

Murakami, Yukiko [2017] "'Inpatriation' for Knowledge-Transfer within Japanese Multinational Corporations" *Asia Pacific Business Review*, 23, 4 576-595.

Narula, Rajneesh & Zanfei, Antonello [2005] "Globalization of Innovation: the Role of Multinational Enterprises" in Fagerberg, J., Mowery, David C. & Nelson, Richard R. (eds.), *The Oxford Handbook of Innovation*, New York: Oxford University Press, 318-345.

Noorderhaven, Niels & Harzing, Anne-Wil [2009] "Knowledge-Sharing and Social Interaction within MNEs" *Journal of International Business Studies*, 40, 5 719-741.

Olson, Gary M. & Olson, Judith S. [2003] "Mitigating the Effects of Distance on Collaborative Intellectual Work" *Economics of Innovation and New Technology*, 12, 1 27-42.

Rabbiosi, Larissa [2011] "Subsidiary Roles and Reverse Knowledge Transfer: An Investigation of the Effects of Coordination Mechanism" *Journal of International Management* 17, 97-113.

Riusala, Kimmo & Suutari, Vesa [2004] "International Knowledge Transfers through Expatriates" *Thunderbird International Business Review*, 46, 6 743-770.

Szulanski, G. [1996] "Exploring Internal Stickiness: Impediments to the Transfer of Best Practice within the Firm" *Strategic Management Journal*, 17, Winter Special Issue 27-43.

第5章

研究開発者の情報交換ネットワークの効果と形成要因

▶分析のねらい
研究開発者個人の情報交換ネットワークについて検討するために，ネットワークがもたらす個人の仕事パフォーマンスへの効果や，ネットワークの形成要因を分析する。ここでは研究開発者のグローバルなつながりや活動との関係に注目する。

▶分析で明らかになったこと
社外を含めた多様なネットワークをもつ研究開発者ほど仕事パフォーマンスが高い。また多様なネットワークの形成には海外とのつながりも重要であり，とりわけ学会参加などの海外出張という経験は非常に有益である。

▶実務へのヒント
組織内でのみ研究開発を行うことよりも多様な情報を入手するためにネットワークをオープンにして研究開発を行うことのほうが研究開発者個人の仕事パフォーマンスを高め，企業にとっても望ましいと考えられる。

［宮本 大］

1 この章の検討課題

　第2章から4章までは企業レベルで検討を行ってきたが，この章では企業内で研究開発活動を行う研究開発者個人に焦点をあてて検討を行う。具体的には，研究開発者の情報交換ネットワークは個人の仕事パフォーマンスにどのような影響を及ぼすのか，また，研究開発者たちはネットワークからどのような情報を得ているのか，そして，どのような要因がネットワークの形成に寄与しているのか，という点について検証する。ここでは海外とのネットワークの効果や，その形成における海外経験の影響など研究開発者のグローバルにわたる活動にも注目し，効果的なネットワークの形成に企業がどのように関わることができるのかを議論する。

2 検討の枠組み

(1) ネットワークの機能

　近年，人と人とを結ぶネットワークが注目され，「パーソナル・ネットワーク」「ソーシャル・ネットワーク」「ソーシャル・キャピタル」など様々な呼び方で研究されている。それぞれの用語によってネットワークの捉え方や厳密な意味は異なるが，人々がネットワークに参加し，それを活用する理由の1つに情報収集機能が指摘されている（Granovetter, 1973, 1985；Burt, 1982；Loury, 1987；Coleman, 1998；Lin, 2001など）。

　このネットワークの情報収集機能について，一般的に経済学の基本的な分析枠組みが想定する完全競争的な市場では生産者でも消費者であっても市場に参入すれば取引相手の所在や財・サービスの価格や質などの情報を知ることができ，取引に必要な情報の入手費用，いわゆる取引費用は発生しないとされる。しかし現実のほとんどの市場では財・サービスの情報を完全に知ることができ

ない不完全な市場のため市場参加者には取引費用が発生する。また財・サービスの情報の保持は市場参加者間で異なるため，たとえば生産者は消費者に比べて財・サービスの質に関する詳しい情報をもち，自分が有利となるような情報のみを消費者に提示して，より高い利潤を挙げようと機会主義的な行動をとる可能性がある。このような状況のもとでは，消費者は知り合いなどのネットワークを通じて取引することが有利になる場合がある。ネットワークの利用は不完全な市場では入手しにくい取引に必要な情報を市場参加者にもたらし，取引費用を抑制するのである。また個人がネットワーク上の特定のポジションにいることで他人や組織の意思決定に，より価値のある情報をもたらし，より有利な状況を作り出すことも可能となる。さらにネットワークに所属することは組織やメンバーから個人が信用されていることの証明とみなされる。この信用によって部外者では得られない有益な情報を入手することができ，取引をより効率的に進めることもできるのである。このように取引費用の節約のみならず，より有益な情報収集が人々にネットワークを利用させていると考えられる。

(2) ネットワークと個人の仕事パフォーマンス

こうした情報収集機能をもつネットワークは人々の仕事のパフォーマンスに影響を及ぼすと考えられ，非常に多くの研究が行われてきた。ここでは本章の検討の枠組みを示すために関係の強い先行研究に絞ってみていこう。

その人がもつ能力やスキルなどの人的資本の蓄積は仕事パフォーマンスの向上につながると考えられる。それゆえ，まずは人的資本の蓄積とネットワークの関係を検証した先行研究からみていこう。最初に，家族や地域コミュニティといった閉鎖的なネットワークやオープンな人と人とのつながりである開放的なネットワークが，それぞれネットワークメンバーの人的資本の形成に寄与していることが明らかにされている（閉鎖的なネットワークは Coleman, 1988; Teachman et al., 1997など，開放的なネットワークは Morgan & Sorensen, 1999）。このネットワーク構造の違いについて，閉鎖的なネットワークではメンバーの凝集性が高く，規範や信頼性が高まる結果，取引上のリスクが低下し

便益が増大するが，その高い凝集性のために創造的な情報や成果が生まれにくいといった特徴が見いだせる。一方，開放的なネットワークからは多様な情報が得られ，創造的な情報や成果がもたらされるが，規範や信頼性は閉鎖的なネットワークよりも低くなることも明らかにされている（Burt, 2001）。

では，より直接的にネットワークと仕事のパフォーマンスを検討した研究を見ていこう。まずネットワーク上のポジションの効果について，ネットワークの中心にいることは情報にアクセスする機会を増やし，その結果，生産性やイノベーションを向上させる（Brass, 1981, 1984；Baldwin et al., 1997）が，開放的なネットワークでは規模が大きくなるほどネットワークの信頼性が低下することによって個人が情報を提供するモチベーションも低下し，中心にいることの有利さが失われる場合があることも明らかとなっている（Reinholt et al., 2011）。

次に，様々な人とのつながりといったネットワークの多様性について，組織内ネットワークの中心と端との中間に位置している人ほど組織内外の多様な情報にアクセスする可能性が高まり，創造的成果を生み出しやすくなる（Cattani & Ferriani, 2008）。またネットワークのつながりの数が多く，かつ情報収集している個人は相対的にパフォーマンスが高い（Gargiulo et al., 2009）。さらに組織横断的もしくは組織外へつながるネットワークはそのネットワークの参加者に有利な情報や多様な考え方をもたらし，その結果，個人の仕事パフォーマンスが向上することなどが明らかになっている（Cross & Cummings, 2004；Perry-Smith, 2006；Lynn, 2013）。

ここで日本企業を対象とした先行研究をみてみると，レーザーを研究テーマとしている研究者を対象に所属機関内外の知人から情報を得ている研究者ほど平均値で比較すると学会発表や論文数といった業績が高い傾向にあることが示された（工藤，1991）。また製薬産業を対象とした研究では，閉鎖的なネットワークの特徴である強い紐帯について，現在の強い紐帯はパフォーマンスを高めるが，過去の強い紐帯はマイナスの効果があること（中本，2010），対外的な交流，とりわけ大学とのコラボレーションの効果があること（浅川・中村，

2005）などが明らかにされている。

　以上の議論から，規模が大きいオープンなネットワークには信頼性や情報提供の誘因が低下するなど留意すべき点はあるが，個人が所属する組織やグループの外部とのつながり，つまり多様な情報へアクセスすることができるネットワークをもつことは個人の創造性や仕事のパフォーマンスを高めるとの結果が得られており，本章の分析の焦点である情報交換ネットワークは研究開発者にとっても重要であると考えられる。

(3) 多様なネットワークの形成要因

　先にみたようにネットワークの多様性が仕事のパフォーマンスに寄与することが多くの研究によって明らかにされているが，では，どのような要因が多様なネットワークの形成に寄与しているのであろうか。いくつかの重要な要因が先行研究によって明らかにされている。第一に学歴であり，学歴が高いほどネットワークのつながりが多くなる。この背景には，就学年数が長い人ほど他者との出会いの機会が増えるとともに多様な出自の人と出会うことから高学歴であるほどネットワークが多様になること，また教育には友人をつくる能力，たとえばコミュニケーション能力などを向上させ，それが広範囲の友人とのつながりをもたらすことが指摘されている（Fischer, 1982；Marsden, 1987；Curtis White & Guest, 2003；松本，2005）。次に，職種・職位によるネットワークの違いである。これは専門・管理職ほど仕事上のネットワークが幅広くなる。専門職や管理職は相対的に組織において，より価値の高い情報にアクセスでき，そうした情報を保有する立場が人を惹きつけると考えられている（Moore, 1990；林，2000；原田，2012）。さらに，仕事の条件も寄与すると考えられる。この仕事の条件とは，どのような特徴をもった仕事かということであり，たとえば人と会う機会が多い仕事や頻繁にコミュニケーションをとる仕事に就いている人ほど多様なネットワークを構築していることが明らかとなっている（菅野，1998）。

　以上，先のネットワークと仕事パフォーマンスとの関係性からの議論を踏ま

え，本章では，ネットワークの形成要因からネットワークの効果までの一連の関係性を描き出すために，以下の2点を検討する。

① 日本の多国籍企業で働く研究開発者のネットワーク多様性は個人の仕事パフォーマンスを向上させているのか。ここでは複数の産業にわたる研究開発者を対象とし，より幅広い産業において効果が表れるのかという点，さらには海外とのネットワークの効果にも注目する。

② 研究開発者の海外を含めた多様なネットワーク形成に職業キャリアは関係しているのか。ここでは仕事条件として先行研究では取り上げられていない職業キャリア，とりわけ研究開発者の海外経験に注目する。

3 研究開発者の情報交換ネットワーク

ここでは，第1章で説明した個人調査のデータを利用する。まずデータから職場外で過去1年間に情報交換を行った経路についてみていこう。本章では，この情報交換を行った経路を情報交換ネットワーク，もしくは単にネットワークと呼ぶ。調査では「社内他職場の研究開発者」，「社内他職場の非研究開発者」，「国内外部の研究開発者[1]」「海外自社の研究開発者」そして「海外他社の研究開発者」の5つの経路の有無を尋ねている。まず，5つのネットワーク経路それぞれの保有の有無を**図表5-1**にまとめた。社内の他職場の研究開発者と過去1年間に情報交換をしたことがある研究開発者は約80％であるが，海外他社の研究開発者は約25％にすぎず，自分の職場から物理的に離れるほど，また社外になるほど割合は低下する。

次に海外とのネットワークの状況を海外自社と海外他社の研究開発者とのネットワークの有無の回答結果をクロスさせてみてみよう（**図表5-2**参照）。海外自社のみのネットワークの保有は20.5％，他社のみが7.5％，そして両方とも保有が17.3％であった。つまり，全体の研究開発者のうち45.3％（網掛け部分の合計）が少なくとも1つ以上の海外とのネットワークを保有している。

次に，それぞれのネットワークの交流期間をみていこう。情報交換ネット

図表5-1　経路別の情報交換ネットワークの保有状況

N=751	度数	%
社内他職場の研究開発者	606	80.7
社内他職場の非研究開発者	407	54.2
国内外部の研究開発者	425	56.6
海外自社の研究開発者	284	37.8
海外他社の研究開発者	186	24.8

出所：筆者作成。

図表5-2　海外ネットワークの保有状況（％）

N=751		自社		
		なし	あり	計
他社	なし	54.7	20.5	75.2
	あり	7.5	17.3	24.8
	計	62.2	37.8	100.0

出所：筆者作成。

ワーク別の交流期間は，最も長いのが社内他職場の研究開発者で5.95年，一方，最も短いのが海外他社の研究開発者で3.21年であった。つまり情報交換ネットワークを保有する研究開発者は平均すると3年以上のつながりを維持してきたネットワークを活用している（**図表5-3**参照）。

　最後に，研究開発者個人は，どれだけのネットワーク経路を保有しているのかをみていこう。先に述べたように，この調査では5つの経路ごとに，つながりの有無を尋ねており，情報交換をしていない研究開発者は保有経路数0，すべての経路とネットワークを結んでいる研究開発者は保有経路数5となる。職場外の誰とも情報交換をしていない研究開発者は6.5％，一方，すべての経路でつながっている研究開発者は12.5％，また経路2つ以下（49.9％）と経路3

図表5-3 情報交換ネットワークの交流期間（年）：ネットワーク保有者のみ

	度数	平均値
社内他職場の研究開発者	593	5.95
社内他職場の非研究開発者	390	5.09
国内外部の研究開発者	402	5.45
海外自社の研究開発者	271	3.48
海外他社の研究開発者	163	3.21

出所：筆者作成。

つ以上（50.1％）でほぼ半分ずつの割合となり，1人当たりの保有数は2.54であった（**図表5-4**参照）。なお，このネットワーク経路の保有数が多いほどネットワークが多様であると考え，次節では，この指標を研究開発者のネットワーク多様性変数として分析に利用する。

図表5-4 ネットワーク経路の保有数

経路数	度数	％
0	49	6.5
1	168	22.4
2	158	21.0
3	174	23.2
4	108	14.4
5	94	12.5
合計	751	100.0

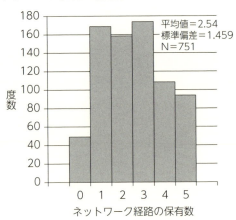

出所：筆者作成。

4 仕事パフォーマンスに対する情報交換ネットワークの効果

ここでは情報交換ネットワークの多様性や個別の経路が研究開発者個人の仕事パフォーマンスに与える効果を重回帰分析によって検証する。

(1) 分析に利用する変数について

まず被説明変数となる個人の仕事パフォーマンスについて、その把握には研究開発者の客観的な技術成果と考えられる「新製品リリース数」と「技術件数」を利用する。これらはいずれも過去2年間に研究開発者個人が関わった件数である。なお技術件数とは特許出願数だけではなく、現実には出願可能であっても企業の技術戦略等の理由から出願されなかった技術も合わせたものと定義する[2]。これら客観的な技術成果の分布をみると、過去2年間に新製品リリース、技術件数ともに0の研究開発者が最も多く、また件数が増えるにしたがって度数が減少していくことがわかる（**図表5-5**参照）。

また客観的な指標のほかに、研究開発者の主観による「創造的行動」も仕事パフォーマンスを把握する指標として利用する。この創造的行動とは、研究開発者のように創造性が必要とされる仕事において創造的成果を生み出すための行動として理解され、実際に創造的行動が仕事パフォーマンスを高めていることが示されている（Scott & Bruce, 1994；Yuan & Woodman, 2010）。ここでは「創造的なアイデアを思いつくことがよくある」「新しいアイデアを実現に向けてまとめることがよくある」「新たな問題解決策を思いつくことがよくある」そして「業績達成のための新たな手段を提案することがよくある」という4項目について「該当しない＝1」から「該当する＝5」までの5点尺度で回答する設問の結果から合成した変数を利用する[3]。なお創造的行動の合成変数は各項目の回答結果を単純に足し合わせたものであり、最小値4、最大値20となる。それゆえ基本的に数値が大きいほど創造的行動がより顕著であるとみな

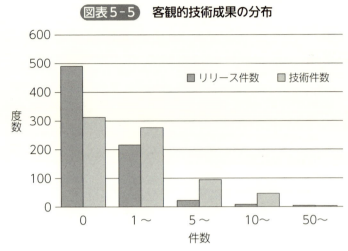

図表5-5 客観的技術成果の分布

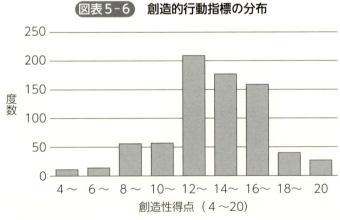

図表5-6 創造的行動指標の分布

せる。この指標の分布は高い得点にやや偏っているが，客観的な成果指標とは対照的に正規分布の形状に近いことがわかる（図表5-6参照）。

次に説明変数について，注目するのは情報交換ネットワークの多様性であり，

先に確認した「情報交換ネットワークの経路数」を多様性変数として利用する。また個別経路の効果も検証するために，それぞれの経路の保有をダミー変数として用いる。このほかに年齢（2乗項含む），性別，学歴，役職，訓練指標を利用する。またこの分析では，結果表には示していないが，研究や開発などの担当職務領域と企業のダミー変数によって属性を制御している。

(2) 分析結果

分析結果について，ネットワーク多様性の効果は**図表5-7**，個別経路の効果は**図表5-8**にそれぞれ示した[4]。最初にネットワーク多様性の効果からみていこう。創造的行動，新製品リリース数，そして技術件数のすべてのモデルにおいて，ネットワークの経路数には正の効果が検出された。つまり研究開発者の情報交換ネットワークが多様なほど個人の仕事パフォーマンスが高く，先行研究の知見と整合的である。

次に，ネットワークの多様性以外の効果をみてみると，まず年齢は正の効果，年齢の2乗項は負の効果を示した。これは年齢の上昇とともに仕事パフォーマンスは向上するものの，向上率は年を経るたびに低下していき，ある年齢でピークを迎え，その後は下降していくことを意味する。なお計測された係数値からピーク年齢を計算すると，創造的行動，新製品リリース数，技術件数のいずれの指標においても40歳であった。日本の研究開発者を対象とした能力発揮の限界と年齢に関する先行研究では，職務によって多少の前後はあるものの，30代後半から40代前半に能力発揮のピークがあると指摘している（古田・藤本・田中，2013）。一般的に能力と成果がリンクすることを考慮すると，ここで得た年齢効果は先行研究の知見と整合的であるといえよう。

また，女性は創造的行動と技術件数において男性よりも仕事パフォーマンスが低いことが示された。藤本・篠原（2013）が行った研究開発者の創造的行動に関する男女比較の研究によると，女性の研究開発者は男性に比べて創造的行動をとる傾向が低いという本研究と同様の結果が示されている。この男女格差の理由について，男性は昇進・昇格や昇給といった報酬に動機付けられる一方，

女性は職場における人間関係などに動機付けられるといった違いがあり，創造的行動や，それに伴う技術アウトプットの高さが昇進や昇給にリンクする企業の評価では男性のほうが創造的行動を行う動機づけが強くなり，女性は創造的行動をとる傾向が相対的に弱くなると考えられている（藤本・篠原，2013）。

次に，学歴，役職，企業内訓練の結果をみると，学歴は，大卒以下に比べ，博士課程修了者の創造的行動が正の効果を，役職は，一般社員を基準とし，部長クラス以上の創造的行動および新製品リリース数が正の効果を示した。そして企業内訓練の Off-JT 時間は，研究・技術関連の訓練が多いほど創造的行動と技術件数が増加し，また研究・技術関連以外の訓練は創造的行動を促すこと

図表5-7 ネットワーク多様性の効果

被説明変数：	創造的行動		新製品リリース数		技術件数	
推定方法：	OLS		Tobit モデル		Tobit モデル	
	coef.	s.e.	coef.	s.e.	coef.	s.e.
年齢	0.281	0.139*	0.295	0.084**	0.226	0.055**
年齢・2乗	−0.003	0.002*	−0.004	0.001**	−0.003	0.001**
女性ダミー	−0.875	0.328*	0.002	0.191	−0.472	0.142**
学歴D：（基準）大卒以下						
修士修了	−0.106	0.317	0.090	0.176	0.018	0.130
博士修了	1.019	0.402*	−0.304	0.230	0.170	0.157
役職D：（基準）一般社員						
係長クラス	0.434	0.339	−0.176	0.193	−0.048	0.135
課長クラス	0.516	0.402	0.101	0.221	0.196	0.157
部長クラス以上	1.875	0.521**	0.484	0.286+	0.223	0.198
Off-JT 時間数：						
研究・技術関連	0.220	0.099*	0.052	0.056	0.090	0.039*
研究・技術関連以外	0.255	0.109*	0.031	0.060	−0.002	0.043
ネットワークの経路数	0.277	0.084**	0.103	0.047*	0.078	0.034*
$1/\sigma$（Tobitのみ）			1.339	0.070**	1.026	0.038**
標本数	726		726		726	
F値／χ^2	6.020	／	113.4		473.6	
Adj.R^2／Pseudo R^2	0.127	／	0.080		0.233	

注：**$p<0.01$，*$p<0.05$，+$p<0.1$
出所：筆者作成。

が示された。これら学歴や企業内訓練は個人の人的資本蓄積の程度を示す代理指標と考えることができる。また先述した通り，管理職といった役職は，組織において，より価値の高い情報にアクセスでき，そうした情報の保有は一種の人的資本の蓄積を示すものと考えられる。人的資本理論によると，一般的には人的資本の高さは，生産性の高さを意味し，その結果として高い成果につながるものと考えられる。

次に，図表5-8のネットワークの個別経路の効果をみてみよう。なお，表には示していないが，分析では，年齢（2乗項），性別，学歴，役職，訓練時間に加え，担当職務領域と企業のダミー変数を用いて属性を制御している。

まず創造的行動は「社内他職場の非研究開発者」や「国内外部の研究開発者」といった国内の情報交換ネットワークとの正の効果が示された。一方，新製品リリース件数は自社か他社かは問わず海外とのネットワークが効果的である。ただし国内外部の研究開発者とのネットワークには負の効果が検出された。また技術件数は国内の外部研究開発者とのネットワークを結んでいると成果が高まることも確認できた。このように情報交換ネットワークは多様性だけでなく，

図表5-8　個別経路の効果

被説明変数：	創造的行動		新製品リリース数		技術件数	
推定方法：	OLS		Tobitモデル		Tobitモデル	
	coef.	s.e.	coef.	s.e.	coef.	s.e.
社内他職場の研究開発者	0.002	0.303	−0.043	0.172	0.029	0.119
社内他職場の非研究開発者	0.587	0.243*	0.098	0.134	−0.039	0.095
国内外部の研究開発者	0.587	0.246*	−0.273	0.137*	0.273	0.098**
海外自社の研究開発者	−0.394	0.296	0.384	0.165*	−0.063	0.119
海外他社の研究開発者	0.462	0.296	0.363	0.162*	0.191	0.118
$1/\sigma$（Tobitのみ）			1.261	0.065**	1.022	0.038**
標本数	726		726		726	
F値/χ^2	5.420	/	125.41		482.00	
Adj.R^2/Pseudo R^2	0.132	/	0.089		0.237	

注：**$p<0.01$，*$p<0.05$
出所：筆者作成。

個別のネットワークも研究開発者の技術成果に寄与している。

(3) ネットワークを通じて交換される情報の特徴

ネットワークにおいて情報が移転され,それが研究開発者の創造的行動を促し,高い技術成果を生み出すのであれば,どのような情報が,どのネットワークから入手されるのかを検討することは重要であろう。利用データの調査には,それぞれのネットワーク経路を通じて入手した情報を「先端技術」「研究・技術のシーズ・動向」「問題解決のための技術・知識」「ビジネス情報」そして「自社製品情報」の5項目から重要なものを2つまで回答する設問がある。この回答結果を利用すれば,それぞれのネットワーク経路を通じて,どのような情報を入手したかをある程度把握することができる。

まず研究開発者がネットワーク経路にかかわらず入手したことがある情報についてみると,66.4％の研究開発者が「研究・技術のシーズ・動向」情報を入手している一方,最も割合が低いのは「ビジネス情報」で38.5％であった（**図表5-9**）。

次に,各ネットワークの保有と各入手情報との相関分析を行ったところ**図表5-10**の結果を得た。社内他職場の研究開発者とのネットワークからはビジネス情報以外の4つの情報が入手される傾向が強く,多様な情報を入手する経路となっている。また社内他職場の非研究開発者のネットワークからは,ビジネ

図表5-9 情報を入手した研究開発者の割合（情報の内容別）

N＝751	度数	％
先端技術	360	47.9
シーズ・動向	499	66.4
問題解決技術	429	57.1
ビジネス情報	289	38.5
自社製品情報	312	41.5

出所：筆者作成。

第5章 研究開発者の情報交換ネットワークの効果と形成要因　125

図表5-10　ネットワーク経路と入手情報の関係（相関係数）

N=751 入手情報	社内他職場研究開発者	社内他職場非研究開発者	国内外部の研究開発者	海外自社の研究開発者	海外他社の研究開発者	ネットワークの経路数
先端技術	0.267	0.123	0.437	0.148	0.234	0.385
シーズ・動向	0.303	0.162	0.385	0.147	0.146	0.362
問題解決技術	0.285	0.154	0.191	0.154	0.142	0.288
ビジネス情報	0.151	0.354	0.146	0.207	0.136	0.327
自社製品情報	0.248	0.330	−	0.251	0.155	0.331

注：数値はすべて1％水準で統計的に有意。網掛けは0.2以上の相関を示す。−は統計的に有意とはならなかったことを示す。
出所：筆者作成。

ス情報や自社製品情報など，どちらかといえば研究・技術関連以外の情報が入手されている。そして国内外部の研究開発者とのネットワークからは，先端技術・技術シーズ等の技術関連情報が入手される傾向にある。次に，海外ネットワークについてみると，自社の研究開発者からはビジネス情報や自社製品情報という社内の非研究開発者に近い情報が，一方，他社の研究開発者とは先端技術が主にやり取りされ，国内外部の研究開発者に近いことが分かった。このように情報交換ネットワークといっても，その経路ごとに交換される情報の種類は異なる傾向にある。最後に，ネットワークの経路数と各種入手情報との相関係数（図表5-10の右端列）はすべて0.2以上と，ネットワークの経路が多くなるほど多様な情報を入手しやすくなっている。

5 情報交換ネットワークの形成要因

4節までの検証によって，多様な情報交換ネットワークは研究開発者個人の仕事パフォーマンスを向上させることが示された。では，多様な情報交換ネットワークはどのような要因によって形成が促されるのであろうか。ここでは2

節での議論をもとに検討を試みる。注目する要因は，学歴，職位，そして職業キャリアである。職業キャリアについては，転職入社かどうか，社内での異動回数，そして社会人での海外経験を取り上げる。海外経験は「短期留学（期間半年未満）」「長期留学（期間半年以上）」「海外出張（学会含）」そして「海外赴任」の4項目である。分析では，それぞれの海外経験ありのダミー変数を用いている。なお研究開発者は大学院時代にも海外留学や海外学会参加などを行うことがあるため大学院時代の海外経験についても追加的に検証する。以上が分析における説明変数である。次に，被説明変数は情報交換ネットワークの経路数である。そのほか必要な属性をコントロールし分析を行ったところ，**図表5-11**の結果を得た。

まず学歴の効果について，海外経験を入れないモデル1では修士および博士修了者が，また社会人の海外経験を入れたモデル3では博士修了者が大卒者よりも多様なネットワークを保有していることが示唆された。ただし，大学院の海外経験を入れたモデル2の分析では博士修了者の効果が消失していることを考えると，この大学院修了者の正の効果は大学院の海外経験を反映している可能性がある。次に，役職（職位）の効果は，すべての分析において課長クラス，部長クラス以上で正の効果が検出され，職位が高まるほどネットワークの経路数が増える。この結果は先行研究の知見と整合的である。さらに職業キャリアについて，まず転職入職，社内異動回数は人との出会いの機会を増やすことから正の効果が予想されたが，分析では効果は見出せなかった。一方，海外経験について，社会人時代の海外出張（学会含）と長期留学はネットワークの多様性と正の関係が示された。つまり職業キャリアにおける海外移動経験は多様なネットワークづくりの要因となっているといえよう。さらにモデル2によると，大学院時代の海外出張（学会含）も正の効果が示され，社会人時代も含め，学会参加にはネットワーク形成を促す効果が高いと考えられる。

最後に，海外経験が海外とのネットワーク経路を形成することに寄与するのかを確認しよう。被説明変数を自社もしくは他社における海外ネットワークの有無（有ダミー）とし，プロビットモデルによる分析を行った。海外経験の結

果のみを**図表5-12**に示した。大学院時代，社会人ともに海外出張（学会含）が海外ネットワークの形成に寄与し，海外経験を通じて海外ネットワークの形成が促されていることも確認できた。

図表5-11　ネットワーク多様性の形成要因

	被説明変数：ネットワーク経路の数					
	モデル1		モデル2		モデル3	
	coef.	s.e.	coef.	s.e.	coef.	s.e.
年齢	0.095	0.063	0.102	0.063	0.070	0.063
年齢・2乗	−0.001	0.001	−0.001	0.001[+]	−0.001	0.001
女性ダミー	−0.130	0.152	−0.134	0.153	−0.060	0.152
学歴D：（基準）大卒以下						
修士修了	0.287	0.146*	0.250	0.146	0.171	0.147
博士修了	0.511	0.188**	0.290	0.203	0.377	0.188*
役職D：（基準）一般社員						
係長クラス	0.080	0.153	0.078	0.152	−0.013	0.152
課長クラス	0.516	0.182**	0.498	0.182**	0.366	0.184*
部長クラス以上	1.027	0.232**	1.014	0.232**	0.838	0.236**
転職入社D	−0.048	0.156	−0.051	0.155	−0.035	0.155
社内異動回数	0.004	0.034	0.006	0.034	0.006	0.034
大学院の海外経験：						
短期留学			0.053	0.325		
長期留学			0.355	0.371		
海外出張（学会）			0.418	0.153**		
社会人時代の海外経験：						
短期留学					−0.413	0.278
長期留学					0.368	0.190[+]
海外赴任					0.052	0.159
海外出張（学会含）					0.469	0.121**
標本数	715		715		715	
F値	6.970		6.535		6.850	
Adj.R^2	0.161		0.168		0.181	

注：**$p<0.01$，*$p<0.05$，+$p<0.1$
出所：筆者作成。

図表5-12 海外ネットワーク保有の要因分析

	被説明変数：海外ネットワーク有ダミー			
	coef.	s.e.	coef.	s.e.
大学院時代：				
短期留学	0.044	0.118		
長期留学	0.117	0.110		
海外出張（学会含）	0.105	0.053*		
海外赴任				
社会人時代：				
短期留学			−0.094	0.108
長期留学			0.041	0.063
海外赴任			0.012	0.051
海外出張（学会含）			0.202	0.053**
標本数	715		715	
χ^2統計量	551.4		540.1	

注：**$p<0.01$，*$p<0.05$
出所：筆者作成。

6 明らかになったことと企業の取り組みへの示唆

　本章の分析から得られた主要な知見は大きくわけると3つある。まず1つは，ネットワークがもつ効果について，多様な情報交換ネットワークを活用している研究開発者は創造的行動という主観的な成果だけでなく，特許出願を含む技術開発や新製品のリリースなど客観的な成果も高い水準にあり，情報交換ネットワークの多様性が研究開発者個人の仕事パフォーマンスの向上に寄与していることが明らかとなった。

　2つ目として研究開発者が情報交換ネットワークから入手する情報について，社内の研究開発者からは相対的に多様な情報を，また社内他職場の非研究開発者や海外自社の研究開発者からはビジネス情報や自社製品情報など主に研究・技術関連以外の情報を，そして国内外部や海外他社の研究開発者からは先端技術など主に技術関連情報を入手するといったネットワークごとの特徴がみられた。さらにネットワークが多様であれば，多様な情報を入手しやすくなる傾向

付表5-1　記述統計量

	度数	最小値	最大値	平均値	標準偏差
年齢	750	24	63	39.93	8.431
年齢・2乗	750	576	3969	1665.5	693.7
女性D	751	0	1	0.149	0.356
学歴：					
高卒D	751	0	1	0.029	0.169
短卒等D	751	0	1	0.021	0.144
大卒D	751	0	1	0.182	0.386
修士D	751	0	1	0.601	0.490
博士D	751	0	1	0.166	0.373
役職：					
一般社員D	750	0	1	0.439	0.497
係長等D	750	0	1	0.256	0.437
課長等D	750	0	1	0.204	0.403
部長等以上D	750	0	1	0.096	0.295
他役職D	750	0	1	0.005	0.073
Off-JT時間：5段階評価					
研究・技術領域の内容	746	1	5	2.448	1.253
研究・技術領域外の内容	744	1	5	1.980	1.128
担当領域：					
研究領域D	750	0	1	0.364	0.481
開発領域D	750	0	1	0.400	0.490
研究・開発領域D	750	0	1	0.204	0.403
大学院時代の海外経験：					
短期留学D	724	0	1	0.026	0.160
長期留学D	724	0	1	0.021	0.143
海外出張（学会）D	724	0	1	0.181	0.385
職業キャリア：					
転職入社D	747	0	1	0.139	0.346
社内異動回数	749	0	5	1.801	1.778
社会人時代の海外経験：					
短期留学D	748	0	1	0.033	0.180
長期留学D	748	0	1	0.086	0.280
海外出張（学会）D	748	0	1	0.715	0.452
赴任経験D	750	0	1	0.153	0.361

付表5-2　記述統計量（つづき）

	度数	最小値	最大値	平均値	標準偏差
情報交換ネットワーク：					
ネットワーク経路の数	751	0	5	2.541	1.459
社内他職場の研究開発者	751	0	1	0.807	0.395
社内他職場の非研究開発者	751	0	1	0.542	0.499
国内他社，大学等の研究開発者	751	0	1	0.566	0.496
海外自社の研究開発者	751	0	1	0.378	0.485
海外他社の研究開発者	751	0	1	0.248	0.432
海外ネットワークD	751	0	1	0.453	0.498
仕事パフォーマンス：					
創造的行動	750	4	20	13.62	3.156
リリース件数（対数）	742	0	5.02	0.379	0.649
実数	742	0	150	1.321	7.886
技術件数（対数）	735	0	4.03	0.923	0.944
実数	735	0	55	3.238	6.123

が強まることも示された。

　そして3つ目として研究開発者の多様なネットワークの形成要因について，研究開発者の職位が多様なネットワークの形成に寄与し，さらに国内だけでなく海外へとネットワークを広げるには研究開発者の職業キャリアにおける国際移動，とりわけ学会などを含む海外出張が重要な要因の1つとなっていることが示された。また，この学会などの海外経験は社会人となってからだけではなく，大学院時代での経験もネットワーク形成に寄与していた。

　以上の知見を踏まえ，組織の閉じたネットワーク内で研究開発を行うよりも多様な情報を入手するためにネットワークをオープンにして研究開発を行うほうが研究開発者個人のパフォーマンスを高めるには望ましいと考えられる。そして企業は，そうした状況を促すように取り組むことが可能である。たとえば仕事パフォーマンスを高める研究開発者の多様なネットワークづくりに対して国内のみならず海外とのネットワークをつなげるために積極的に研究開発者を海外に派遣することは重要であり，また大学院時代の海外学会経験者は入社前

から多様なネットワークを保有している可能性が高く、そのような人材を採用することはネットワーク形成の際に生じる費用を節約できることにもなると考えられる。

▶注

1) 国内外部とは，他企業，大学，研究機関を指す．
2) 分析では，それぞれの件数に1を足して対数変換した数値を用いた．
3) 4項目の信頼性統計量 Cronbach の α は0.856であった．
4) 被説明変数の分布形状を考慮して，創造的行動では OLS，新製品リリース数および技術件数は Tobit モデルによる推計を行った．また分析には仕事パフォーマンスとネットワークの多様性との間の因果関係に関する内生性の問題が存在することに留意が必要である．

▶▶参考文献

浅川和宏・中村洋［2005］「製薬企業における R&D 拠点の対外的・対内的交流と R&D 成果への認識」『医療経済研究』Vol. 16, pp.23-36.
工藤秀幸［1991］『研究技術者の情報行動と育成―経営行動科学的研究―』創成社.
菅野剛［1998］「社会階層とパーソナル・ネットワーク：仕事条件と機会構造」『日本行動計量学会大会発表論文抄録集』26, pp.213-216.
中本龍市［2010］「社会ネットワークが基礎研究に与える影響：内資系大手医薬品企業の事例」『日本経営学会誌』26巻, pp.104-113.
林拓也［2000］「第3章 階層的地位と友人ネットワーク―ネットワーク・サイズを中心に」森岡清志編『都市社会のパーソナルネットワーク』，東京大学出版会.
原田謙［2012］「社会階層とパーソナル・ネットワーク：学歴・職業・所得による格差と性差」『医療と社会』22巻1号, pp.57-68.
藤本哲史・篠原さやか［2013］「研究開発技術者の創造的職務行動：男女比較分析」『経営行動科学学会年次大会：発表論文集』16, pp.321-326.
古田克利・藤本哲史・田中秀樹［2013］「ソフトウェア技術者の能力限界感の実態と要因に関する実証研究」『同志社政策科学研究』第15巻第1号, pp.29-43.
松本康［2005］「都市度と友人関係：大都市における社会的ネットワークの構造化」『社会学評論』56巻1号, pp.147-164.
Baldwin, Timothy T., Bedell, Michael D. & Johnson, Jonathan L. [1997] "The Social

Fabric of a Team-Based M.B.A. Program: Network Effects on Student Satisfaction and Performance" *Academy of Management Journal*, 40, 6, 1369-1397.

Brass, Daniel J. [1981] "Structural Relationships, Job Characteristics, and Worker Satisfaction and Performance" *Administrative Science Quarterly*, 26, 3, 331-348.

――― [1984] "Being in the Right Place: A Structural Analysis of Individual Influence in an Organization" *Administrative Science Quarterly*, 29, 4, 518-539.

Burt, Ronald S. [1982] *Structural Holes*, Cambridge, MA: Harvard University Press.

――― [2001] "Structural Holes versus Network Closure as Social Capital," in N. Lin, K. Cook, and R. Burt (eds.) *Social Capital: Theory and Research*, NY: Aldine de Gruyter, 31-56.

Cattani, Gino & Ferriani, Simone [2008] "A Core/Periphery Perspective on Individual Creative Performance: Social Networks and Cinematic Achievements in the Hollywood Film Industry" *Organization Science*, 19, 6, 824-844.

Coleman, James [1988] "Social Capital in the Creation of Human Capital" *American Journal of Sociology*, 94, 95-120.

――― [1998] *Foundations of Social Theory*, Cambridge, MA: Harvard University Press.

Cross, Rob & Cummings, Jonathon N. [2004] "Tie and Network Correlates of Individual Performance in Knowledge-Intensive Work" *Academy of Management Review*, 47, 6, 928-937.

Curtis White, Katherine J. & Guest, Avery M. [2003] "Community Lost or Transformed? Urbanization and Social Ties" *City & Community*, 2, 3, 239-259.

Fischer, Claude S. [1982] *To Dwell Among Friends: Personal Networks in Town and City*, IL: University Of Chicago Press.

Gargiulo, Martin, Ertug, Gokhan & Galunic, Charles [2009] "The Two Faces of Control: Network Closure and Individual Performance among Knowledge Workers" *Administrative Science Quarterly*, 54, 2, 299-333.

Granovetter, Mark [1973] "The Strength of Weak Ties" *American Journal of Sociology*, 78, 6, 1360-1380.

――― [1985] "Economic Action and Social Structure: The Problem of Embeddedness" *American Journal of Sociology*, 91, 3, 481-510.

Marsden, Peter V. [1987] "Core Discussion Networks of Americans" *American Sociological Review*, 52, 1, 122-131.

Lin, Nan [2001] *Social capital. A Theory of Social Structure and Action*, Cambridge: Cambridge University Press.
Loury, Glenn C. [1987] "Why Should We Care about Group Inequality?" *Social Philosophy and Policy*, 5, 1, 249-271.
Moore, Gwen [1990] "Structural Determinants of Men's and Women's Personal Networks" *American Sociological Review*, 55, 5, 726-735.
Morgan, Stephen L. & Sorensen, Aage B. [1999] "Parental Networks, Social Closure and Mathematics Learning: A Test of Coleman's Social Capital Explanation of School Effects" *American Sociology Review*, 64, 5, 661-681.
Perry-Smith, Jill E. [2006] "Social Yet Creative: The Role of Social Relationships in Facilitating Individual Creativity" *Academy of Management Journal*, 49, 1, 85-101.
Reinholt, Mia, Pedersen, Torben & Foss, Nicolai J. [2011] "Why a Central Network Position Isn't Enough: The Role of Motivation and Ability for Knowledge Sharing in Employee Networks" *Academy of Management Review*, 54, 6, 1277-1297.
Scott, Susanne G. & Bruce, Reginald A. [1994] "Determinants of Innovative Behavior: A Path Model of Individual Innovation in the Workplace" *Academy of Management Journal*, 37, 3, 580-607.
Teachman, Jay D., Paasch, Kathleen & Carver, Karen [1997] "Social Capital and the Generation of Human Capital" *Social Forces*, 75, 4, 1343-59.
Wu, Lynn [2013] "Social Network Effects on Productivity and Job Security: Evidence from the Adoption of a Social Networking Tool" *Information Systems Research*, 24, 1, 30-51.
Yuan, Feirong & Woodman, Richard W. [2010] "Innovative Behavior in the Workplace: The Role of Performance and Image Outcome Expectations" *Academy of Management Journal*, 53, 2, 323-342.

第6章

グローバル企業の人的資源管理が研究開発者の知識共有行動に及ぼす影響

▶分析のねらい
グローバル企業で働く研究開発者の知識共有行動を活発化させる人的資源管理施策とはどのような施策なのかを具体的に明らかにする。

▶分析で明らかになったこと
創造性を高める職務設計と知識共有を評価し奨励する人的資源管理施策が特に研究開発者による知識共有行動を促進するにあたって有効であった。

▶実務へのヒント
研究開発者による知識共有行動を社内で活発化させるには,チームメンバー間の連携プロセスを重視した人事評価を実施し,仕事上のトライ&エラーを許容するような創造性を発揮しやすい職務設計を工夫することなどが望ましいと考えられる。

［義村 敦子］

1 課題と背景

　本章では研究開発者による社内での知識共有行動とこれに影響を与える人的資源管理（Human Resource Management; HRM）に注目する。HRM が従業員による知識共有行動に影響を及ぼすことは既に示唆されている。しかしながら，明確に HRM が知識共有行動に与える影響を実証した研究はまだ数少なく（Andreeva & Sergeeva, 2016；Llopis & Foss, 2016），解明されていない事柄が多い。HRM は企業が工夫して実施できるので，知識共有行動を促進する HRM が明らかになれば，人材マネジメント上の意義は大きい。そのため，本章では，グローバル企業に所属する研究開発者による知識共有行動を促進する HRM とは何かを具体的に明らかにする。

(1) なぜ研究開発者の知識共有行動が重要なのか

　グローバル企業では自社の研究開発者に創造的成果を上げることを強く求めている。知識共有行動を研究開発者が活発に行っている職場では，新しい知識や情報を共有した研究開発者たちの働きが相乗効果を発揮して，企業内で創造的成果をあげやすくなると期待できる（義村，2016）。したがって，企業が目指す創造的成果を実現するためには，企業内で研究開発者同士が互いに新しい知識を持ち寄り，刺激し合う行為が不可欠と考えられる。

　知識共有行動を本章では「職場外から獲得した暗黙知または形式知を職場内の他者に提供し，共有する行動」と定義する。職場とは同一事業所内で，日常的に一緒に仕事をする仲間（上司や部下も含む）によって構成される場を指す。言い換えれば，本章で扱う研究開発者による知識共有行動とは，日頃から仕事場で顔を合わせている研究開発者同士がコミュニケーションを取りながら，新しい知識や情報を提供・共有する行動を意味している。

(2) 組織パフォーマンス向上を目指す HRM（人的資源管理）

　HRM とは，働く人を対象とした組織内で実践されるマネジメントの比較的新しい呼び名である。従業員を最も重要な経営資源と位置付けて人的資源と呼び，組織が教育投資等の適切な HRM 施策を実施すれば，人的資源である従業員は組織に貢献するようになると考えている（奥林，2003）。現在よく企業で見受けられる人財部というような名称は人的資源の大切さを更に強調したネーミングといえよう。

　HRM による組織パフォーマンス向上効果を実証することは HRM 研究の大きな課題の1つである（Jiang et al., 2012）。この課題に取り組むために，はじめは，採用制度や報酬制度といった個別の HRM 施策が組織成果に与える影響が研究された。その後，組織において実施されている HRM 施策全体をまとめた HRM システムが組織成果に与える影響を捉える研究が重要視されるようになった（Takeuchi et al., 2007）。

　個別 HRM 施策が組織成果に及ぼす効果に関する研究から HRM システムが組織成果に及ぼす効果に関する研究への移行は，1980年代からの HRM システム理論研究（Walton, 1985；Dyer ＆ Holder, 1988；Sonnenfeld ＆ Peiper, 1988）に始まり，1990年代からは HRM システム実証研究（Ichiniowski, 1990；Snell, 1992；Snell ＆ Dean, 1992；MacDuffie, 1995；Morishima, 1996）が蓄積され始めた（義村，2017）。

(3) 高業績を生み出すワークシステムとは

　組織パフォーマンスを向上させる HRM システムとして，高業績ワークシステムが構築された。高業績ワークシステムとは従業員のスキル向上や仕事上の努力を強化するように設計された HRM システムである。企業が達成を目指す業績内容は業種によっても時期によっても当然異なる。

　そうした企業ごとの違いを超えて，高い業績目標を達成する企業にはある程度共通する HRM システムが機能していると考えている。高業績ワークシステ

ムを構成する HRM 施策は個別でありながら，互いに関連しあっている (Takeuchi et al., 2007)。

　高業績ワークシステムがどのように組織パフォーマンスに影響するかを調べる研究のなかには高業績ワークシステム全体を1つのまとまりとみなして組織パフォーマンスへの影響を調べた分析がある（例えば，Takeuchi et al., 2007)。

　また，高業績ワークシステムを構成する HRM 施策をいくつかの類似した HRM 施策群に束ねて組織パフォーマンスへの影響を分析する研究もある。例えば，製造業における高業績ワークシステムをいくつかの HRM 施策群に束ねて，従業員のスキル向上，モチベーション向上および環境整備という HRM 施策群が従業員による組織意思決定への積極的な参画を強める働きをすることを見出した研究もある (Appelbaum et al., 2000)。

　本章ではグローバル企業で働く研究開発者による企業内知識共有行動に及ぼす HRM の影響を具体的に明らかにしたいので，高業績ワークシステムを構成する個別 HRM 施策をいくつかの HRM 施策群に束ねる方法が適切と考えられる。

2 検討の枠組み

(1) 検討対象のデータ

　グローバル企業に所属する研究開発者による知識共有行動を促進する HRM とは何かを具体的に明らかにするために，個人調査票回答データ（【中央経済社のウェブサイト】に掲載）のうち，グローバル企業7社に所属する研究開発者を分析対象とした。

　本章では，グローバル企業を「自社の研究開発職者が研究開発業務に従事できる海外拠点を有している企業」と定義し，個人調査票にご協力いただいた企業10社から，この基準に合致する7社を選定した。

　これら7社に所属する研究開発者による個人調査票回答は643票，有効回答

率は42.2%であった。このうち，本章の研究フレームワークに則って分析する変数にすべて回答している633票を対象データとした。対象者の平均年齢は39.6歳，女性比率は14.5%であった。

(2) 本章で取り上げる知識共有行動

① 知識共有行動をアンケート調査で測定する項目

これまでの研究開発者を対象としたHRMと知識共有行動に関する実証研究では，自発的な知識共有行動や同僚の学習をアシストする程度（Chen et al., 2011），あるいは，職場の同僚との間で利用価値のある知識を公的および私的に共有する程度（Liu & Liu, 2011）を尋ねる項目によって知識共有行動を測定し，唯一の知識共有行動測定項目が定まっているわけではない。

そこで，先端研究に関する知識から製品化に関する知識までについて知識共有行動の頻度を尋ねる知識共有行動項目を本研究プロジェクトにおいて新規に作成した。

具体的には章末の**付表6-1**に記載したKSB1からKSB5の5項目である。職場外から獲得した知識・情報を職場内の他の人に教えたり，共有したりしている行動について，日頃実施している程度を「消極的である＝1」から「積極的である＝5」の5段階で評定するよう依頼した。職場外から得られない知識・情報については，積極性の程度は記入せずに，別の欄に×印を記入するよう依頼して区別した。

② グローバル企業の研究開発者による知識共有行動

これら5つの項目によって知識共有行動を測定したデータを回答傾向が類似したサブグループを見出すため因子分析（最尤法，バリマックス回転）した。固有値1.0以上の基準により2つの因子が抽出された。因子負荷量0.4以上の項目を採択し，網掛けして付表6-1に示した。第一因子は「研究開発知識共有行動」，第二因子は「ビジネス知識共有行動」と名付けた[1]。研究開発者による知識共有行動には，職場外から得た研究や技術シーズに関する新知識などを

共有する研究開発知識共有行動と職場外から得た自社製品やビジネスに関する新情報を共有するビジネス知識共有行動の2タイプが見出された。

(3) 本章で取り上げるHRMシステム

① 個別HRM施策をアンケート調査で測定する項目

個別HRM施策を測るアンケート項目もまた，すべて本研究プロジェクトにおいて新規に作成した。個別HRM施策項目はグローバル企業に所属する研究開発者が創造的成果をあげ，ひいては組織パフォーマンスを向上させるために必要な施策として案出され，本研究の個人調査研究グループでの検討を経て作成された。

個別HRM施策を案出するにあたっては，主に本研究グループによるインタビュー調査の記録（村上，2013）と日本企業で働く研究開発者のHRMに関する研究（石田，2002）を参考にした。この分析で使用した個別HRM施策は14項目で，その表記は**付表6-2**に記載したHRM1からHRM14の通りである。

まず，自分の仕事について，付表6-2に記載したHRM1からHRM3の性質が当てはまる程度を「該当しない=1」から「該当する=5」の5段階で評定するよう依頼した。次に，所属する企業において，HRM4からHRM14の状況がどの程度該当するかを「該当しない=1」から「該当する=5」の5段階で評定するよう依頼した。

② グローバル研究開発企業のHRM施策群

因子分析によって抽出された5つの因子にそれぞれ次のように名前を付けた。

●知識共有評価・奨励HRM施策群

第一因子には，チームメンバー同士の綿密な連携を重視する人事評価，社内研究開発者間の知識共有行動の奨励，チーム業績への個人貢献度を重視する人事評価などが特に強く寄与していた。

チーム内連携や知識共有行動が奨励され，チーム業績に貢献する研究開発者

を高く評価する組織環境では，研究開発者が情報共有をする機会が増加すると考えられるため，この因子を「知識共有評価・奨励 HRM 施策群」と名付けた。

●職務設計 HRM 施策群

　第二因子には，自分が担当している仕事は探索的であるという認識および創造性や新しいアイデアを要求されるという認識が特に強くこの因子に寄与していた。

　創造性とは，課題を解決するために有効であると認められる形で，従来にない新規のものや考え方を独自に生み出す能力とみなすことができる。創造性には課題解決のための手掛かりを広く探し求める能力を意味する拡散的創造性と集められた手掛かりを活用して創造的成果物にまとめあげる能力を意味する収束的創造性という2つの次元がある（義村，2014）。

　仕事によって，求められる創造性の内容や程度に違いがあると考えられる。課題解決のシーズを探し求める探索的な仕事に就いている人は拡散的創造性の発揮を求められるであろう。アイデアは課題解決の手掛かりを広く集めるときにも具体的な創造的成果物にまとめるときにも必要とされるため，自分でアイデアを出す必要がある仕事に就いている人は，拡散的創造性も収束的創造性もともに求められるであろう。

　このような仕事の内容の設定と従業員への割り当ての決定も HRM の一部である。組織目標達成のために遂行すべき職務内容を決めて担当者を選定し職務間の連携方法を定める HRM 施策を職務設計という。職務設計が知識共有に影響を与えることを示した先行研究（Andreeva & Sergeeva, 2016）がある。この研究では，本章と同様に担当職務の特性を尋ねる質問形式で職務設計が測定され，自律性の高い職務内容を構築する職務設計が中等教育の教員による知識共有行動を促進する効果が見出されている。同様に，探索力やアイデア創出力を要求するような職務設計が知識共有に影響を与える可能性がある。そこで第二因子を，担当者に探索力やアイデア創出力を要求する職務設計であるとみなし，「職務設計 HRM 施策群」と名付けた。

●多様性強化HRM施策群

　第三因子は研究開発領域の異なる人材を組み合わせた研究開発プロジェクトチーム編成や多様な国籍を持つ研究開発者で構成する研究開発プロジェクトチーム編成が特に強くこの因子に寄与していた。

　第三因子は主に国籍の多様性および研究領域の多様性を確保するチーム編成を意味しているため,「多様性強化HRM施策群」と名付けた。

●海外キャリア評価HRM施策群

　第四因子は日本人研究開発者の海外勤務経験や海外の人的ネットワーク活用を重視する人事評価によって特に強く構成されていた。これらの人事評価は日本人研究開発者による海外キャリアを重視しているため,第四因子は「海外キャリア評価HRM施策群」とした。

●グローバルスキル強化HRM施策群

　第五因子は研究開発者の海外勤務や留学制度あるいは海外勤務者を支援する語学や異文化理解の研修が特に強く関わっていた。海外勤務経験や海外留学経験が活用され,海外赴任者向けに語学や海外生活に関する研修が適切に実施されれば,研究開発者が海外との交流に必要なスキルを身に就けられるであろう。したがって,第五因子を「グローバルスキル強化HRM施策群」と名付けた。

3 検討のフレームワーク

　本章では,これまで述べてきたように,研究開発者による知識共有行動の頻度にHRM施策群が与える影響を分析する。**図表6-1**はその検討フレームワークを図示している。

　2つに分けた知識共有行動である研究開発知識共有行動とビジネス知識共有行動それぞれについて,HRM施策群がどのような影響を与えているかを探る。

　個人属性としては性別と年齢,仕事属性としては専門領域,管理職務の有無,

図表6-1　検討のフレームワーク

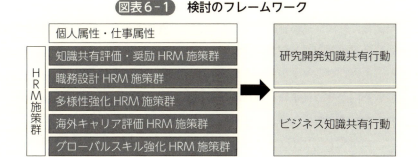

　所属企業の業種を，HRM施策群以外で研究開発者の知識共有行動に影響を与える変数として想定し，これらをのちに述べる重回帰分析のコントロール変数として投入する。

　その際，HRM施策群としては，知識共有評価・奨励HRM施策群，職務設計HRM施策群，多様性強化HRM施策群，海外キャリア評価HRM施策群，グローバルスキル強化HRM施策群を独立変数として投入する。

　5つのHRM施策群はいずれもビジネス知識共有行動と研究開発知識共有行動を促進するプラスの影響を示すと予想する。

　知識共有評価・奨励HRM施策群は職場で積極的に知識共有行動をとった研究開発者を高く評価し奨励するため，研究開発者による2つの知識共有行動を促進すると想定される。

　また，職務設計HRM施策群は創造性の発揮が要求される仕事を研究開発者に担当してもらうことによって，担当者が問題解決のヒントを得るためやアイデア創出のために自発的に職場の仲間と知識共有をすると考えられるので，2つの知識共有行動を促進すると想定される。

　多様性強化HRM施策群は国や研究領域の異なる研究開発者で構成されたプロジェクトチームが創造的成果を上げるためにはチームメンバー同士が知識を活発に交換・共有すると予想し，2つの知識共有行動を促進すると想定する。

　海外キャリア評価HRM施策群については少し説明が必要であろう。グローバル企業において海外勤務から帰任した人に着目して海外帰任者による知識提

供行動のプロセスモデルを考案した研究（Oddou et al., 2009）では，海外帰任者が帰国後に社内で高い地位に就いたり大きな責任を付与されると，知識を提供する行動が促進すると提案している。

また，本プロジェクトのインタビュー調査において，海外帰任者が必ずしも海外経験を活かせる仕事に帰任後就けているわけではないという現状を伺った。

これらを踏まえて，本章では海外経験を高く評価する人事評価が有効に機能すれば，海外帰任者が得た知識や海外との人的ネットワークを活かせるポジションを帰任後に与えられやすくなり，海外帰任者を中心として2つの知識共有行動が促進するのではないかと想定する。

グローバルスキル強化HRM施策群が機能して適切な研修によって言語レベルや異文化理解度が高くなれば，価値の高い知識や経験を習得できる。習得した知識が高いとき，知識を共有せず個人で保有していた方が個人の競争優位は保てるため，職場で知識共有行動するには何らかの動機づけがなされていると考えられる（Szulanski, 2000）。

その動機づけとして職場への信頼感を挙げている研究がある（Oddou et al., 2009）。言語力や異文化理解力向上に役立つ研修を受講できた人は企業や職場に信頼感や恩恵を感じ，知識提供行動をとるのではないかと考えられる。そのため，グローバルスキル強化HRM施策群が2つの知識共有行動を促進すると想定する。

4　分析結果

(1) 本章で扱う研究開発者データ

本章で分析する変数の平均値あるいは比率，標準偏差，変数間の相関を**図表6-2**に示した。年齢がグローバルスキル強化HRM施策群と正の相関を示し，年齢が高くなるにつれてグローバルスキル強化HRM施策が自社でより実行されていると認識している傾向が表れている。

年齢は研究開発知識共有行動およびビジネス知識共有行動とも正の相関があり，年齢が高くなるほど知識共有行動を実行する傾向が示された。年齢と知識共有行動に関するドイツの研究でも年齢が高くなると知識を提供する行動が増える傾向が明らかにされている（Burmeister et al., 2018）。

また，本章の研究開発者サンプルについて年齢と勤続年数の相関をみると相関係数0.90という値を示し，年齢が上がるにつれて現在所属している企業での勤続年数が長くなる関係が極めて強いことがわかる。

これらのことから，年齢の上昇に伴ってグローバルスキル強化HRM施策群が有効に機能していると認識されているのは，年齢とともに所属企業での勤続年数が長くなるため自分や同僚の海外研修や海外留学経験が多くなり，現在の所属企業でグローバルスキル強化HRM施策群を実際に体験する者が増えるためではないかと考えられる。

ビジネス知識共有行動が年齢とともに多くなるのは，勤続年数に加えて役職が関連していると思われる。実際に役職ごとの平均年齢をみると，役職無しと回答した人の平均年齢は35.0歳，係長・主任相当が39.6歳，課長相当が45.1歳，部長・次長相当が50.7歳であった。先にみたように年齢ととも勤続年数も長くなり，企業内での職位が上がって企業利益への責任が大きくなるため，企業経営に直結するビジネス知識を職場内で共有する行動が多くなると考えられる。

性別は男性であることが研究開発知識共有行動およびビジネス知識共有行動とも正の相関があり，男性による知識共有行動実行頻度が高い傾向が示された。

⑵ **研究開発者による知識共有行動**

知識共有行動について，個人属性・仕事特性の平均値に差異があるかを検定した。その結果を**図表6-3**に示している。

図表6-2の相関係数にも表れていたように，研究開発知識共有行動の頻度は男性に多かった。性別による知識共有行動の違いはのちに考察する。

職務の担当領域が基礎研究，応用研究，設計である回答者も研究開発知識共有行動の頻度が多く，開発担当者が研究開発知識共有行動をとる頻度は少な

図表6-2 記述統

	平均値	標準偏差	1	2	3	4	5
1. 年齢	39.6	8.229					
2. 性別[a]	1.15	0.353	−1.45***				
3. 担当業務:基礎研究[b]	0.21	0.409	−0.014	−0.126**			
4. 担当業務:応用研究[b]	0.55	0.498	0.020	−0.152***	0.178***		
5. 担当業務:開発[b]	0.56	0.496	0.021	0.102*	−0.229***	−0.467***	
6. 担当業務:設計[b]	0.11	0.314	−0.046	−0.017	−0.084*	−0.169***	0.057
7. 管理ダミー[b]	0.14	0.351	0.284***	0.010	−0.124**	−0.139***	0.116**
8. 自動車ダミー[b]	0.12	0.322	0.052	−0.080*	−0.177***	−0.375***	0.232***
9. 製薬ダミー[b]	0.38	0.487	−0.036	0.227***	−0.043	−0.342***	0.199***
10. 知識共有評価・奨励供HRM施策群[c]	0	0.807	0.047	−0.002	−0.063	−0.137***	0.120**
11. 職務設計HRM施策群[c]	0	0.891	−0.012	−0.065	0.220***	0.140***	−0.112**
12. 多様性強化HRM施策群[c]	0	0.970	−0.087*	0.086*	−0.123**	−0.219***	0.143***
13. 海外キャリア評価HRM施策群[c]	0	0.786	−0.041	0.112**	−0.026	−0.082*	0.047
14. グローバルスキル強化HRM施策群[c]	0	0.724	0.192***	−0.056	0.054	0.130**	−0.094*
15. 研究開発知識共有行動	3.58	1.026	0.086*	−0.118**	0.190***	0.120**	−0.117**
16. ビジネス知識共有行動	2.96	1.242	0.194***	−0.100*	−0.045	−0.046	0.078*

注:*p<0.05,**p<0.01,***p<0.001
N=633

a 男性=1,女性=2のダミー
b 該当=1,非該当=0のダミー変数
c 因子得点

第6章 グローバル企業の人的資源管理が研究開発者の知識共有行動に及ぼす影響　147

計と変数間の相関

6	7	8	9	10	11	12	13	14	15
−0.030									
0.232***	0.201***								
−0.050	0.075	−0.287***							
0.088*	0.127**	0.073	0.186***						
−0.056	−0.109**	−0.065	−0.098*	0.064					
0.108**	0.050	0.211***	0.156***	0.042	−0.015				
0.032	0.111**	0.081*	0.078	0.200***	−0.021	0.074			
0.095*	0.111**	0.015	−0.123**	0.162***	0.051	0.026	0.089*		
0.076	0.021	−0.108**	0.028	0.229***	0.286***	−0.045	0.033	0.162***	
0.077	0.159***	0.080*	−0.001	0.214***	0.125**	0.085*	0.065	0.126**	0.451***

図表6-3　知識共有行動に関する平均値の差の検定（t検定）

項目	区分	N	研究開発知識共有行動			ビジネス知識共有行動		
			平均	標準偏差	t値	平均	標準偏差	t値
性別	男	541	3.63	1	2.78**	3.01	1.22	2.36*
	女	92	3.29	1.1		2.66	1.34	
担当領域	基礎研究	134	3.96	0.84	4.85***	2.85	1.36	−1.06
	非基礎研究	499	3.48	1.05		2.99	1.21	
	応用研究	350	3.69	0.95	3.05**	2.91	1.28	−1.16
	非応用研究	283	3.45	1.1		3.02	1.2	
	開発	356	3.48	1.08	−2.96**	3.04	1.22	1.96+
	非開発	277	3.72	0.94		2.85	1.26	
	設計	70	3.8	0.86	2.24*	3.23	1.09	2.16*
	非設計	563	3.55	1.04		2.92	1.26	
管理業務	管理	91	3.63	1.23	0.515	3.44	1.25	3.97***
	非管理	542	3.57	0.99		2.88	1.22	
業種	自動車	74	3.28	1.21	−2.72**	3.23	1.06	2.28*
	非自動車	559	3.62	0.99		2.92	1.26	
	電機	316	3.63	0.98	1.06	2.90	1.30	−1.27
	非電機	317	3.54	1.07		3.02	1.18	
	製薬	243	3.62	1.01	0.71	2.96	1.21	−0.02
	非製薬	390	3.56	1.04		2.96	1.26	

+p＜0.1，*p＜0.05，**p＜0.01，***＜0.001
N＝633
a　男性＝1，女性＝2のダミー
b　該当＝1，非該当＝0のダミー変数

かった。担当領域が基礎に近い人は研究開発知識共有行動を多くとり，開発に近い人はビジネス知識共有行動を多くとることがわかる。

　勤務先企業の業種別にみると，自動車産業に所属する回答者が研究開発知識共有行動を実行する頻度が少なく，ビジネス知識共有行動を実行する頻度が多かった。ビジネス知識共有行動を実行する頻度も男性に多かった。また，ビジネス知識共有行動は仕事内容を反映して開発・設計担当者および管理業務を

担っている者に多くみられた。

　自動車産業に所属する回答者のうち担当領域が開発であると回答した割合は88％にのぼり，自動車産業以外に所属している回答者の開発割合52％に比べて際立って多かった[2]。自動車産業に所属する回答者は開発を担当領域とする割合が非常に大きいため，製品化知識などを意味するビジネス知識の共有行動頻度が多く，研究や技術のシーズや動向などを意味する研究開発知識共有行動頻度は少なかったと解釈できる。

(3) 知識共有行動に影響する個人属性，仕事属性，HRM

　知識共有行動を従属変数，HRM施策群を独立変数とする重回帰分析を行った[3]。図表6-4にその結果をまとめて示した。

　モデル1は研究開発知識共有行動を従属変数とした重回帰分析であり，モデル2はビジネス知識共有行動を従属変数とした重回帰分析である[4]。

① 個人属性および仕事属性が知識共有行動に及ぼす影響

　性別が研究開発知識共有行動およびビジネス知識共有行動に負の説明力を示した。これは，男性という性別が研究開発知識共有行動およびビジネス知識共有行動の実行頻度を増やす方向で説明力を持つことを表わしている。女性が研究開発知識共有行動およびビジネス知識共有行動をとる頻度が少ない傾向が示されたともいえる。

　本章の分析対象となった女性研究開発者は92名で，平均年齢が男性に比べてやや若く（男性平均年齢40.1歳，女性平均年齢36.7歳），開発を担当している割合が高く（男性54.2％，女性68.5％），製薬企業に勤務する割合が非常に大きい（男性33.8％，女性65.2％）。

　しかしながら，これらの変数は重回帰分析においてコントロール変数として影響を制御しているため，それでも女性が研究開発知識共有行動をとる頻度を少なくする方向で説明力を示した理由は他にあると考えられる。

　そこで，個人調査票において性別によって差がある回答を探したところ，「同

図表6-4　知識共有行動を従属変数とした重回帰分析

	モデル1	モデル2
	研究開発知識共有行動	ビジネス知識共有行動
コントロール係数		
年齢	0.053	0.15***
性別[a]	−0.079*	−0.084*
担当業務：基礎研究[b]	0.117**	−0.039
担当業務：応用研究[b]	0.063	−0.005
担当業務：開発[b]	−0.048	0.055
担当業務：設計[b]	0.113**	0.061
管理ダミー[b]	0.041	0.096*
自動車ダミー[b]	−0.076	−0.021
製薬ダミー[b]	0.062	−0.027
独立変数		
知識共有評価・奨励 HRM 施策群[c]	0.198***	0.161***
職務設計 HRM 施策群[c]	0.237***	0.136**
多様性強化 HRM 施策群[c]	−0.014	0.081*
海外キャリア評価 HRM 施策群[c]	0.007	0.029
グローバルスキル強化 HRM 施策群[c]	0.077*	0.043
F 値	10.705***	6.451***
調整済み R^2	0.177	0.108

*$p<0.05$, **$p<0.01$, ***$p<0.001$
N = 633
a 　男性 = 1，女性 = 2 のダミー
b 　該当 = 1，非該当 = 0 のダミー変数
c 　因子得点

じ専門分野の研究開発者の平均よりも優れた専門知識・技術を持っている」との認識が男性に比べて女性は低かった[5)]。

　優れた専門知識を保持していると自覚している人は知識共有行動を多くとる傾向があると指摘されている（Oddou et al., 2009）。女性研究開発者は男性研究開発者に比べて，優れた専門知識を保持しているという自覚が弱いため知識共有行動の頻度が少なかった可能性がある。

また，本書の第5章で詳述されているように，創造的行動を動機づける要因が性別によって異なるため，創造的行動に違いが生じるとの解釈もできる。

② HRM施策群が知識共有行動に及ぼす影響

研究知識共有行動あるいはビジネス知識共有行動を従属変数とする重回帰分析の結果，個人属性および仕事特性の説明力を制御した上で，知識共有機会提供HRM施策群，職務設計HRM施策群，多様性強化HRM施策群，グローバルスキル強化HRM施策群が統計的に有意なプラス方向の説明力を示した。

知識共有機会提供HRM施策群は研究開発知識共有行動にもビジネス知識共有行動にもプラスの説明力を示した。チームメンバー間の連携プロセスを重視する人事評価や知識共有の場を提供する施策はいずれの知識共有行動も促進する影響が示された。

職務設計HRM施策群も2つの知識共有行動にプラスの説明力を示した。研究開発者が自分の仕事について，探索的で自発的にアイデアを出すことが求められ，創造性の発揮が求められていると認識しているほど，研究知識共有行動およびビジネス知識共有行動の頻度が多くみられた。

多様性強化HRM施策群はビジネス知識共有行動のみに有意なプラスの説明力を示した。後述するように，国籍や研究領域の異なる人材の組み合わせを重視したプロジェクトチームの編成が研究開発知識共有行動を促進していなかったのは，基礎寄りの研究者は多様性の高いプロジェクトチームで仕事をすることが少ない現状を示していると考えられる。

また，国籍や研究領域の多様性が高いプロジェクトチームの編成がビジネス知識共有行動を促進していたのは，多様性がもたらす知識共有を阻害する要因を取り払い，促進する要因を増幅させる適切なリーダーシップが介在していたと考えられる。

海外キャリア評価HRM施策群は研究開発知識共有行動とビジネス知識共有行動の双方に有意な説明力を示さず，海外勤務などを経験し，グローバルな視野やネットワークを持つ研究開発者が高く評価される施策は知識共有行動を促

進する影響力を持つとはいえなかった。

　海外赴任経験の有無と海外キャリア評価HRM施策群をかけ合わせた合成変数を重回帰分析の独立変数に投入したところ，その説明力は有意ではなかった[6]。また，海外赴任経験ダミーと海外キャリア評価HRM施策群の相関係数は−0.09で，海外帰任者は自分の海外勤務経験を高く評価されているとは思っていないことがわかる[7]。

　これらの追加分析結果から，海外経験者が自分の海外経験を評価されていないと認識する傾向にあり，また，海外経験のない人は自分には関係のない施策であるため，海外キャリア評価HRM施策群は2つの知識共有行動に影響を及ぼさなかったと考えられる。

　グローバルスキル強化HRM施策群は研究開発知識共有行動にはプラスの説明力を示したが，ビジネス知識共有行動には有意な説明力を示さなかった。海外勤務を支援する語学研修や異文化理解講座あるいは海外留学制度は，研究開発上の知識共有行動を活発化させる働きがある一方で，ビジネス知識共有行動を活発化させる働きは示さなかった。

　本章では，海外経験によって得られるスキルに限定した指標を用いて知識共有行動への説明力を分析した。スキルの範囲を広げて，ビジネス研修など経営や製品化に関わるスキルを養成するHRM施策が指標に加えられていれば，ビジネス知識共有行動への説明力を示した可能性も考えられる。

5　本章で明らかになったこと

(1)　分析から得られた知見

　本章ではHRMを5つの施策群に束ね，グローバル企業に勤務する研究開発者による知識共有行動への影響を分析・検討した。

　その結果，個人属性や仕事属性の影響を制御した上で，研究開発知識とビジネス知識のいずれについても，社内での知識共有行動を促進するHRMが存

することがわかった。分析結果をまとめると，**図表6-5**のようになる。具体的には次のような知見が得られた。

第一に，知識共有評価・奨励HRM施策群（チーム業績重視の評価・報酬や社内研究発表会など）が研究開発知識共有行動およびビジネス知識共有行動を促進することがわかった。

研究開発チームにおいてチームメンバーによる知識共有行動を促進するには，チームメンバー間の連携やチーム業績への個人貢献を的確に評価して報酬を与えるHRM施策の実施が必要であることが示唆された。

また，予想されたとおりに，社内研究発表会などを定期的に開催して，新しい情報を共有する場を提供するHRM施策が研究開発者による知識共有行動を促進することが明らかになった。

第二に，職務設計HRM施策群（探索的で創造性を必要とする職務設計）が機能して，担当職務に創造性が高いと認識している研究開発者は知識共有行動を実行していることがわかった。

個別項目の回答状況をみると，「探索的な仕事である」に肯定的な回答が全体の64.7％，「創造性や新しいアイデアを要求される仕事である」に肯定的な回答が76.1％あった[8]。予想にたがわず研究開発者は創造性を要求される仕事に自分は就いていると認識している割合が大きかった。

第三に，多様性強化HRM施策群（異なる国籍や研究領域のメンバーによる

図表6-5　人的資源管理が研究開発者の知識共有行動に及ぼす影響

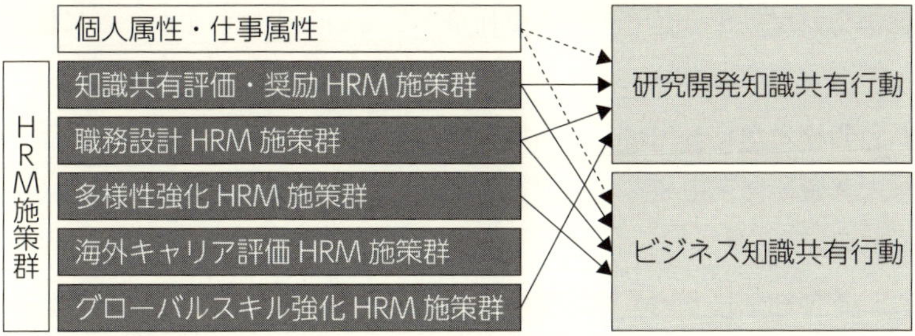

出所：筆者作成。

チーム編成）は，研究開発者によるビジネス知識共有行動に直接影響を及ぼしているものの，研究開発知識共有行動には影響力を示さなかった。

多様な国籍を持つメンバーで構成されたグローバルプロジェクトチームや異なる研究領域を持ったメンバーを集めたプロジェクトチームの編成は，ビジネスや自社製品に関する知識共有行動は促進するが，先端知識や研究・技術シーズの動向などに関する知識共有行動を促進していなかった。

多様性強化HRM施策群が研究開発知識共有行動を促進していないのは，研究開発知識共有行動には国籍や研究領域の多様性の必要度が低い可能性が指摘できる。

その理由は基礎研究の職務特性にあると解釈できる。基礎研究者は事実を突き詰めてメカニズムの解明や理論構築を目指し，対象を深く掘り下げて研究する。そのため，近似した領域の基礎研究者との知識共有が有効である。また，国籍の異なる基礎研究者との研究交流は日常的にあるが，その方途は学会発表への参加や学術論文の参照あるいは先端的研究者との個別交流であり，社内でプロジェクトチームを組む必要はあまりないと考えられる。

実際に多様性強化HRM施策群にもっとも大きく寄与している項目である「プロジェクトチームでは研究開発者の国籍を多様化する」について，基礎研究者と非基礎研究者の回答平均値を比べると，基礎研究者の平均値が明らかに低かった[9]。

また，基礎研究者がこの項目に肯定的な回答をした割合は合計11.2％であった[10]。研究開発知識共有行動を実行する主体である基礎研究者のなかで国籍の多様性が高いプロジェクトチームで仕事をしている人はわずか1割に留まっていた。

これらの結果からも国籍の多様性を確保したプロジェクトチームの編成以外の方策で基礎研究を中心とした研究者は研究開発知識共有行動をとっていると考えられる。

一方，多様性強化HRM施策群がビジネス知識共有行動を促進しているのは，グローバル企業の開発寄りの領域においては国籍や担当領域の多様性を確保し

たプロジェクトチームが編成され，かつ，適切なリーダーシップが発揮されているためではないかと考えられる。

第7章に詳述されるように，国籍の多様性は直接的に知識共有行動を増やすのではなく，間接的に知識共有行動に影響することがわかってきた。すなわち，国籍の違いによって拡大すると想定される研究についての考え方の多様性や仕事の進め方の多様性が知識共有行動を促進したり，反対に阻害するという。そして，情報共有へのネガティブな影響を減少させ，ポジティブな影響を増加する働きを特定のリーダーシップ行動がしているという（石川，本書7章）。

上記から，ビジネス寄りの研究開発を行っている職場では国籍や領域の多様性を確保したプロジェクトチームの中で生じる知識共有行動阻害要因をリーダーシップによって適切に低減するなどして，ビジネス知識共有行動の促進につなげていると考えられる。

第四に，海外キャリア評価HRM施策群（海外キャリアを重視した評価や報酬など）は知識共有行動を促進する影響を示さないことがわかった。海外経験や海外ネットワーク活用を重視して評価するだけでは，社内で知識共有を積極的に行う行動には結びついていなかった。

前述のように，海外キャリアを重視した人事評価が海外帰任者の知識提供行動に直結していないなどの解釈が可能であるが，海外帰任者に権限を付与する施策を尋ねていないため，理由は解明できていない。

第五に，グローバルスキル強化HRM施策群（海外勤務を支援する研修や海外留学制度など）は，研究開発者による研究開発知識共有行動を促進するが，ビジネス知識共有行動には直接影響を及ぼしていないことがわかった。

グローバルスキル強化HRM施策群によって海外研修や海外留学を経験して海外から獲得できる知識は，主に研究開発に関わる知識であるため，研究開発知識共有行動の促進につながった可能性が指摘できる。一方，ビジネス知識共有行動は海外知識やグローバルスキルの獲得のみによって促進されはしない状況が明らかになった。

⑵　実務上の含意

　性別や研究領域などの影響を制御した上でもなお，次のような HRM 施策群が研究開発者による研究開発知識共有行動およびビジネス知識共有行動を社内で促進するために有効といえる。

① 　研究開発知識共有行動を促進する HRM 施策
　第一に，知識共有を評価する HRM 施策の実施が推奨できる。具体的には，人事評価に際してチームメンバー同士が連携して細やかにコミュニケーションを取り合う過程を重視する，個人業績よりもチーム業績が報酬に反映するにしてもチーム業績への個人の貢献度は明確に評価する，研究開発者間で知識や技術を共有する行動を会社が奨励しているというメッセージを明確に伝えて研究発表会などを定期的に開催することが有効である。
　また，知識と知識を結び付けるために日常的に研究開発者たちが気軽な会話を楽しめるチャットスペースを職場内に設ける方策もある。
　第二には，研究開発知識共有行動を促進するためには，探索的でアイデア創出を必要とする創造的な仕事を研究開発者に与える職務設計の実施が有効といえる。探索的で創造的な内容の仕事は，創造的成果を上げるまでの道のりが長く，周りの人と知識共有する必要があることがわかる。
　いうまでもなく，研究開発者のすべての職務について創造性を一様に高めることが推奨されるわけではないが，創造性発揮が望ましいと判断できる職務においては職務設計によって創造性を発揮しやすくすることは可能であろう。
　研究開発者はそれぞれ異なる専門知識や仕事上の志向を持ち，しかも，同じ人の中でも時間とともに知識や志向は変化していく。研究開発知識共有行動を促進したい職場では，職務設計に当たって，一人ひとりの研究開発者に対応してどのような仕事内容であると創造性を発揮できるかを検討して仕事内容を決定し，各研究開発者に付与することが求められるであろう。
　創造的成果を上げるには試行錯誤が不可欠である（Robinson, 2017）。創造

性発揮が必要な仕事を見極めた上で，具体的には，新しい研究開発テーマを発見することを職務課題に含める，トライ＆エラーを許容して独自の発想力を主体的に示す研究開発者を重視した人事評価を実施する，すぐには使えないので無用にみえるアイデアを臆せずに出すことをむしろ創造性を発揮するプロセスとして歓迎するような開放的な組織文化を構築することが，仕事の創造性を高める方策として提案できる。

　第三には，グローバルスキルを養成する HRM も有効である。海外帰任者が海外経験で得た知識を持ち帰り，企業に効率よく移すことができれば，企業にとって大きな競争優位となりえる。しかしながら，海外帰任者へのインタビュー調査研究によれば，海外帰任者の知識をうまく組織内に移転できている企業は少ない (Oddou, Szkudlarek, Osland, Deller, Blakeney & Furuya, 2013)。海外帰任者による知識提供行動のプロセス解明を試みた研究 (Oddou et al., 2009) によれば，専門知識や人的ネットワークの質が高まると海外帰任者が海外で獲得した知識を職場に提供する行動が増えると理論上設定されている。研究開発者を対象とした海外派遣制度や留学制度を整備し，渡航前に語学や異文化理解に関する研修を実施することによって，海外経験者の数が増えるだけでなく，事前に適切な研修などの教育訓練を受けていると海外滞在中に経験しがちな言語や生活習慣の違いからくる支障を少なくでき，海外経験者は海外で高い専門知識の獲得や良好な人的ネットワークの構築がしやすくなるであろう。価値の高い知識を持ち帰った海外帰任者は事前研修や海外経験の機会を与えてくれた企業や職場に恩義や愛着を感じるため，知識提供へのモチベーションが高まり，海外帰任後に知識提供を多く実行するのではないかと考えられる。

② ビジネス知識共有行動を促進する HRM 施策

　ビジネス知識について知識共有行動を促進するには，研究開発知識共有行動と同様に，第一に探索的でアイデアを必要とする創造的な仕事を研究開発者に与える職務設計，第二に社内での知識共有機会を増やす HRM 施策の実施が望まれる。

付表6-1　知識共有行動の因子分析結果

測定項目	因子 1	因子 2
KSB1　職場外から得た知識共有：先端知識	0.782	0.201
KSB2　職場外から得た知識共有：研究・技術のシーズや動向	0.839	0.222
KSB3　職場外から得た知識共有：問題解決のための科学技術関係知識	0.629	0.304
KSB4　職場外から得た知識共有：ビジネス関係の知識・情報	0.235	0.661
KSB5　職場外から得た知識共有：自社製品の知識・情報	0.216	0.808

注：因子抽出法：最尤法
　　回転法：Kaiserの正規化を伴うバリマックス法
　　因子負荷量0.4以上の値を網掛け

　多様な国籍を持つメンバーで構成されたグローバルプロジェクトチームや異なる研究領域を持ったメンバーを集めたプロジェクトチームの編成は，ビジネスや自社製品に関する知識共有行動を促進していた。ここで留意したいのは，国籍や研究領域の多様なチーム編成をすれば必ずビジネス知識共有行動が促進されるわけではない点である。前述のように，国籍や研究領域の多様性が高いプロジェクトチームでは，研究や仕事の進め方に関する考え方がチームメンバーによって大きく異なり，それらの考え方の多様性が知識共有行動の促進要因にも阻害要因にもなり得る。したがって詳細は第7章で記述されるように，阻害要因を減退させて促進要因を増加させるリーダーシップの発揮が必須と考えられる。
　人は自身に内在する興味や関心によって動機づけられると創造性を発揮しやすい（Amabile, 1996）。一人ひとりの専門領域や関心の所在を見極めながら，上記のような職務設計，人事評価，報酬制度，キャリア開発ないしは教育訓練，

第6章 グローバル企業の人的資源管理が研究開発者の知識共有行動に及ぼす影響　159

付表6-2　HRM 施策の因子分析結果

	因子1	因子2	因子3	因子4	因子5
	知識共有機会・奨励 HRM 施策群	職務設計 HRM 施策群	多様性強化 HRM 施策群	海外キャリア評価 HRM 施策群	グローバルスキル強化 HRM 施策群
HRM1　仕事内容・仕事のやり方に自己裁量の余地がある	0.294	0.319	0.046	0.020	0.154
HRM2　探索的な仕事である	0.087	0.844	0.023	−0.031	0.011
HRM3　創造性や新しいアイデアを要求される仕事である	0.080	0.749	−0.009	0.066	0.124
HRM4　人事評価では，チームメンバーが互いに連携し合うプロセスが重視されている	0.605	0.071	0.189	0.197	0.073
HRM5　個人よりも所属チームのパフォーマンスが報酬に反映される	0.480	0.092	0.156	−0.002	−0.056
HRM6　チームの業績への個人の貢献度が人事評価では重視されている	0.540	0.074	0.020	0.099	0.173
HRM7　新しい知識や技術を社内研究開発者間で共有することが奨励されている	0.578	0.073	0.110	0.305	0.167
HRM8　研究開発の新規情報を共有するための社内研究発表会などが定期的に開催されている	0.420	0.075	0.041	0.200	0.309
HRM9　海外の人的ネットワークを仕事に活用することは高く評価される	0.380	−0.002	0.184	0.588	0.206
HRM10　海外勤務経験のある日本人研究開発者は高く評価されている	0.134	0.024	0.159	0.717	0.029
HRM11　海外勤務を支援する研修（語学・異文化理解等）が行われている	0.128	0.065	0.174	0.204	0.471
HRM12　研究開発者の海外派遣や留学制度がある	0.089	0.100	0.010	−0.023	0.632
HRM13　研究開発プロジェクトの編成において，研究領域の異なる人材の組み合わせを重視する	0.322	0.071	0.449	0.188	0.143
HRM14　プロジェクトチームでは研究開発者の国籍を多様化する	0.166	−0.025	0.943	0.198	0.087

注：因子抽出法：最尤法
　　回転法：Kaiser の正規化を伴うバリマックス法
　　因子負荷量0.4以上の値を網掛け

知識共有環境の整備を実践することによって，グローバル企業における研究開発者の知識共有行動を促進する可能性は高まるであろう。

▶注

1) 各因子の信頼性係数（Crombach'α）は第一因子が $\alpha = 0.828$，第二因子が $\alpha = 0.738$であった。
2) 平均値の差の検定（t検定）の結果，t値は-8.19　$p<0.000$で自動車産業サンプル（74名）の開発担当割合が非自動車産業サンプル（559名）に比べて有意に高い値を示した。
3) 独立変数であるHRM施策群には因子得点を用いた。
4) 重回帰分析においては，説明に用いる変数同士が著しく似ている状況を避けるため，多重共線性のチェックが必要となる。多重共線性を示す指標として，VIFを求めたところ，本章の重回帰分析におけるVIF最大値は，モデル1とモデル2ともに1.815であり，問題となる多重共線性は生じていないと判断した。
5) 男性平均は3.25，女性平均は2.62であった。t値は6.464　$p<0.000$であった。
6) 海外赴任経験者は105名で全体の16.6％であった。
7) 海外赴任経験ダミーと海外キャリア評価HRM施策群の相関は-0.09　$p<0.05$であった。
8) 肯定的な回答とは，「該当する＝5」の回答率と「やや該当する＝4」の回答率を合計して算出した。
9) 平均値の差の検定（t検定）の結果，t値は-3.341　$p<0.001$で基礎研究サンプル（134名）の平均値2.25が非基礎研究サンプル（499名）の平均値2.61に比べて有意に低い値を示した。
10) 基礎研究者サンプル（134名）は「プロジェクトチームでは研究開発者の国籍を多様化する」について7.5％が「該当する」，3.7％が「やや該当する」と回答した。

▶▶参考文献

石田英夫編［2002］『研究開発人材のマネジメント』慶応義塾大学出版会.
奥林康司・平野光俊・上林憲雄［2003］『入門　人的資源管理』中央経済社.
村上由紀子［2013］『多国籍企業における人材の国際移動によるイノベーション　2012年度　インタビュー録』2012年度科学研究費補助金　基盤研究(B)報告書（部内限）.

――――［2015］『人材の国際移動とイノベーション』NTT出版.

義村敦子［2014］「創造性概念と人的資限管理に関する考察」『成蹊大学経済学部論集』第45巻第2号，pp.99-100.

――――［2016］「知識共有が創造的成果に与える影響――研究開発者の知識共有への内発的モティベーションを主要概念とした分析」『成蹊大学経済学部論集』第47巻第2号，pp.149-162.

――――［2017］「人的資限管理システム研究の展望(1)」『成蹊大学経済学部論集』第48巻第2号刷，pp.121-130.

義村敦子・田中秀樹［2016］「研究開発者の知識共有行動を促進する要因に関する研究」『日本労務学会第46回全国大会研究報告論集』pp.91-98.

Alfe, K. [1993] "Why Incentive Plans Cannot Work." *Harvard Bussiness Review*, 71, 54-63.

Amabile T.M. [1996] *Creativity in Cotext*, Westview Press.

Amabile T.M., Conti R., Coon H., Lazenby J. & M. Herron. [1996] "Assessing the Work Environment for Creativity" *Academy of Management Journal*, 39, 1154-1184.

Andreeva & Sergeeva [2016] "The More the Better...or Is It? The Contradictory Effects of HR Practices on Knowledge-Sharing Motivation and Behavior." *Human Resource Management Journal*, 26, 151-171.

Appelbaum, E., Baily, Berg, P. & Kalleberg, A. [2000] *Manufacturing Advantage*, Cornell University Press.

Baard P.P., Deci E.L. & R.M. Ryan [2004] "Intrinsic Need Satisfaction: A Motivational Basis of Performance and Well-Being in Two Work Settings" *Journal of Applied Social Psychology*, 34, 2045-2068.

Burmeister, A., Fasbender, U. & Deller, J. [2018] "Being Perceived as a Knowledge Sender or Knowledge Receiver: A Multistudy Investigation of the Effect of Age on Knowledge Transfer" *Jounal of Occupational and Organizational Psychology*, 91, 518-545.

Chen, W., Hsu, B., Wang, M. & Lin, Y. [2011] "Fostering Knowledge Sharing through Human Resource Management in R&D Teams" *International Journal of Technology Management*, 53, 309-330.

Deci E.L. & R.M. Ryan [2000] "The "What" and "Why" of Goal Pursuits: Human Needs and the Self-Determination of Behavior, Psychological Inquiry" *An Inter-*

national Journal for the Advancement of Psychological Theory, 11, 227-268.

Deci E.L., Ryan R.M., Gagne M., Dean R.L., Julian U. & K.P. Boyanka, [2001] "Need Satisfaction, Motivation, and Well-Being in the Work Organizations of a Former Eastern Bloc Country: A Cross-Cultural Study of Self-Determination Study of Self-Determination" *Personality and Social Psychology Bulletin*, 27, 8 930-942.

Drucker, P. [1995] *Managing in a Time of Great Change*, Butterworth-Heinemann Ltd.

Dyer, L., & Holder, G.M. [1988] "Toward a Strategic Perspective of Human Resource Management" In L. Dyer (Ed.), *Human Resource Management: Evolving Roles and Responsivilities*. pp. 1-46, 1, Bureau of National Affairs.

Gagne. M. [2009] "A Model of Knowledge-Sharing Motivation" *Human Resource Management*, 48, 571-589.

Gagne M. & E.L. Deci [2005] "Self-Determination Theory and Work Motivation" *Journal of Organizational Behavior*, 26, 331-362.

Hackman, J.R. & Oldham, G.R. [1975] "Development of the Job Diagnostic Survey" *Journal of Applied Psychology*, 60, 159-170.

Ichniowski, C. [1990] "Human Resource Management Systems and the Performance of U.S. Manufacturing Business" *National Bureau of Economic Research, Working Paper* No. 3449.

Jiang, K., Lepak, D., Pepak, D.P., Hu, J. & Baer, J.C. [2012] "How Does Human Resource Management Influence Organizational Outcomes? A Meta-analytic Investigation of Mediating Mechanizms" *Academy of Management Journal*, 55, 1264-1294.

Lin H.F. [2007] "Effects of Extrinsic and Intrinsic Motivation on Employee Knowledge Sharing Intentions" *Journal of Information Science*, 33, 135-149.

Liu, N. & Liu, M. [2011] "Human Resource Practices and Individual Knowledge-Sharing Behavior-an Empirical Study for Taiwanese R&D Professionals" *The International Journal of Human Resource Management*, 22, 981.

Llopis O. & Foss, N.J. [2016] "Understanding the Climate-Knowledge Sharing Relation: The Moderating Roles of Intrinsic Motivation and Job Autonomy" *European Management Journal*, 34, 135-144.

MacDuffie, J.P. [1995] "Human Resource Bundles and Manufacturing Performance: Organizational Logic and Flexible Production Systems in the World Auto Industry" *Industrial and Labor Relations Review*, 48, 197-221.

Morgan, M. [1984] "Reward-Induced Decrements and Increments in Intrinsic Motivation" *Review of Educatilnal Research*, 54, 5-30.

Morgeson, F.P. & Humphrey, S.E. [2006] "The Work Design Questionnaire (WDQ): Developing and Validating a Comprehensive Measure for Assessing Job Design and the Nature of Work" *Journal of Applied Psychology*, 91, 1321-1339.

Morishima, M. [1996] "The Evolution of White-Collar Human Resource Management in Japan" *Advances in Industrial and Labor Relations*, 7, 145-176.

Oddou, G, Osland, J.S., & Blakeney, R.N. [2009] "Repatriating Knowledge: Variables Influencing the "Transfer Process"" *Journal of International Business Studies*, 40, 181-199.

Oddou, G., Szkudlarek, B., Osland, J. S., Deller, J., Blakeney. R., & Furuya, N. [2013] "Reptriates as a Source of Competitive Advantage: How to Manage Knowledge Transfer" *Orgnizational Dynamics*, 42, 257-266.

Robinson, S.K. [2017] *Out of Our Minds: The Power of Being Creative* 3rd ed., Capstone.

Schneider, B. [1987] "The People Make the Place" *Personnel Psychology*. 40, 437-453.

Scott, S.G. & Bruce, R.A. [1994] "Determinants of Innovative Behavior: A Path Model of Individual Innovation in Workplace" *Academy of Management Journal*, 37, 580-607.

Snell, S.A. [1992] "Control Theory in Strategic Human Resource Management: The Mediating Effect of Administrative Information" *Academy of Management Journal*, 35, 292-327.

Snell, S.A., & Dean, JR.J.W. [1992] "Integrated Manufacturing and Human Resource Management: A Human Capital Perspective" *Academy of Management Journal*, 35, 467-504.

Sonnenfeld, J.A. & Peiperl, M.A. [1988] "Staffing Policy as a Strategic Response: A Typology of Career Systems" *Academy of Management Review*, 13, 588-600.

Szulanski. G. [2000] "The Process of Knowledge Transfer: A Diachronic Analysis of Stickiness" *Organizational Behavior and Human Decision Processes*, 82, 9-27.

Takeuchi, R., Lepac, D., Heli, W. & Takeuchi, K. [2007] "An Empirical Examination of the Mechanisms Mediating between High-Performance Work Systems and the Performance of Japanese Organizations" *Journal of Applied Psychology*, 92, 1069-1083.

Wallas, G. [1926] *The Art of Thought,* London, Jonathan Cape.

Walton, R.E. [1985] "Toward a Strategy of Elicting Employee Commitment Based on Policies of Mutuality" In R.E. Walton & P.R. Lawrence (Eds.), *HRM Trends and Challenges*: 35-65, Boston, Harvard Business School Press.

第7章

研究開発チームの多様性と創造的成果の関係

▶分析のねらい
研究開発チームのメンバーの多様性が，チームの創造的成果にどのような影響を及ぼすのか，そのメカニズムを明らかにする。

▶分析で明らかになったこと
多様性の種類によってチームの創造的成果への影響が異なることが分かった。また，多様性の影響が，チームの創造的成果に対して，ポジティブな影響もネガティブな影響も及ぼしていることが分かった。さらに，GK型リーダーシップがポジティブな影響を強め，ネガティブな影響を弱めることが分かった。

▶実務へのヒント
創造的なチーム成果をあげるためには，技術志向の多様性や多重思考の多様性などポジティブな効果が得られる多様性を高めることが必要である。加えて，チーム・リーダーのGK型リーダーシップを育成することが必要となる。

[石川 淳]

1 研究開発チームと多様性

　企業において，研究開発のグローバル化を進めることの必要性が主張される理由は，主として2つある。1つは，研究開発を進める上で，様々な国のニーズやシーズを取り込むことが必要になるからである。グローバルに製品を販売していくためには，製品開発の段階から各国の市場ニーズをくみ取りながら進めていく必要がある。また，国によって得意な技術分野が異なる。このため，製品の技術的優位を確保するためには，各国の得意な技術を持ち寄って製品を開発することが必要となる。

　もう1つの理由は，多様なメンバーによる創造的な研究成果を期待するためである。一般に，多様なメンバーから構成されるチームは，同一的なメンバーによるチームよりも創造性が高いと考えられている。日本企業の多くは，これまで同一的なメンバーによって製品開発を行ってきた。これが，創造的な製品開発を妨げているという反省から，多くの日本企業が研究開発チームの多様性を高めることを重視しているのである。

　本章では，上記2つの理由のうち，後者の理由に焦点を当てる。なぜなら，各国の市場ニーズや技術シーズを取り込むことがいかに重要か，とか，そのために何が必要か，といった点については，他の章で言及しているからである。また，多様性に焦点を当てた研究はこれまで多く行われてきたが，意外にも，研究開発チームに焦点を当てた研究は非常に少ない。このため，本章において，研究開発チームの多様性と創造的な成果の関係を明らかにすることができれば，実務的にも学術的にも大きな意義をもたらす。

　なお，先述したとおり，一般には，多様性がチームの創造性を高めると考えられている。しかし，先行研究の結果は必ずしも楽観的ではない。確かに多様性がチームの創造的成果をもたらすことを示した研究もある。しかし，多様性がチームの成果そのものを阻害する結果を示している研究も多く存在する。というよりも，そのような研究の方が圧倒的に多い。

なぜ，研究によって，このように結果が異なるのであろうか。その最大の原因は，多様性とチーム成果を結びつけるメカニズムが明らかにされていないからである。もちろん，明らかにしようとしている研究も一部にはあるが，その数は少なく，しかもそのメカニズムを実証的に明らかにした研究は非常に少ない。加えて，研究開発チームを対象とした研究がほとんど無いため，研究開発プロセスに特有な要因を考慮した研究は皆無と言える。

そこで，本章では，研究開発チームのメンバーの多様性が，チームの創造的成果にどのような影響を及ぼすのか，そのメカニズムも含めて実証的に明らかにする。多様性のチーム成果への影響が一定しないということは，恐らく，ポジティブな影響もネガティブな影響も両方存在する，ということであろう。多様性の両方の影響がどのようなメカニズムで研究開発チームの創造的成果に影響を及ぼすのかを本章では明らかにする。加えて，ポジティブな影響を強めたり，ネガティブな影響を抑えたりする要因が何なのかも明らかにする。この要因を明らかにすることができれば，多様性を創造的成果につなげるマネジメントを検討する上でも大いに役に立つと考えられる。

なお，本章では，考え方や価値観などの多様性に焦点を当て，研究開発チームの創造的成果との関係を明らかにする。グローバル化が進めば多様性は進む。その場合の多様性は，直接的には国籍の多様性である。しかし，国籍そのものの違いがチームに影響を及ぼすとは考えづらい。国籍が異なることによって，価値観や考え方，保持している情報が異なり，その違いがチームに様々な影響を及ぼすのである。そこで，本章では，国籍そのものではなく，その根底にある考え方や価値観に焦点を当てる。本章で検証に用いるサンプルは，日本の研究開発者である。しかし，日本人であっても，人によって考え方や価値観は異なる。そのような相違がチームの創造的成果にどのように影響を及ぼすのか，そのメカニズムを明らかにすることができれば，グローバル化によって多様化したチームのマネジメントを考える上でも重要な示唆を得ることができると考えられる。

2 多様性の分類

　一口に多様性と言っても，国籍，性別，年齢など様々な種類の多様性がある。そこで，本節では，多様性の分類に関する先行研究をレビューした上で，本章で用いる新たな分類の枠組みを提示する。

(1) 先行研究による多様性の分類

　多様性研究は，当初，性別や年齢などといった個人特性の多様性に注目して始まった。それは，初期の多様性研究が最も多く行われたのが欧米であることに起因している。欧米の企業では，様々な年齢や人種の従業員を組織内に抱えていた。また，男女均等雇用に関する法整備も早かった。このため，これらの個人特性において多様な人々が職場におり，これらの多様性に対するマネジメントが，現場において重要な課題だったのである。

　その後，在籍年数や学歴，職能分野などの多様性にも焦点を当てられるようになってきた。性別や年齢などといったその人個人に属する多様性だけでなく，職務に直接関わる要因についての多様性も，職務遂行プロセスや職場の成果に重要な影響を及ぼすことが指摘され始めたからである。

　最近では，これに加えて，価値観や考え方，もっている情報などにも焦点を当てる研究が増えてきた。これまでの研究が，性別や人種，学歴，職能分野といった表面的でわかりやすい要因に着目していたのに対して，人間の内面にも焦点を当てるようになったのである。職務遂行プロセスや職場の成果に直接影響を及ぼすのは人間の行動であり，その人間の行動に影響を及ぼすのは，価値観や考え方などといった人間の内面にあるものだからである。

　こうして，今日の研究では，様々な多様性を扱うようになっている。一方で，これらの多様性を整理する考え方も出てきている。その1つが，関係志向多様性とタスク志向多様性に分けて整理する，という考え方である。関係志向多様性とは，年齢や性別，性格，価値観などのように，人間関係に影響を及ぼす要

因に関する多様性である。一方のタスク志向多様性は、専門分野や仕事内容、仕事経験など、仕事に関連したスキルや能力に影響を及ぼす要因に関する多様性である。

もう1つが、表層的多様性と深層的多様性に分けて整理する、という考え方である。表層的多様性とは、年齢や性別、国籍、人種など、デモグラフィックな特徴についての多様性である。これに対して深層的多様性とは、組織メンバー間の価値観や考え方など心理的な特性の多様性である。

(2) 新しい分類の提示

このように、多様性の研究の多くは、これまで多様性を"関係志向多様性―タスク志向多様性"という軸か、もしくは"表層的多様性―深層的多様性"という軸で整理してきた。それぞれの研究は、どちらかの軸だけに焦点を当て、両多様性の効果にどのような共通性と違いがあるのかを明らかにしようとしてきたのである。

しかし、よく考えてみると、この2つの軸はそれぞれが独立であると考えられる。"関係志向多様性―タスク志向多様性"という軸は、当該要因が仕事に関連しているかどうかで多様性を分類している。仕事に関係しているのがタスク志向多様性で、関係していないのが関係志向多様性である。これに対して"表層的多様性―深層的多様性"という軸は、当該要因が人間の表面的なものであるか内面的なものであるかで多様性を分類している。前者が表層的多様性であり、後者が深層的多様性である。

このように考えると、例えば、性別や年齢などは、関係志向多様性に分類されると同時に表層的多様性にも分類される。一方で、性格や価値観などは、関係志向多様性に分類されるものの、表層的多様性ではなく深層的多様性に分類される。

2つの軸をそれぞれ独立ととらえ、両軸を直交して分類したものが**図表7-1**である。第1象限が、表層的関係志向多様性である。ここには、外面的で仕事に直接関連しない多様性が分類される。具体的には、年齢、性別、人種、国

図表7-1　多様性の新しい分類

籍などが含まれる。第2象限が，表層的タスク志向多様性である。ここには，外面的で仕事に直接関連した多様性が分類される。具体的には，学歴や在職期間，担当している職務などが含まれる。第3象限は，深層的タスク志向多様性である。ここには，内面的で仕事に関連した多様性が分類される。職務態度や職務遂行能力，スキル，職務に関連した知識・情報などである。そして最後の第4象限は，深層的関係志向多様性である。ここには，内面的で仕事に直接関連しない多様性が分類される。価値観や性格，物事のとらえ方などが含まれる。

　このように分類してみると，初期の多様性研究が表層的関係志向多様性を主として取り扱ってきたことがわかる。グローバル化の際に問題となる国籍の多様性も，表層的関係志向多様性の1つと言える。しかし，先述したとおり，国籍の違いそのものが，直接，人間の行動に影響を及ぼすとは考えづらい。人間の行動に直接影響を及ぼすのは，国籍といった表層的な違いよりも考え方や保持している情報といった深層的な違いである。したがって，グローバル化の影

響を検討する際にも，国籍の多様性だけにとどまらず，その根底にある深層的多様性に焦点を当てる必要がある。

3 多様性と成果の関係

多様性が注目されるのは，多様性のあり方が，チームの成果に影響を及ぼすからである。このため，様々な多様性と成果の関係を明らかにした研究が行われてきた。そこで，以下では，先行研究において成果との関係がどのように明らかにされてきたのかを，前節で示した多様性の4つの分類に従って明らかにすると同時に，残された課題を示すこととする。

(1) それぞれの多様性と成果の関係

表層的関係志向多様性は，最も古くから着目されてきた多様性で，初期はそのネガティブな影響をどのように抑えるかに焦点が当てられていた。つまり，表層的関係志向多様性が成果にネガティブな影響を及ぼすことが前提で研究が行われてきたのである。実際に，初期の研究のほとんどは，表層的関係志向多様性が成果にネガティブな影響を及ぼすことを示していた。

しかし，最近になって，表層的関係志向多様性が成果にポジティブな影響を及ぼすことを示す研究も見られるようになった。つまり，表層的関係志向多様性の成果に対する影響については，その影響が一貫していないのである。

一方，表層的タスク志向多様性に関する研究の多くは，成果に対してポジティブな影響を及ぼすことを示している。例えば，トップ・マネジメント・チームの職能分野の多様性が高いと，よりイノベーティブであったり（Bantel & Jackson, 1989），クリアな戦略をだすことができたり（Bantel, 1993），競合による脅威に積極的に対応することができたりする（Hambrick et al., 1996）ことが明らかになっている。様々な職能分野の人が集まることで，様々な情報がチームに集約されると同時に，様々な視点から議論が行われるため，イノベーティブであったり，機敏に対応したりすることができるのであろう。

上記の表層的多様性に比べて，深層的多様性に関する研究の数は少ない。その中で，いくつかの研究は，深層的関係志向多様性の成果に対する影響が場合によって異なることを指摘している。

　さらに，深層的タスク志向多様性については，その影響を実証した研究はほとんど見られない。職務態度や能力，知識・情報を直接測定するのが難しいことが原因であろう。その中で，例外的に，職務満足や組織コミットメントの多様性がチーム凝集性にネガティブな影響を及ぼすことが明らかにされている（Harrison et al., 1998）。チーム凝集性とは，チーム・メンバーがチームに魅力を感じ，チームとしてまとまりを見せている状態である。メンバー間の職務満足や組織コミットメントにバラツキが多いと，チームとしての一体感を感じづらく，結果的にチーム凝集性が低くなってしまうのであろう。

　このように，表層的多様性については多くの先行研究が行われているのに対して，深層的多様性については，先行研究の数が少なく，特に，深層的タスク志向多様性については，実証的に検証している研究はほとんど見られないのが現状である。

⑵　モデレータ要因

　多様性と成果の関係を明らかにするためには，モデレータ要因にも着目する必要がある。モデレータ要因とは，ある要因の影響力を強めたり弱めたりする要因である。例えば，成果主義型賃金制度の導入を考えてみよう。通常，成果主義型賃金制度を導入すると，年功的制度に比べ従業員のモチベーションは上昇する。しかし，その影響は，従業員の自己効力感（仕事を達成することについての自信）によって異なる。自己効力感が高い従業員は，成果主義賃金制度が導入されれば，仕事に対するモチベーションを高めるであろう。成果を上げる自信があるので，高い賃金を得る期待が高まり，モチベーションを上げるのである。逆に自己効力感が低い従業員は，それほどモチベーションを上げることができないばかりか，時には，モチベーションを下げてしまうかも知れない。この場合，従業員の自己効力感が，成果主義賃金制度の効果に対するモデレー

タ要因となる。

　多様性の研究で取り上げられているモデレータ要因は，組織文化（Gonzalez & DeNisi, 2009；Jehn & Bezrukova, 2004）や職務の相互独立性（Joshi & Roh, 2009；Van der Vegt & Janssen, 2003）などである。チームに多様性を許容する組織文化や人間志向的組織文化がある場合，多様性のネガティブな影響が緩和されたり，ときにはポジティブな影響に変化したりする。チーム内に多様性を認める文化がある場合，異なること自体がそれほど不快に感じられず，人間関係の軋轢につながらないのであろう。また，職務の独立性が高い場合，多様性のネガティブな影響が抑制され，ポジティブな影響が促進される傾向にある。相互に独立性が高く接触度合いが少ないと，相互の違いが不快に感じられづらいのであろう。このため，異なる他のメンバーと冷静に客観的に接することができるようになる。これにより，新しい視点や考え方が相互に共有され，創造性が促進されると考えられる。

　多様性研究においてモデレータ要因を明らかにすることは，学術的だけでなく実務的にも重要である。なぜなら，モデレータ要因は多様性の影響を強めたり弱めたりするからである。多様性からの恩恵を享受するためには，多様性によるネガティブな効果を弱め，ポジティブな効果を最大限に引き出すモデレータ要因を促進するマネジメントを行っていく必要がある。

⑶　残された課題

　これまで見てきたとおり，多様性に関して多くの研究が行われ，様々な知見が見出されてきた。しかし，一方で，課題として残されていることもある。

　第一の課題は，多様性のポジティブな影響とネガティブな影響を1つのモデルにまとめた実証研究が少ないことである。多くの研究は，多様性のポジティブな影響もしくはネガティブな影響にのみ焦点を当て，両方の影響を同時に扱っていない。しかし，先行研究が示すとおり，多様性にはポジティブな側面もあればネガティブな側面もある。したがって，両方の影響を検証する必要がある。

第二の課題が，深層的タスク志向多様性に焦点を当てた実証研究がほとんどない点である。仕事に対する考え方・取り組み方や価値観の多様性は，成果に重要な影響を及ぼすと考えられる。このため，最近，いくつかの理論研究がその重要性を指摘している。それにも関わらず，深層的タスク多様性の影響を検証している研究は，Harrison et al. (1998) を除いてほとんど見られない。また，Harrison et al. (1998) も，ネガティブな影響については検証を行っているものの，ポジティブな影響については確認することができていない。したがって，深層的タスク多様性について，ポジティブな影響も含めた検証を行うことが求められる。

　第三の課題は，モデレータ要因としてリーダーシップに言及した研究が非常に少ないことである。おそらく，職場で適切なリーダーシップが発揮されれば，多様性のネガティブな影響が抑えられポジティブな影響が引き出される。なぜなら，適切なリーダーシップが発揮されれば，メンバー間に目標達成のために協力関係を構築したいという気持ちが強くなるからである。このため，相互の違いによって人間関係が阻害されることなく，むしろメンバー同士で連携・協力していこうとするため成果が高まると考えられる。リーダーシップに焦点を当てた研究はいくつか見られるものの（Mohammed & Nadkarni, 2011；Shin et al., 2012），その数は少なく，十分な知見が得られているとは言えない。

　第四の課題は，研究開発チームに焦点を当てた研究がほとんどない点である。近年，研究開発チームの多様性を高めることの重要性が指摘されるようになってきた。研究開発チームのように，成果を高めるために創造性が重要な役割を果たす場合，多様性が求められると考えられているからである。それにもかかわらず，研究開発チームを対象とした多様性研究はほとんど行われていない。このため，研究開発に特有の要因に言及することができていないのである。

4　本章で取り上げるモデル

　前節で示した残された課題を解決するために，本章では，研究開発チームに

特化し，なおかつ多様性の影響のメカニズムを明らかにするために，重要な媒介要因とモデレータ要因を組み込んだモデルを構築することとする。以下では，本章のモデルで扱う多様性，成果，媒介要因，モデレータ要因について詳述する。

(1) 本章で取り上げる多様性

本章では，これまでほとんど実証が行われてこなかった深層的タスク多様性に焦点を当てる。また，その中でも，研究開発チームにおいて重要な影響を及ぼすと考えられる3つの多様性に焦点を当てる。

1つ目は研究志向の多様性である。研究を行う際に，何を重視するのかは，研究のやり方や相互の連携の仕方に重要な影響を及ぼすからである。

本章では，研究志向のうち，技術志向に関する多様性（以降，技術志向多様性）と市場志向に対する多様性（以降，市場志向多様性）を取り上げる。研究開発チームにおいて創造的成果を発揮するためには，全てのメンバーが，技術志向も市場志向も高いレベルを維持していることが理想である。しかし，技術志向と市場志向では必要な情報や思考プロセスが異なる。このため，両志向とも強い人はそれほど多くなく，多くの人は，研究志向が強かったり市場志向が強かったりと，どちらかの志向が強くなる。このため，チーム・メンバーの構成によって，チーム内の多様性が異なることになり，その多様性の度合いが，創造的研究成果に重要な影響を及ぼすと考えられる。

2つ目は，モチベーションの源泉の多様性である。モチベーションの源泉がメンバー間で異なることでチームとしての一体感が感じづらくなる可能性がある。一方で，モチベーションの源泉が異なることが，良い意味で相互の刺激になる可能性もある。このため，モチベーションの源泉の多様性は，チームの創造的成果に重要な影響を及ぼすと考えられる。

なお，モチベーションの源泉は，大きく外的報酬と内的報酬に分かれる。外的報酬とは，賃金や昇進，表彰など，自分以外の外部から与えられる報酬である。これに対して内的報酬とは，達成感や自己効力感など，自分自身で感じる

報酬である。どちらの報酬が源泉となっているのかで，行動や成果に違いがあることが先行研究で指摘されている（Amabile, 1996；Oldham & Cummings, 1996；石川, 2000）。このため，本章では，モチベーションの源泉に関する多様性として，内的報酬に対する多様性（以降，内的報酬多様性）と外的報酬に対する多様性（以降，外的報酬多様性）を取り上げ，成果との関係を明らかにすることとする。

3つ目が，研究の進め方である。研究の進め方の多様性も，メンバー間の連携・協力のあり方やチーム成果に重要な影響を及ぼす。ここでは，特に重要な影響を及ぼすと考えられる時間感覚の多様性（以降，時間感覚多様性）と多重思考の多様性（以降，多重思考多様性）を取り上げる。時間感覚は，何事も早め早めに計画的に行うか，締め切りぎりぎりになって一気にやってしまうかである。一方の多重思考は，一度に色々なことを考え同時並行的に行動を起こすのか，それとも1つだけのことに思考と行動を集中するのかである。いずれも，チーム内で多様性が高いと連携・協力が難しくなる可能性がある。しかし，メンバー間の違いがチームに様々な視点や考え方をもたらす可能性もある。

⑵ 本章で取り上げる成果

本章では，多様性が影響を及ぼす成果として，チームの創造的成果に焦点を当てる。単なる成果ではなく，創造的成果に焦点を当てたのは，これまで多様性と創造性の関係に着目した研究がほとんど行われてこなかったからである。また，研究開発チームにとって，とりわけ創造性が重要だからである。本章では，先行研究でほとんど焦点が当てられてこなかった研究開発チームに焦点を当てている。このため，単なるチーム成果ではなく，チームの創造的成果に着目することとする。

⑶ 本章で取り上げる媒介要因

媒介要因とは，文字通り，ある要因の影響力を媒介する要因である。例えば，リーダーシップのチーム成果に対する影響を考えてみよう。一般に，優れた

リーダーシップはチームの成果を上げることが知られている。しかし、リーダーシップそのものがチーム成果を上げるのではなく、チーム・メンバーのモチベーションを高めたり能力を高めたりすることで、結果的にチーム成果が上がるのだと思われる。この場合、チーム・メンバーのモチベーションや能力が、リーダーシップの影響力の媒介要因となる。

　これまでの研究において、多様性がポジティブな影響もネガティブな影響も示してきたのは、多様性がポジティブな要因とネガティブな要因の双方に影響し、これらの要因を媒介して成果に影響を及ぼしていたからだと考えられる。このため、本章では、両方の媒介要因を明らかにし、どのようなメカニズムで多様性がポジティブおよびネガティブな影響を成果に及ぼしているのかを明らかにする。

　本章では、ポジティブな媒介要因として情報共有化と創造的チーム効力感を取り上げる。情報共有化とは、チーム内で情報が共有されている度合いである。メンバーの多様性が高まることで、チーム内に多様な情報がもたらされることになる。それらの情報が共有化されると、メンバーのそれぞれが多様な情報を用いたり組み合わせたりすることで新しいアイデアを得ることができるようになる。

　また、創造的チーム効力感とは、チームの創造的能力に関して、チーム・メンバー間に共有された信念である（Bandura, 1997；Ford, 1996；Shin & Zhou, 2007）。分かりやすく言えば、チームの創造的な能力に対してメンバーが感じている心からの自信である。多様なメンバーが集まり多様な情報が集まると、チームとしての創造性に自信が深まる。つまり、創造的チーム効力感が高まる。この効力感が高まると、新しい知識を生み出すための困難に直面しても、その困難を克服する自信ができるため、粘り強く取り組むことができる。

　一方のネガティブな媒介要因として、コンフリクトを取り上げる。価値観や考え方が異なる人たちが集まると、新しい発想が生まれる可能性が高まると同時に、人間関係のもつれや感情的な対立によるコンフリクトが生じる可能性も高まる。人間は、本質的には、自分の価値観や考え方と異なる人を忌避する傾

向にあるからである（Byrne, 1971）。このため，多様性が高まることでチーム内にコンフリクトが生じ，これが成果にネガティブな影響を及ぼす可能性がある。

(4) 本章で取り上げるモデレータ要因

　本章では，モデレータ要因としてリーダーシップに着目する。なぜなら，リーダーシップは，チームのプロセスに最も重要な影響を及ぼす要因の1つだからである（Cohen & Bailey, 1997 ; Hackman & Walton, 1986 ; Kozlowski et al., 1996）。

　なお，本章で取り上げるリーダーシップは，GK型リーダーシップである。GK型リーダーシップとは，ゲートキーパーの役割を担うことにより，チーム内外の情報交流のハブとなると同時に，チーム内外の調整を行うリーダーシップである（Ishikawa, 2007 ; Ishikawa, 2012a）。ゲートキーパーとは，組織の内部および外部のどちらにおいてもコミュニケーションを積極的に行うことができ，かつ，チーム内外でコミュニケーション・ネットワークのハブの役割を果たす人のことである。

　研究成果を高めるためには，組織外部の専門的な技術情報と組織内部の経営戦略や他部門の情報の双方が必要となる。しかし，組織内部と外部ではコンテクストが異なるため，通常，双方のコミュニケーションを積極的に行うことが難しい。ゲートキーパーは，どちらのコミュニケーションも積極的に行えるだけでなく，他のメンバー間の情報のやりとりの連携・調整役も担うことができるのである。

　多くの先行研究において，ゲートキーパーがチーム内外のコミュニケーションや研究開発チームの成果に重要な影響を及ぼすことが明らかにされている（Allen, 1977 ; Katz & Tushman, 1979 ; Tushman, 1977 ; Tushman & Katz, 1980）。また，チーム・リーダーがゲートキーパーを担う場合，すなわちGK型リーダーシップが発揮された場合，研究開発チームのコミュニケーション，チーム効力感，チーム成果などが向上することが先行研究で明らかにされてい

る（Hirst & Mann, 2004；Ishikawa, 2012b；Kim & Min, 1999)。このため GK 型リーダーシップは，多様性のポジティブな影響を強め，ネガティブな影響を弱める可能性がある。

(5) フレームワーク図

これまで述べてきた要因間の関係を図示したものが**図表7-2**である。本章では，多様性として，研究志向の多様性，モチベーションの源泉の多様性，研究の進め方の多様性を取り上げ，これらがチームの創造的成果にどのような影響を及ぼすのかを明らかにする。

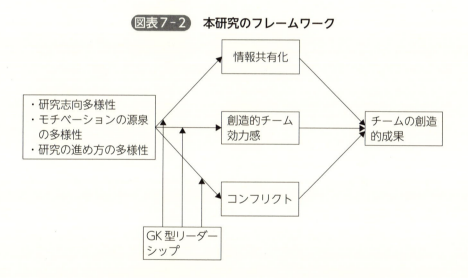

図表7-2 本研究のフレームワーク

また，これらの多様性を媒介する要因として，情報共有化と創造的チーム効力感，コンフリクトを取り上げる。前2者はポジティブな影響を，後者はネガティブな影響を及ぼすことを想定している。

さらに，リーダーシップが多様性の影響をモデレートする要因としてGK型リーダーシップを取り上げる。GK型リーダーシップは，多様性のポジティブな影響を強め，なおかつ，ネガティブな影響を弱めることが想定されている。

5 分析

(1) 調査方法

　図表7-2のフレームワークを検証するために，大手の製薬，エレクトロニクス，自動車メーカー7社に所属する研究開発チーム85を対象に，チームに所属するメンバー419人（有効回収率73.0％）と各チームのリーダー85人（有効回収率68.0％）に対して質問紙調査を行った。チーム・メンバーに対して，メンバー自身の属性（年齢，勤続年数，性別，所属チームの人数），研究志向性，モチベーションの源泉，時間感覚，多重思考の度合いについて質問を行った。これに加えてチーム・メンバーには，チーム全体の状況についても質問を行った。具体的には，チームの情報共有度合い，創造的チーム効力感，チーム・コンフリクト，チーム・リーダーのリーダーシップである。また，チーム・リーダーには，チームの創造的成果について質問を行った。調査票の配布・回収は，各社の研究開発責任者を経由して行った。

　チーム・メンバーの平均年齢は38.2歳で，平均勤続年数が12.0年，86.0％が男性である。また，1チームに所属するメンバーの平均数は4.9人である。

(2) 測定尺度

　各研究者の研究志向のうち，新しい技術への志向（以後，技術志向）と市場ニーズへの志向（以後，市場志向）は，それぞれ調査票4-Q8の1.と4.の項目で測定した。また，モチベーションの源泉については，内的報酬および外的報酬をそれぞれ調査票4-Q9の1.と2.の項目および3.～5.の項目で測定している。さらに，時間感覚と多重思考の傾向（以下，多重思考）については，それぞれ調査票4-Q10の1.～3.の項目と4.と5.の項目で測定している。

　これらの質問項目については，いずれも5点尺度で質問している。質問項目

が1項目だけの要因については，質問項目の回答結果を，その要因に対する当該回答者の値とした。一方，質問項目が複数設定されている要因については，複数の質問項目の回答結果の平均値を，その要因の当該回答者の値とした[1]。

なお，これらの質問項目に対する結果は，いずれも回答者本人の値である。例えば，時間感覚であれば，回答者本人の時間感覚である。

チームの多様性のレベルの値を出すためには，チーム内の各メンバーの値にどの程度バラツキがあるかを算出する必要がある。例えば，技術志向であれば，どの程度，チーム・メンバー間で技術志向の値にバラツキがあるかどうかである。このようなバラツキを算出するために，先行研究に倣って変動係数を用い，これをチームの多様性の指標とした。具体的には，上記各項目について，チームごとに回答者の値の標準偏差と平均値を算出し，標準偏差を平均値で割った値を，そのチームの多様性の指標として用いることとした[2]。

次に，媒介要因とモデレータ要因は，いずれも以下の質問項目で測定した。情報共有化は調査票4-Q1の1.～3.，創造的チーム効力感は調査票4-Q2の1.～3.，コンフリクトは調査票4-Q3の1.～4.，GK型リーダーシップは調査票4-Q6の1.～5.である。

これらの質問項目についても，いずれも5点尺度で質問している。また，いずれについても，複数の質問項目の回答結果の平均値を，その要因の当該回答者の値とした[3]。

なお，これらの質問項目は，各チームの状態やリーダーのリーダーシップに対する質問である。ただし，それぞれの回答者に質問をしているため，各回答者から得られた値はその回答者個人の認識に過ぎない。これをチームやリーダーシップの客観的な状態に近づけるためにチームのメンバーの平均値を各要因の指標とした。具体的には，上記各項目について，チームごとに回答者の値の平均値を算出し，当該平均値をそれぞれのチームの状態もしくはリーダーシップを示す指標として用いることとした。

最後に，チームの創造的成果である。これは，チーム・リーダーに調査票5-Q8の1.～8.の各項目に回答してもらい，その平均値を各チームの創造

的成果を示す指標として用いた[4]。

コントロール変数としては,チーム・メンバーの平均年齢,性別およびチームのメンバー数を用いることとした[5]。これらの変数は,媒介要因である情報共有化,創造的チーム効力感,コンフリクトに加えて成果要因である創造的成果にも影響を及ぼすと考えられるからである。

(3) 分析結果

① 変数の記述統計

本章の分析で用いる各変数(=各指標)の平均値と標準偏差,および変数間の相関係数を示したものが**図表7-3**である[6]。なお,表中で＊が1つないし2つ付いている相関係数については,当該変数間に統計的に有意な相関があることを示している。また,符号が無い場合は正の相関,マイナスの符号がある場合は負の相関であることを示している。

図表7-3 記述統計

		平均値	標準偏差	1	2	3	4
1	メンバー平均年齢	38.20	4.89				
2	メンバー性別(ダミー)	0.14	0.22	−0.03			
3	メンバー数	4.94	2.75	−0.09	−0.07		
4	多様性:技術志向	0.21	0.12	−0.21	0.28**	0.20	
5	多様性:市場志向	0.19	0.11	0.00	−0.01	0.28**	−0.07
6	多様性:内的報酬	0.20	0.12	−0.03	0.21	0.25*	0.15
7	多様性:外的報酬	0.20	0.11	0.12	0.03	0.13	−0.02
8	多様性:時間感覚	0.26	0.13	−0.18	−0.03	0.10	−0.08
9	多様性:多重思考	0.33	0.17	0.04	0.19	0.12	0.08
10	情報共有化	3.98	0.54	0.06	0.24*	−0.14	0.33**
11	創造的チーム効力感	3.61	0.59	0.17	−0.05	0.01	0.29**
12	コンフリクト	2.05	0.48	0.08	−0.15	0.05	−0.11
13	リーダーシップ	3.90	0.56	0.06	0.11	0.09	0.20
14	創造的成果	3.48	0.67	0.02	0.07	0.16	0.14

*$p<0.05$, **$p<0.01$

図表7-3をみてみると，平均年齢はいずれの変数とも有意な相関を示していない。一方，メンバーの性別と技術志向多様性および情報共有化の間に有意な正の相関が見られる。なお，性別については，男性を1，女性を0の数値に置き換えて（ダミー変数化）分析を行っている。これらの結果は，男性の割合が多いチームの方が技術志向多様性が高く，かつ，情報共有化の程度も高いことを示している。また，チームのメンバー数と市場志向多様性および内的報酬多様性の間にも正の有意な相関が見られる。これらのことは，チームのメンバー数が多い方が，チームの市場志向多様性や内的報酬多様性が高いことを示している。

　次に，多様性を見てみると，技術志向多様性は，情報共有化および創造的チーム効力感との間に有意な正の相関相関を示している。これに対して市場志向多様性は，内的報酬多様性と有意な正の相関を示しているものの，情報共有化および創造的チーム効力感とは有意な負の相関を示している。加えて市場志

と変数間の相関行列

5	6	7	8	9	10	11	12	13
0.35**								
0.05	0.13							
0.16	0.15	0.14						
−0.10	0.11	0.04	−0.24*					
−0.27*	−0.13	−0.02	−0.45**	0.33**				
−0.32**	−0.16	−0.03	−0.41**	0.42**	0.64**			
0.02	0.02	0.37**	0.29**	−0.15	−0.42**	−0.30**		
−0.17	−0.10	−0.16	−0.19	0.12	0.34**	0.43**	−0.26*	
−0.22*	−0.17	0.09	−0.37**	0.35**	0.50**	0.50**	−0.39**	0.13

向多様性は，創造的成果とも有意な負の相関を示している。同じ研究志向に関する多様性でも，志向対象によって他の要因との関係が異なるようである。

モチベーションの源泉については，内的報酬多様性が市場志向多様性を除いてどの変数とも有意な相関を示しておらず，外的報酬多様性がコンフリクトとの有意な正の相関を示していた。外的報酬多様性がチーム内のコンフリクトを高める可能性が高い。

時間感覚多様性については，多重志向多様性と有意な負の相関を示している。これに加えて情報共有化および創造的チーム効力感と有意な負の相関を示し，コンフリクトと有意な正の相関を示している。さらに創造的成果と有意な負の相関を示している。これとは逆に，多重志向多様性については，情報共有化および創造的チーム効力感と有意な正の相関を示している。また，創造的成果とは有意な正の相関を示している。これらのことから，時間感覚多様性はチームにネガティブな効果を，逆に，多重志向多様性はチームにポジティブな効果をもたらすことが推察される。

次に，媒介要因を見てみると，情報共有化および創造的チーム効力感が創造的成果と有意な正の相関を示し，コンフリクトが有意な負の相関を示している。予想通り前2者は創造的成果にポジティブな影響を及ぼし，後者はネガティブな影響を及ぼす可能性が高い。

最後に，モデレータ要因であるリーダーシップについて見てみると，媒介要因である情報共有化および創造的チーム効力感と有意な正の相関を示し，コンフリクトと有意な負の相関を示している。また，創造的成果との間には，有意な相関を示していない。

② 多様性と媒介要因との関係の検証

それぞれの多様性が媒介要因にどのような影響を及ぼすのかを明らかにするために，多様性を独立変数，媒介要因を従属変数とした重回帰分析を行った。重回帰分析は，独立変数間の影響を排除した上でそれぞれの独立変数と従属変数の間の関係を示すことができる。例えば，A，B，Cをそれぞれ独立変数，

Xを従属変数とした場合，BおよびCのAとの関係を排除した上でAとXの関係だけを示すことができる。もちろん，BとYおよびCとYの関係も同様である。このため，独立変数が複数ある場合の分析に適しているのである。

図表7-4のモデル1は，媒介要因のうち情報共有化を従属変数とした重回帰分析の結果である。図表中で＊が1つないし2つ付いている標準偏回帰係数については，当該独立変数が従属変数に統計的に有意な影響を及ぼしていることを示している。

技術志向多様性と多重思考多様性が有意な正の影響を及ぼし，時間感覚多様性が有意な負の影響を及ぼしている。技術志向が多様化すると，メンバー間で保持している技術に関する情報が異なってくる。このため，メンバーが相互に

図表7-4 媒介要因を従属変数とした重回帰分析

	モデル1 情報共有化	モデル2 創造的チーム効力感	モデル3 コンフリクト
コントロール変数			
メンバー平均年齢	0.04	0.18	0.08
メンバー性別（ダミー）	0.12	−0.19*	−0.12
メンバー数	−0.12	0.01	0.01
独立変数			
多様性：技術志向	0.30**	0.33**	−0.03
多様性：市場志向	−0.11	−0.19	−0.05
多様性：内的報酬	−0.12	−0.11	−0.01
多様性：外的報酬	0.05	0.00	0.34**
多様性：時間感覚	−0.33**	−0.22*	0.24*
多様性：多重思考	0.22*	0.36**	−0.09
R^2	0.41	0.45	0.24
自由度調整済み R^2	0.34	0.39	0.15
F	5.70**	6.94**	0.26*

N＝85
*$p<0.05$, **$p<0.01$
注：表中には標準偏回帰係数を示している。

情報共有の必要性を感じ，積極的にコミュニケーションをとるようになる。同様に，多重思考の程度に差がある人たちが同じチームとして集まると，保持している情報や思考の方法が異なるため，情報共有のためにコミュニケーションをとるようになる。このため，技術志向多様性と時間感覚多様性が情報共有化にポジティブな影響を及ぼすのであろう。一方，時間感覚が異なると，仕事を進めるスピードがメンバー間で異なるようになる。仕事のスピードが異なると，相互に相手方の仕事のやり方に対する鬱憤がたまるようになり，相手に対する思いやりが薄れ，かえって情報共有が疎かになる。このため，時間感覚多様性が情報共有化にネガティブな影響を及ぼすと考えられる。

　図表7-4のモデル2は，媒介要因のうちの創造的チーム効力感を従属変数とした重回帰分析の結果である。情報共有化の場合と同様に，技術志向多様性と多重思考多様性が有意な正の影響を及ぼし，時間感覚の多様性が有意な負の影響を及ぼしている。技術志向多様性が高い場合，メンバー間で保持している情報が異なるため，異なる情報を持ち寄って議論することでより洗練され専門性が高い議論を行うことができる。また，多重思考多様性が高い場合，研究の進め方に対するメンバー間の考え方が異なる。このため，様々な視点からの議論がなされるため，同様に議論の高度化がなされると考えられる。このようなチームに対してメンバーは，その創造的能力に自信を深めるのであろう。一方，時間感覚が異なると，相互の配慮や敬意が欠けるようになり，チームとしての一体感も薄れ，チームの創造的能力に対する自信も低下してしまう。このため，技術志向多様性と多重志向多様性は創造的チーム効力感を促進し，時間感覚多様性は阻害すると考えられる。

　図表7-4のモデル3は，媒介要因のうちのコンフリクトを従属変数とした重回帰分析の結果である。外的報酬多様性と時間感覚多様性が有意な正の影響を及ぼしており，いずれの変数も有意な負の影響を及ぼしていなかった。多重思考多様性が高まると，仕事の進め方のペースの違いが大きくなり，そのことについてのいらいらがメンバー内に鬱積する。このことが，連携・協力を阻むだけでなく，メンバー間のコンフリクトに発展すると考えられる。また，外的

報酬を望む程度がメンバー間で大きく異なると,価値観の相違による亀裂がメンバー間に入ってしまうと考えられる。このような亀裂がコンフリクトに発展するのであろう。このため,外的報酬多様性と時間感覚多様性がコンフリクトを促進すると考えられる。

③ 媒介要因と創造的成果との関係の検証

媒介要因とチームの創造的成果の関係を明らかにするために,媒介要因を独立変数,チームの創造的成果を従属変数とした重回帰分析を行った。その結果が**図表7-5**である。図表7-4と同様に,図表中で＊が1つないし2つ付いている標準偏回帰係数については,当該独立変数が従属変数に統計的に有意な影響を及ぼしていることを示している。

予想通り,情報共有化と創造的チーム効力感が有意な正の影響を及ぼし,コンフリクトが有意な負の影響を及ぼしている。

図表7-5　創造的成果を従属変数とした重回帰分析

	創造的成果
コントロール変数	
メンバー平均年齢	−0.01
メンバー性別（ダミー）	0.01
メンバー数	0.21
独立変数	
情報共有	0.26*
創造的チーム効力感	0.28*
コンフリクト	−0.20*
R^2	0.38
自由度調整済み R^2	0.33
F	7.98**

N=85
*$p<0.05$, **$p<0.01$
注：表中には標準偏回帰係数を示している。

これらのことから，情報共有化と創造的チーム効力感は，チームの創造的成果を促進すると考えられる。メンバー間の情報共有化が進み，なおかつメンバーのチームの創造性に対する自信が深まると，様々な情報を新しい方法で組み合わせたり，また，既存の情報を新しい視点で捉え直してみたりすることで新しい知識が生み出され，それがあたらしい技術や製品の創出につながると考えられる。このため，チームの創造的成果が高まるのであろう。

　一方で，コンフリクトはチームの創造的成果を阻害する。チーム内でコンフリクトが生じれば，成果を高めるために必要な連携や協力も行われなくなる。また，新しい視点や考え方を認めようという寛容さも失われることになる。このため，創造的成果が低下することになると考えられる。

④　リーダーシップのモデレート効果の検証

　リーダーシップのモデレート効果を確認するために，多様性を独立変数，媒介要因を従属変数としたモデルに，リーダーシップと多様性の交差項を投入した重回帰分析を行った。これまでと同様に，図表中で＊が1つないし2つ付いている標準偏回帰係数については，当該独立変数が従属変数に統計的に有意な影響を及ぼしていることを示している。また，独立変数の中で「技術志向多様性×リーダーシップ」などと示されている変数は，それぞれの多様性とリーダーシップの交差項である。交差項に統計的な有意差が出ている場合，当該多様性に対するリーダーシップのモデレート効果があると解釈できる。

　図表7-6のモデル1は，情報共有化を従属変数とした重回帰分析の結果である。技術志向多様性が有意な正の影響を及ぼし，時間感覚多様性が有意な負の影響を及ぼしている。これに加えて，リーダーシップが有意な正の影響を及ぼしている。このことから，リーダーシップは直接的に情報共有化にポジティブな影響を及ぼすと考えられる。このことは，GK型リーダーシップがコミュニケーションを促進することを示した先行研究の結果とも整合性がある。

　一方，図表7-4のモデル1で有意な正の影響を及ぼしていた多重思考多様性は有意な影響を示しておらず，多重思考多様性とリーダーシップの交差項が

図表7-6　媒介要因を従属変数とした重回帰分析

	モデル1 情報共有化	モデル2 創造的チーム効力感	モデル3 コンフリクト
コントロール変数			
メンバー平均年齢	0.00	0.16	0.14
メンバー性別（ダミー）	0.09	−0.20*	−0.14
メンバー数	−0.19	−0.08	0.02
独立変数			
多様性：技術志向	0.25*	0.27**	−0.02
多様性：市場志向	0.01	−0.08	−0.10
多様性：内的報酬	−0.10	−0.03	−0.04
多様性：外的報酬	0.03	−0.01	0.35**
多様性：時間感覚	−0.23*	−0.16	0.19
多様性：多重思考	0.17	0.25**	−0.04
モデレータ変数			
リーダーシップ	0.37**	0.49**	−0.32*
交差項			
多様性：技術志向×リーダーシップ	0.09	0.00	0.08
多様性：市場志向×リーダーシップ	−0.04	−0.09	−0.21
多様性：内的報酬×リーダーシップ	0.16	0.30**	−0.05
多様性：外的報酬×リーダーシップ	−0.03	−0.02	0.11
多様性：時間感覚×リーダーシップ	−0.04	−0.14	0.17
多様性：多重思考×リーダーシップ	0.28*	0.12	−0.20
R^2	0.51	0.59	0.37
自由度調整済み R^2	0.39	0.50	0.22
F	4.38**	6.20**	2.49**

N＝85
*p＜0.05，**p＜0.01
注：表中には標準偏回帰係数を示している。

有意な正の影響を及ぼしている。このことは，多重思考多様性は，単体では情報共有化に有意な影響を及ぼさず，リーダーがGK型リーダーシップを発揮して初めてポジティブな影響を及ぼすことを示している。単に，思考方法が多様

であるだけでは，情報の共有化までは進まないのだろう。GK型リーダーシップのような情報を促進するリーダーシップが発揮されると，メンバーは様々な情報をとり入れることの重要性に気づき，自分とは異なる思考方法を行うメンバーの情報も共有しようとするようになると考えられる。

図表7-6のモデル2は，創造的チーム効力感を従属変数とした重回帰分析の結果である。図表7-4のモデル2の場合と同様に，技術志向多様性と多重思考多様性が有意な正の影響を及ぼしている。また，図表7-6のモデル1と同様に，GK型リーダーシップが有意な正の影響を示している（$r=0.49, p<0.01$）。

一方で，図表7-4のモデル2で有意な負の影響を及ぼしていた時間感覚多様性については，リーダーシップとの交差項で有意な影響を示していない（$r=-0.14$, n.s.）。加えて，時間感覚多様性そのものの標準偏回帰係数も-0.22から-0.16に上がっており，統計的に有意でなくなっている。これらのことから，GK型リーダーシップが発揮されると，時間感覚多様性のネガティブな影響が弱まると考えられる。GK型リーダーシップによってチーム内でコミュニケーションが頻繁に行われるようになると，時間感覚の相違による感情的な対立が和らぐのであろう。

これに加えて，内的報酬多様性とリーダーシップの交差項が有意な正の影響を及ぼしている。このことは，内的報酬多様性単体では創造的チーム効力感に影響を及ぼさないが，職場でGK型リーダーシップが発揮されると，ポジティブな影響を及ぼすようになることを示している。GK型リーダーシップが発揮されると，内的報酬重視の度合いが異なることによる価値観の相違を人間関係のいざこざに発展させず，それぞれの研究開発へのプロセスに対する考え方の違いとして大事にしながら研究開発を進めるようになる。このために，様々な視点からの議論がなされ，結果として創造的チーム効力感を向上させるのであろう。

図表7-6のモデル3は，コンフリクトを従属変数とした重回帰分析の結果である。図表7-4のモデル3と同様に，外的報酬多様性が有意な正の影響を及ぼしている（$r=0.35, p<0.01$）。また，GK型リーダーシップが有意な負の

影響を及ぼしている（r＝－0.32, p＜0.05）。GK型リーダーシップは，メンバー間のコミュニケーションを促進することで，チーム内のコンフリクトを抑制すると考えられる。

　一方で，図表7-4のモデル3で有意な正の影響を及ぼしていた時間感覚多様性については，リーダーシップの交差項で有意性を示していない。加えて，時間感覚多様性そのものの標準偏回帰係数も0.24から0.19に下がっており，なおかつ有意性を示していない。これらのことから，GK型リーダーシップが発揮されると，時間感覚多様性のコンフリクトを促進する力が弱まると考えられる。GK型リーダーシップによってコミュニケーションが活性化されると，相互の考え方の違いなどに対する理解が進む。このため，仕事の進めるペースの違いによるいらいらが緩和される可能性が高い。

6 結論と示唆

(1) 本章における知見

　本章から，主として3つの知見が得られた。第一に，多様性の種類によってチームの創造的成果への影響が異なることが分かった。一般には，多様性は創造的な成果を生み出すと考えられている。一方で，先行研究は，多様性がポジティブな結果を生み出すことを示したものとネガティブな結果を生み出すものに分かれていた。本章での分析結果から，多様性の全てがポジティブであったりネガティブであったりするのではなく，種類によって異なることが明らかになったのである。具体的には，技術志向多様性や多重思考多様性はポジティブな影響を及ぼすのに対して，時間感覚多様性や外的報酬多様性はネガティブな影響を及ぼすことが分かった。

　第二に，多様性の影響が，情報共有化，創造的チーム効力感，コンフリクトを通じてチームの創造的成果に影響を及ぼしていることが分かった。これらの関係を図にしたものが**図表7-7**である。図表中の実線はポジティブな影響を

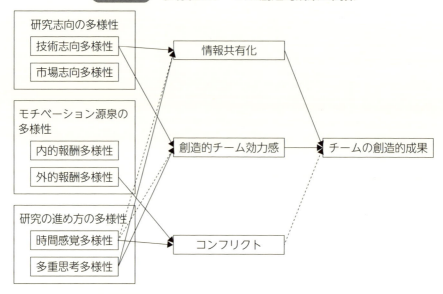

図表7-7　多様性とチームの創造的成果と関係

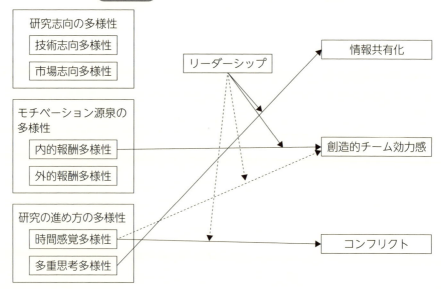

図表7-8　リーダーシップのモデレート効果

示しており，点線はネガティブな影響を示している。

　技術志向多様性と多重思考多様性は，情報共有化と創造的チーム効力感を高めることで，チームの創造的成果を高める影響を及ぼしていた。一方で，時間感覚多様性と外的報酬多様性は，コンフリクトを高めることでチームの創造的成果を低下させる影響を及ぼしていた。加えて，時間感覚多様性は，情報共有化と創造的チーム効力感を下げることでも，創造的成果を低下させる影響を及ぼしていた。

　第三に，多様性の影響はモデレータ要因の影響を受けることが分かった。GK型リーダーシップのモデレート効果だけを図にしたものが**図表7-8**である。なお，図表7-7と同様に，ポジティブな効果を実線，ネガティブな効果を点線で示している。

　図表からも分かるとおり，GK型リーダーシップは，多重思考多様性の情報共有化に対するポジティブな効果を強める。また，内的報酬多様性の創造的チーム効力感に対するポジティブな効果も強める。一方で，時間感覚多様性の創造的チーム効力感へのネガティブな効果と，コンフリクトへのポジティブな効果を弱める。これらのことは，チームでGK型リーダーシップが発揮されると，創造的成果に対するポジティブな効果が強められ，ネガティブな効果が弱められることを示している。

　もちろんGK型リーダーシップは万能ではない。GK型リーダーシップが発揮されていても，強まらないポジティブな影響はあるし，消えないネガティブな影響もある。しかし，一部のポジティブな影響はさらに強まり，また，ネガティブな影響の中にはGK型リーダーシップによって回避されるものもある。このように考えると，多様性の強みを生かすためには，職場においてGK型リーダーシップが発揮されることが望ましいと言えよう。

(2)　実務への提言

　チームの創造的成果を高めるためには，チームの多様性を高めることが重要である。これまで，多くの日本企業において，チームや職場の多様性の低さが

指摘されてきた。しかし，それを実証的に裏付ける根拠はほとんど無かった。これに対して，本章では，チームの多様性が創造的成果につながることを実証的に明らかにすることができた。

ただし，単に多様性を高めれば，創造的な成果が得られるという単純な話ではない。本章でも明らかになったように，多様性の種類によっては，かえって創造的成果にネガティブな効果をもたらす場合もある。したがって，多様性を高めようとする場合は，まず，何の多様性を高めようとしているのか，また，その多様性を高めることで，本当に創造的成果につながるのかを検討する必要がある。

通常，グローバル化の促進というと，国籍の多様性を思い浮かべる。しかし，国籍の違いそのものが成果に影響を及ぼすわけではない。国籍が異なることで，各メンバーが保持している情報が違ったり考え方が違ったりする。このことが，チーム内での議論をより洗練させ高度化させることで，創造的な成果につながるのである。

しかし一方で，そのような違いが感情的な対立によるコンフリクトを生み出すことで，かえって創造的成果を妨げる可能性もある。したがって，グローバル化によって，実際に何が多様化しているのかを明らかにし，創造的成果にポジティブな多様性を促進する一方で，ネガティブな多様性の影響をなるべく低減することが必要となる。

本章では，技術志向多様性や多重思考多様性が創造的成果にポジティブな影響を及ぼすことが明らかになった。様々な国籍の人が集まることで，これらの多様性が高まるのであれば，そのようなグローバル化は促進していく必要がある。一方で，本章の分析から，外的報酬多様性や時間感覚多様性がネガティブな影響を及ぼすことも明らかになっている。チームや職場がグローバル化することで，これらの多様性も高まるようであれば，これらについては，適切に対応していくことが必要となる。特に，国籍や文化が異なることで，外的報酬に対する考え方や時間感覚は大きく異なる。このため，グローバル化した研究開発プロセスでは，このような違いにいかに対応していくかが重要なポイントと

第7章　研究開発チームの多様性と創造的成果の関係　　195

なる。

　解決策の1つがリーダーシップである。特に GK 型リーダーシップは，ポジティブな影響を促進し，ネガティブな影響を抑える効果があることが明らかになった。加えて，GK 型リーダーシップには直接効果も見られた。つまり，GK 型リーダーシップそのものがチームの創造的成果を高めるのである。実際に他の先行研究も，GK 型リーダーシップが，研究開発の成果にポジティブな影響を及ぼすことを明らかにしている。したがって，研究開発チームを率いる GK 型リーダーシップを育成していくことは，重要な対策の1つになるだろう。

　GK 型リーダーシップの育成方法については，まだ，研究の蓄積が不十分である。このため，具体的にどのような方法が求められるのかをここで詳細に言及することはできない。しかし，GK 型リーダーシップは，コミュニケーション・スターである。したがって，コミュニケーションの重要性を理解し，コミュニケーション・スキルの上達を促す訓練は有効であろう。また，日頃から，OJT によってコミュニケーション・スキルを育成することも必要となる。なお，GK 型リーダーシップの発揮には，組織内外のコンテクストを両方理解することが求められる。このため，若いうちから外部の学会で専門家と切磋琢磨する機会を提供したり，逆に，組織内部の部門を越えたプロジェクトに参加することで専門外の他の従業員と協働する場を提供したりすることも，GK 型リーダーシップの育成に大きな効果をもつと思われる。

　一方で，GK 型リーダーシップは重要な解決方法の1つではあるが，全てを解決することができる万能薬ではない。実際に，本章の分析においても，GK 型リーダーシップは，外的報酬の多様性によるネガティブな効果を低減する効果はもっていなかった。このため，他の対策も必要になる。

　他の対策として最も重要なのは，グローバル・マインドの育成であろう。グローバル・マインドとは，違いを理解し，違うことをポジティブにとらえようとする精神である。多様性が持つネガティブな影響を恐れるあまり，多様性を低減するように働きかけてしまえば，多様性から得られるポジティブな影響まで失ってしまう。したがって，多様性による違いを埋めるよりも，違いを違い

として受け止め，それによってウチとソトという狭い考え方に陥らず，むしろ違いを楽しみ，違いから新しい知識を生み出そうとするマインドを育成することが必要となる。そのために，グローバル・マインドを育成する研修は重要である。

しかし，研修以上にグローバル・マインドの育成のために重要となるのは，実際のグローバルな現場での経験であろう。何事においても，実際の経験に勝るものはない。若いうちにグローバルな現場を経験することが，グローバル・マインドの涵養に大きく役立つと考えられる。多様性からネガティブな影響を排除し，ポジティブな影響を享受するためには，若い研究開発者にそのような機会を多く与えることが必要になるだろう。

▶注
1) 例えば，Aという回答者に「研究開発活動においては最先端技術を追求すべきだ」という質問に回答してもらったら，当該回答結果をAの回答者の市場志向の値とし，Aという回答者に「現在担当している仕事が好きである」という質問と「現在担当している仕事を続けていきたい」という質問に回答してもらったら，両回答結果の平均値をAの回答者の内的報酬の値とする，ということである。

なお，複数の質問項目で測定している要因については，複数の質問項目の平均値をその要因の測定値とすることについての信頼性があるかどうかを確認するために α を計算している。その結果，α は，いずれも0.78から0.84の間に収まった。このことから，これらの質問項目には信頼性が担保されていると言える。

2) 例えば，Xというチームに3人のメンバーがいたとしよう。3人のメンバーの「研究開発活動においては最先端技術を追求すべきだ」という質問に対する回答が，それぞれ3，4，4であったとする。この場合，チームの平均値は3.67であり標準偏差は0.47である。したがって，このチームの市場志向の多様性の値は，0.47/3.67＝0.13ということになる。

3) これらの質問項目についても，信頼性を確認するために α を計算している。その結果，α は，いずれも0.72から0.91の間に収まった。このことから，これらの質問項目にも信頼性が担保されていると言える。

4) α は0.82であり，信頼性が担保されていると言える。

5) これらのコントロール変数に加えて，チーム・メンバーの平均の勤続年数も重

要な影響を及ぼすと考えられる。しかし，チーム・メンバーの平均年齢と非常に高い相関（r＝0.78, p＜0.01）を示したため，本章での分析からは外すこととした。

6） 統計的分析では，各指標を変数として扱う。このため，これ以降は"変数"という概念を用いて扱う。

▶▶ 参考文献

石川淳［2000］「基礎研究者と開発研究者の業績向上要因—態度と情報の分析を中心として」『日本労務学会誌』2, 1 55-64.

Allen, T.J. [1977] *Managing the Flow of Technology*, Cambridge, MA: MIT Press.

Amabile, T.M. [1996] *Creativity in Context: Update to the Social Psychology of Creativity*, Boulder, CO: Westview.

Bandura, A. [1997] *Self-efficacy: The Exercise of Control*, New York, NY: Freeman.

Bantel, K.A. [1993] "Strategic Clarity in Banking: Role of Top Management-team Demography" *Psychological Reports*, 73, 3s 1187.

Bantel, K.A. & Jackson, S.E. [1989] "Top Management and Innovations in Banking: Does the Composition of the Top Team Make a Difference?" *Strategic Management Journal*, 10, S1 107-124.

Byrne, D. [1971] *The Attraction Paradigm*, New York, NY: Academic Press.

Cohen, S.G. & Bailey, D.E. [1997] "What Makes Teams Work: Group Effectiveness Research From the Shop Floor to the Executive Suite" *Journal of Management*, 23, 3 239-290.

Ford, C.M. [1996] "A Theory of Individual Creative Action in Multiple Social Domains" *Academy of Management Review*, 21, 4 1112-1142.

Gonzalez, J.A. & DeNisi, A.S. [2009] "Cross-level Effects of Demography and Diversity Climate on Organizational Attachment and Firm Effectiveness" *Journal of Organizational Behavior*, 30, 1 21-40.

Hackman, J.R. & Walton, R.E. [1986] "Leading Groups in Organizations" in P.S. Goodman & Associates (eds.), Designing Effective Work Groups, San Francisco, CA: Jossey-Bass, pp.72-119.

Hambrick, D.C., Cho, T.S. & Ming-Jer, C. [1996] "The Influence of Top Management Team Heterogeneity on Firms' Competitive Moves" *Administrative Science Quarterly*, 41, 4 659-684.

Harrison, D.A., Price, K.H. & Bell, M.P. [1998] "Beyond Relational Demography:

Time and the Effects of Surface-and Deep-level Diversity on Work Group Cohesion" *Academy of Management Journal*, 41, 1 96-107.

Hirst, G. & Mann, L. [2004] "A Model of R&D Leadership and Team Communication: the Relationship with Project Performance" *R&D Management*, 34, 2 147-160.

Ishikawa, J. [2007] Leadership to Improve Performance of R&D Project Teams. In Asia Academy of Management Professional Development Workshop in Academy of Management Annual Meeting. Philadelphia, PA.

─────── [2012a] "Leadership and Performance in Japanese R&D Teams" *Asia Pacific Business Review*, 18, 2 241-258.

─────── [2012b] "Transformational Leadership and Gatekeeping Leadership: The Roles of Norm for Maintaining Consensus and Shared Leadership in Team Performance" *Asia Pacific Journal of Management*, 29, 2 265-283.

Jehn, K.A. & Bezrukova, K. [2004] "A Field Study of Group Diversity, Workgroup Context, and Performance" *Journal of Organizational Behavior*, 25, 6 703-729.

Joshi, A. & Roh, H. [2009] "The Role of Context in Work Team Diversity Research: A Meta-Analytic Review" *Academy of Management Journal*, 52, 3 599-627.

Katz, R. & Tushman, M. [1979] "Communication Patterns, Project Performance, and Task Characteristics: An Empirical Evaluation and Integration in an R&D Setting" *Organizational Behavior & Human Performance*, 23, 2, 139-162.

Kim, Y. & Min, B. [1999] "The Roles of R&D Team Leaders in Korea: A Contingent Approach" *R&D Management*, 29, 2 153.

Kozlowski, S.W.J., Gully, S.M., Salas, E. & Cannon-Bowers, J.A. [1996] "Team Leadership and Development: Theory, Principles, and Guidelines for Training Leaders and Teams" in M.M. Beyerlein, D. Johnson & S.T. Beyeriein (eds.), Advances in Interdisciplinary Study of Work Teams: Team Leadership (Vol. 3) Greenwich, CT: JAI Press, pp.253-292.

Mohammed, S. & Nadkarni, S. [2011] "Temporal Diversity and Team Performance: The Moderating Role of Team Temporal Leadership" *Academy of Management Journal*, 54, 3, 489-508.

Oldham, G.R. & Cummings, A. [1996] "Employee Creativity: Personal and Contextual Factors at Work" *Academy of Management Journal*, 39, 3 607-634.

Shin, S.J., Kim, T., Lee, J. & Bian, L.I.N. [2012] "Cognitive Team Diversity and Indi-

vidual Team Member Creativity: A Cross-level Interaction" *Academy of Management Journal*, 55, 1, 197-212.
Shin, S.J. & Zhou, J. [2007] "When Is Educational Specialization Heterogeneity Related to Creativity in Research and Development Teams? Transformational Leadership as a Moderator" *Journal of Applied Psychology*, 92, 6 1709-1721.
Tushman, M.L. [1977] "Special Boundary Roles in the Innovation Process" *Administrative Science Quarterly*, 22, 4, 587-605.
Tushman, M.L. & Katz, R. [1980] "External communication and project performance: An Investigation into the Role of Gatekeepers" *Management Science*, 26, 11, 1071-1085.
Van der Vegt, G.S. & Janssen, O. [2003] "Joint Impact of Interdependence and Group Diversity on Innovation" *Journal of Management*, 29, 5 729-751.

第8章

研究開発者の海外経験とキャリア感・仕事成果との関係性

▶分析のねらい
グローバル企業における研究開発者の学生時代も含めた海外経験を概観して，企業の人材育成について探る。また，留学をはじめとした海外経験と仕事（キャリア感・仕事成果）との関係性について考える。

▶分析で明らかになったこと
企業は学生時代の留学経験を問わず幅広い研究開発者に海外経験を積ませていた。そして，学生時代の長期留学経験者に加え，社会人時代の短期留学や海外赴任経験者は仕事成果を出す可能性が比較的高かった。

▶実務へのヒント
留学や海外赴任のようなまとまった期間の海外経験は，研究開発者としての人材開発との関係性が強いと考えられる。研究開発志望者の学生時代における長期留学経験は，将来的な活躍の可能性を高めうる。また，全体的に企業は期待の人材に明確な目的を持って海外経験を積ませており，海外経験を積んだ人材も期待に応えられていた。

[宮﨑 悟]

1 近年の留学をめぐる動きと問題の所在

　企業活動がグローバル化する中で，海外に研究開発拠点を持つ日本企業が増えている。新たな製品や技術を生み出す研究開発は国際的な激しい競争にさらされ，特許をはじめとした知的財産が国際的な戦略の中で生み出されている。より高度な研究開発を進めるには外国との連携強化が不可欠となっており，研究開発者はグローバルな視点を持つことが求められ，国際移動することも増えている。

　このような時代背景の中，政府も学校教育段階での留学推進政策を強化している。2014年4月に閣議決定された「若者の海外留学促進実行計画」では，2020年までに海外留学者数を倍増させることを目指している。

　留学促進政策の一環として実施されている「トビタテ！留学JAPAN」と呼ばれる留学促進キャンペーンでは，海外留学する高校生や大学生等に対して留学資金としての奨学金が与えられている。この財源として国費だけではなく民間企業等からの寄附も活用されている。このことからも，留学経験のある若い人材は社会全体として大いに期待されていると言えよう。

　このように政策的にも社会的にも海外留学することが奨励されているが，近年の日本のグローバル企業では，研究開発者を様々な形で海外派遣する際に，学生時代の留学経験を考慮して選んでいるのだろうか。また，留学をはじめとした海外経験のある日本人研究開発者は，社会人としての仕事を進める中で，どのようなキャリア感を持ちやすく，そして優れた仕事成果を出しているのだろうか。

　この章では，仕事のグローバル化が特に進んだ研究開発者という職種特性も踏まえながら，これらの課題について考えることにしたい。

2 日本人の海外留学に関する動向と先行研究

　研究開発者の留学を中心とした海外経験についての課題を考える前に，日本人の海外留学に関する近年の動向と先行研究について確認してみよう。

(1) 日本人留学生の推移

　日本人の海外留学に関する統計はいくつかあるが，ここでは日本学生支援機構による指標を見てみよう。この指標は，日本の大学等に在籍しながら留学した者のうち在籍大学等で把握された者の数が集計されている[1]。

　図表8-1で示したように，全体的な留学者数は大きく増加していた。このうち，6か月以上の長期的な留学者数は増加していたものの，留学者全体の推移と比べて緩やかな増加にとどまっていた。すなわち，近年の留学は6か月未満の短期的なものが主流となっていることが指摘できよう。

図表8-1　日本人留学生数の推移

出所：日本学生支援機構「協定等に基づく日本人学生留学状況調査結果」をもとに筆者作成。

(2) 留学経験者の就職後の動向

　企業がグローバル化する中で，人材の国際移動がますます重要になっている。村上（2015）は日本人の留学経験者が就業後に発揮される効果等について，次のように指摘している。

　留学生は学生である間は，知識の運び手や知識移転のチャネルになる機会は限られるが，自身の知識ベースを拡大し，価値ある知識を認識・吸収・変換する能力を高める機会には恵まれ，将来にわたってその能力を活用することができると考えられる（村上，2015，187頁）。

　また，日本学生支援機構が2012年に行った海外留学経験者を対象とした調査によると，**図表8-2**で示したように「留学が今の仕事に役立っている」と回答した人は留学経験者全体の半数よりもやや多かった。これを留学期間別で見ると，6か月未満の短期的な留学経験者に比べて，6か月以上の長期的な留学経験者は，仕事に役立つと回答した割合が高くなっていた。すなわち，留学期間が長期であるほど，その後の仕事に結びつきやすいと考えられる。

　さらに，留学目的別で分布を見ても，語学目的よりも研究目的での留学の方

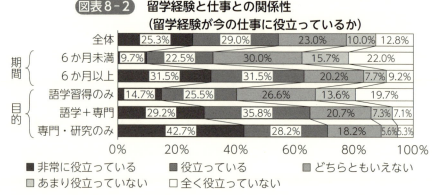

図表8-2　留学経験と仕事との関係性
（留学経験が今の仕事に役立っているか）

出所：日本学生支援機構「海外留学経験者の追跡調査（平成23年度）」をもとに筆者作成。

が，その後の仕事に結びつきやすいという傾向も見られた。

(3) 企業による留学を通じた人材育成

ところで，海外留学は学生時代だけに限らない。先述の日本学生支援機構による留学経験者を対象とした調査でも，回答者のうち社会人になってからの留学経験者が約3分の1を占めていた[2]。もちろん，この割合は全留学経験者での割合をそのまま表すわけではないが，社会人時代の海外留学は少なからず存在すると言えよう。

このような状況の中，大手企業を中心に従業員の海外留学を支援する動きも見られる。東洋経済新報社は毎年大手企業を対象に，従業員のインセンティブを高めるための海外・国内留学制度の有無を調査している。これらの制度が導入された企業の割合を**図表8-3**に示した。

海外留学制度を持つ企業割合は徐々に増加しており，同時期における国内留

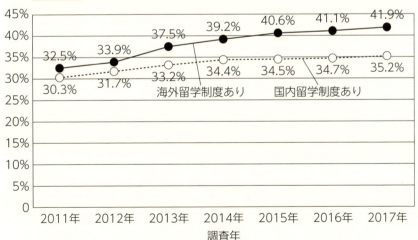

図表8-3 大手企業における留学制度の導入状況（導入企業割合）

注：各年に実施された「東洋経済CSR調査」の回答企業に対して，留学制度を導入した企業の割合を示している。
出所：東洋経済新報社「CSR企業総覧」・「CSR企業白書」（各年版）をもとに筆者作成。

学制度の導入割合の増加幅よりも大きい。さらに，国内留学制度よりも海外留学制度を持つ企業割合の方が高いことも含めて考えると，大手企業では海外留学制度が着実に広がっていることが分かる。

以上のように，留学経験のある人の多くは，その経験を就職後の仕事に活かすことができていると考えられ，留学経験にはその後のキャリアに有用性があると考えられる。そして，企業もその有用性を認めていることが示唆される。

(4) 先行研究

日本人留学経験者の就業後のキャリアや能力発揮に関して扱った先行研究は，いくつか見られている。例えば，14名の留学経験者に対して詳細な追跡調査を行った渡部（2003）では，留学経験はキャリア形成にとってプラスに影響し，将来的に見ても良い方向へ影響すると回答する者が多いことが示された。この反面，留学経験を十分に活かせていない人がいることも示されている。

また，ある大企業における就職後の管理職以上への昇進・昇格構造を解明する中で，企業派遣による海外留学や海外現地法人等への出向・派遣の有無についても考慮して分析した上原（2007）があり，海外現地法人への派遣やビジネス留学は昇進にプラスの関係性があることを見いだしている。

一方，留学をはじめとした海外生活後に日本の社会や組織になじめなくなるというような課題があること指摘する先行研究もある。例えば，海外留学経験者が帰国後の環境に十分には溶け込めない等の傾向があることを高濱・田中（2011）などの研究でも指摘されている。また，留学ではないものの，日本の多国籍企業における海外派遣者の帰任後の組織適応について議論した内藤（2012）のような企業組織との関係性を扱った研究も見られる。

以上のように，留学を中心とした海外経験とその後のキャリアなどとの関係性を分析した先行研究は見られる。しかし，研究のために必要な調査が簡単ではないため，研究対象は少人数であったり，限定された企業所属者であったりすることが多く，様々な研究蓄積が求められている。本章での分析も限られたグローバル企業に所属する研究開発者を対象としたものだが，蓄積されるべき

研究の1つとして捉えられるだろう。

3 利用したデータ

　本研究会では，日本の大企業10社に依頼して，研究開発者個人を対象に仕事等に関する意識，特許出願数や論文数のような仕事での成果等に関するアンケート調査を行い，751名からの回答を得た。この調査には，留学をはじめとした海外経験に関する設問項目も含まれている[3]。

　本章では，日本のグローバル企業がますます増加する状況を踏まえて，日本人研究開発者の留学を中心とした海外経験を取り巻く状況について考えることを目的としている。このため，分析対象を「海外に研究開発拠点のある企業に勤務する日本人の大卒以上正規社員」である628名に限定した。

(1) 期間別に見た日本人研究開発者の海外経験

　留学経験とキャリアとの関係性についての分析に入る前に，分析対象となった日本人研究開発者の留学を中心とした海外経験の状況を見てみよう。今回の調査では，「高校時代まで・大学時代・大学院時代・社会人時代」の4期間における，海外への「短期留学（半年未満）・長期留学（半年以上）・赴任・出張（学会含む）・旅行」をした経験について尋ねた。

　この結果を示した**図表8-4**を見ると，時期を問わず留学経験のある人の割合は2割強にのぼった。留学時期を期間別に見ると（重複解答あり），学生時代，社会人時代ともに1割強となったが，社会人になってからの留学経験者がやや多くなっていた。また，学会参加も含めた海外出張は社会人時代に8割弱の人が経験しており，大学院生時代を中心とした学生時代にも2割弱の人が海外出張（学会参加）を経験していた。研究開発者は理系出身者がほとんどであるため，企業だけではなく大学でも海外での学会参加経験を積ませようとしていたことがうかがえる[4]。

　興味深いのは旅行も含めた海外経験が全くない人の割合である。高校時代ま

図表8-4　日本人研究開発者の期間別海外経験

		海外経験あり（複数回答）						経験なし	回答者数（無回答除く）
		留学経験			赴任	出張（含学会）	旅行		
		全体	短期	長期					
学生時代	高校時代まで	6.2%	2.9%	3.6%	─	─	19.5%	77.3%	611
	大学時代	3.6%	2.5%	1.1%	─	3.3%	39.1%	58.0%	612
	大学院時代	4.9%	3.2%	1.7%	─	22.3%	45.8%	38.9%	530
	学生時代全体	11.1%	7.2%	4.6%	─	18.9%	53.5%	37.6%	628
社会人時代		13.1%	3.3%	9.9%	17.5%	79.7%	73.0%	11.3%	627
全期間（全回答者）		23.1%	10.2%	14.2%	17.5%	79.5%	82.0%	4.9%	628

注：無回答者を集計から除外し，大学院時代は大学院修了者に限り集計した。横線は未調査の項目を示す。
出所：筆者作成。

では8割弱，大学時代には6割弱，大学院時代には4割弱であったのが，社会人時代になると1割強と大幅に減少する。この大幅な減少の背景には，社会人時代の海外旅行の機会が多いことだけではなく，仕事での出張や海外赴任の機会が相当多いことも指摘できる。グローバル化が進んだ大企業の研究開発者が調査対象であることは留意すべきだが，各企業は研究開発者全体に対して海外出張を中心とした海外経験を積ませていると言えよう。

(2) 年齢層別に見た日本人研究開発者の海外経験

この数十年で急速にグローバル化が進み，経済情勢や社会情勢も大きく変化しており，海外経験，特に留学経験の状況に世代による違いが見られるのではないだろうか。そこで，調査時点での年齢層を基準として世代別に見た海外経験の状況について確認しよう。

世代別海外経験を示した**図表8-5**を見ると，留学経験を持つ人の割合は40代前半が最も高く，30代前半から40代前半にかけて大きく増加していた。留学

第8章　研究開発者の海外経験とキャリア感・仕事成果との関係性　209

図表8-5　日本人研究開発者の年齢層別海外経験

調査時点の年齢層	全期間（学生時代及び社会人時代・複数回答）							回答者数
	留学経験（重複あり）			赴任	出張(含学会)	旅行	海外経験無	
	全体	短期	長期					
20代	23.0%	21.6%	1.4%	6.8%	63.5%	67.6%	16.2%	74
30代前半	21.3%	10.7%	11.5%	6.6%	70.5%	83.6%	4.1%	122
30代後半	27.5%	11.3%	19.0%	20.4%	84.5%	85.2%	3.5%	142
40代前半	31.5%	11.2%	22.5%	28.1%	91.0%	91.0%	2.2%	89
40代後半	14.0%	5.3%	9.6%	24.6%	79.8%	83.3%	2.6%	114
50歳以上	20.9%	3.5%	17.4%	17.4%	84.9%	75.6%	4.7%	86
全年齢層	23.0%	10.2%	14.0%	17.5%	79.4%	82.0%	4.9%	627

注：回答者の1名は年齢が無回答であったため，全年齢層での集計からも除外した。
出所：筆者作成。

　期間別で見ると，30代以上の各世代で，短期よりも長期の割合が高くなっていた点は興味深い。
　また，赴任経験の割合も30代前半から40代前半にかけて大きく増加していた。全体的な傾向として，企業が自社の研究開発者に対して20～30代という若手から中堅となる時期に海外への留学経験や赴任経験を積ませることが多いものと言えよう。学会を含めた出張経験についても，20代の時点で約3分の2，それ以上の年齢層でも概ね8～9割程度という高い割合の人が経験していた。
　さらに，旅行を含めて海外経験が全くない人の割合を見ると，30代以上はどの年齢層でも5％未満となっており，公私に関係なく一度は海外経験をした人が大多数であった。
　では，学生時代と社会人時代で分けて海外経験を年齢層別に見るとどうだろうか。特に主要な項目に限定して示した**図表8-6**を見てみよう。
　学生時代のみに限定した留学状況を見ると，基本的に若い世代ほど留学経験を持つ人の割合が高くなっていた。本章第2節でも見た学生時代の留学機会が短期留学を中心に増加していることも関係していると考えられる。また，海外

図表8-6　日本人研究開発者の年齢層別海外経験
（経験時期別：主要項目のみ）

調査時点の年齢層	学生時代（複数回答）					社会人時代（複数回答）					回答者数
	留学経験（重複あり）			出張（含学会）	海外経験無	留学経験（重複あり）			出張（含学会）	海外経験無	
	全体	短期	長期			全体	短期	長期			
20代	20.3%	18.9%	1.4%	29.7%	27.0%	2.7%	2.7%	0.0%	51.4%	29.7%	74
30代前半	17.2%	8.2%	9.8%	27.0%	22.1%	4.9%	1.6%	2.5%	63.1%	11.5%	122
30代後半	13.4%	7.7%	6.3%	21.8%	25.4%	16.2%	3.5%	13.4%	83.1%	5.6%	142
40代前半	11.2%	9.0%	4.5%	20.2%	29.2%	22.5%	4.5%	18.0%	85.4%	2.2%	89
40代後半	1.8%	0.9%	0.9%	7.0%	57.9%	13.2%	4.4%	8.8%	78.9%	3.5%	114
50歳以上	3.5%	1.2%	2.3%	8.1%	70.9%	17.4%	2.3%	15.1%	83.7%	4.7%	86
全年齢層	11.2%	7.2%	4.6%	19.0%	37.6%	12.9%	3.3%	9.7%	75.1%	8.6%	627

注：回答者の1名は年齢が無回答であったため，全年齢層での集計からも除外した。
出所：筆者作成。

研究拠点を持つ大企業に所属する研究開発者に限定した調査であるため，若い世代では学生時代に留学経験のある人が採用されやすかったとも考えられる。

次に社会人時代に限定した留学状況を見ると，20代から40代前半までの年齢層にかけて，全体及び長期の留学経験者の割合が年齢を重ねるほど増加していた。主に中堅社員として成長する30代前後の研究開発者を対象に，各企業が長期を中心とした留学機会を作っていると言えよう。

また，学会参加を含む出張について，学生時代での経験を見ると，若い世代ほど割合が高くなっていた。このことは，学生に海外学会への出張を経験させている大学（研究室）が増えてきたことで現れた結果と考えるべきだろう。

一方で，社会人時代での海外出張経験を見ると，20代の時点で半数以上が，30代後半以上では概ね8割前後の人が経験していた。このことから，各企業は研究開発者を年齢に関係なく積極的に海外出張させていると言えよう。

さらに，学生時代に旅行も含めた海外経験が全くなかった人の割合を見ると，40代前半以下の各年齢層ではいずれも3割未満となっていた。一方で，40代後

半では6割弱，50歳以上では約7割が学生時代に海外経験をしていなかった。これらの世代の学生時代は1980年代以前と考えられ，現在ほど海外に行く機会が多くなかったという時代背景によるものと考えられる。

(3) 学生時代の留学経験と社会人時代の海外経験

もう1つ確認しておきたいのは，学生時代の留学経験と社会人になってからの海外経験との関係性である。学生時代に留学を経験した人は，就職後に海外派遣されやすくなっているのだろうか。言い換えれば，グローバル企業では学生時代の留学経験者が海外派遣に抜擢されやすいと言えるのだろうか。

そこで，学生時代の留学経験の有無と，社会人時代における海外経験の有無との関係性を見てみよう。社会人時代の海外経験については，直接キャリアにつながると考えられる留学（長期・短期は問わない），赴任，出張（学会含む）の3つの経験に限定した。

この結果を示した**図表8-7**を見ると，学生時代の留学経験者は，社会人時代に留学・海外赴任を経験した割合が相対的に低く，社会人時代に海外出張を経験した割合が相対的に高くなっていた。

ただし，一般的に「独立性の検定」と呼ばれる統計学的手法による分析を

図表8-7　日本人研究開発者の学生時代の留学経験と社会人時代の海外経験との関係性

		社会人時代の海外経験（複数回答）						回答者数
		留学		赴任		出張（含学会）		
		なし	あり	なし	あり	なし	あり	
学生時代の留学経験	なし	86.6%	13.4%	82.1%	17.9%	24.9%	75.1%	558
	あり	89.9%	10.1%	85.5%	14.5%	23.2%	76.8%	69
	合計	86.9%	13.1%	82.5%	17.5%	24.7%	75.3%	627

注：社会人時代の海外経験の無回答者を除いて集計した。
出所：筆者作成。

行った結果，学生時代の留学経験と社会人時代の海外経験3種との間には，統計学的に有意な関係性がすべて見られなかった[5]。以上のことから，分析対象の各企業では，学生時代に留学経験の有無を基準として海外派遣者を選抜しておらず，幅広く海外経験を積ませようとしていることがうかがえる。

4 留学を中心とした海外経験とキャリア感

(1) 海外経験の有無による単純比較

ここでは，転職や海外赴任のような職場流動性に関するキャリア感について，学生時代や社会人時代の留学を中心とした海外経験の有無で異なるのかを考える。具体的には，今回の調査で尋ねた次の2項目のキャリア感について見ることにした。

- 所属組織で成長できなければ社外に機会を求める（機会追求志向）
- 機会があれば海外赴任したい（海外赴任志向）

調査では両項目に対してどの程度該当するのかを5段階の選択肢で尋ねている。全体および海外経験の有無別に各項目に対する回答状況を示した**図表8-8**を見てみよう。全体で4割程度の人が肯定的に回答しており，留学や海外赴任のような海外経験者の方がより肯定的に回答していた。

また，**図表8-9**で示した海外赴任志向に関する項目では，全体で半数を超える人が肯定的な回答をしているが，ここでも海外経験者の方がより肯定的に回答していた。これらの結果を見ると，海外経験者の方がより流動的なキャリア感を持ちやすいように見える。

(2) 他の要素をコントロールした回帰分析

これらの職場流動性に関するキャリア感は，それぞれの海外経験だけではな

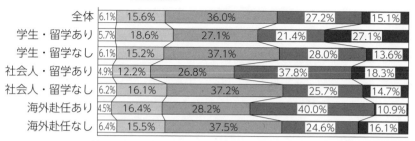

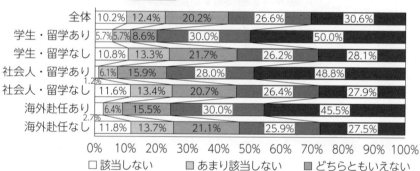

く，性別や学歴のような他の様々な要素とも結びつきがあると予想される。そこで，調査した考えうる他の要素（説明変数）との関係についてコントロール（条件合わせ）しながら，海外経験と２つのキャリア感との関係性について回帰分析を行った[6]。

この際，５段階の選択肢のうち，最も否定的な選択肢の「該当しない」を１点，最も肯定的な選択肢の「該当する」を５点というように得点化したものを

被説明変数となるように分析した。そして，留学期間の長さによる違いがあるかを見るために，次の2つの状況（モデル）を考えて回帰分析した。

- モデル1：留学期間の長さに関係なく留学経験を一括して扱う
- モデル2：長期（半年以上）と短期（半年未満）で留学経験を分けて扱う
  （いずれも，留学時期を学生時代と社会人時代に分けて扱う）

この回帰分析結果について，留学をはじめとした海外経験に関する部分を中心に**図表8-10**に示した。

この表中で＋と示された場合，説明変数とキャリア感との間に有意なプラス

図表8-10 キャリア感に関する回帰分析結果（主要部分）

説明変数 \ 被説明変数	機会追求志向		海外赴任志向	
	モデル1	モデル2	モデル1	モデル2
学生時代留学あり	0		＋	
学生時代留学あり・短期		0		0
学生時代留学あり・長期		＋		＋
社会人時代留学あり	＋		＋	
社会人時代留学あり・短期		0		＋
社会人時代留学あり・長期		＋		＋
海外赴任経験あり	0	0	＋	＋
女性	0	0	0	0
修士課程修了	＋	＋	0	0
博士課程修了	＋	＋	＋	＋
転職経験あり	＋	＋	0	0
管理職	0	0	0	0

注：有意なプラスの関係性があれば＋，有意な関係性がなければ0と示した（有意水準は5％）。空白はモデルに含まれない説明変数であることを示す。上記以外の説明変数として年齢・担当業務領域・企業も含めて，これらをコントロール（条件合わせ）して分析した。
出所：筆者作成。

の関係性があることを意味し，説明変数に示した内容に該当する者はキャリア感の各志向が強まりやすいものと解釈できる。

① 機会追求志向と海外経験との関係性

まず，機会追求志向を被説明変数とした場合，モデル1で学生時代の留学経験は有意な関係性が見られなかった反面，社会人時代の留学経験は有意なプラスの関係性が見られた。すなわち，社会人時代の留学経験者は機会追求志向が強くなりやすくなっていた。

モデル2を見ると，学生時代と社会人時代の両方で，長期留学経験は有意なプラスの関係性が見られた。つまり，留学した時期を問わず長期にわたる留学経験者は機会追求志向が強くなりやすかった。

いずれのモデルにおいても，海外赴任経験に対しては有意な関係性が見られなかった。改めて図表8-8を見返すと，肯定的な回答（「該当する」と「やや該当する」との合計）の割合は赴任経験者の方が高かったものの，完全に肯定的な回答（「該当する」のみ）の割合は赴任未経験者の方が高かった。このことも関係していると考えられよう。

② 海外赴任志向と海外経験との関係性

次に，海外赴任志向を被説明変数とした場合，モデル1において学生時代と社会人時代の両方で留学経験に対して有意なプラスの関係性が見られた。このことから，他の要素との関係性を考慮したとしても，一般的に留学経験者は，未経験者よりも海外赴任志向が強いという傾向がみられた。

モデル2では，学生時代の短期留学以外の留学経験に対して有意なプラスの関係性が見られた。すなわち，学生時代の長期留学経験者や（留学期間を問わず）社会人時代の留学経験者は，海外赴任志向が強くなりやすかった。

以上のように，留学時期に関係なく長期留学経験者は機会追求志向や海外赴任志向のような流動的志向が相対的に強い傾向にあった。

また，海外赴任経験者はその経験による自信からか海外赴任志向が相対的に

強くなりやすかった。

③ 他の要素と2つのキャリア感との関係

さらに，コントロールするために入れた他の要素（説明変数）に関する結果も見てみよう。2つのキャリア感に共通して，博士課程修了は有意なプラスの関係性が見られた。また，機会追求志向に対しては，修士課程修了も有意なプラスの関係性が見られた。これらのことから，一般的に大学院修了者はより職場流動性の高いキャリア感を持ちやすく，特に博士課程修了者は海外赴任も含めた広い視野での職場流動性を考慮に入れたキャリア感を持ちやすいことが指摘できる。また，転職経験者は機会追求志向が強くなりやすいという傾向も見えた。

④ 結果のまとめと留意すべきこと

既に見たように，職場流動性に関する2つのキャリア感と海外経験との間には，多くの場合においてプラスの関係性が見られていた。ただし，この分析によって，必ずしも海外経験によって職場流動的なキャリア感を強めるという因果関係が明確に示されたわけではない。というのは，もともと新しい環境を求めやすい流動性の高い人が留学や海外赴任をしていたという逆の因果関係も考えられるためである。

しかし，グローバルな規模での研究開発が求められる昨今において，海外赴任できる人材への需要はますます高まるだろう。長期留学を経験した人々は，海外での生活にも比較的なじみやすい反面，適切な活躍の機会が与えられていなければ別企業に活躍の場を求めやすい。このため，長期留学経験者が企業に必要な人材ならば，十分な活躍の場を用意することが望ましいと考えられる。

また，海外赴任経験者が再度の海外赴任を希望しやすいことも見えており，国内外の研究者を結ぶ役割を担うことも望まれよう。

5 留学を中心とした海外経験と仕事成果

(1) 成果指標について

　今回の調査では，過去2年間における客観的に測ることが可能な成果の大きさを尋ねている。具体的には，次の客観的な3側面から測った成果を見ることができる。

- 新製品（新製品等のリリース状況）
- 開発した技術（特許出願された技術と特許出願されなかった技術）
- 学術論文

　研究開発者の担当領域（部署）によって，それぞれの成果の大きさに傾向の違いがあったため，客観的成果指標の上記3項目を個別に見ることにした。これら3項目に関する分布を見ると，どの指標も半数前後の人が「0件」となり，偏りが大きな分布となっていた[7]。そこで，これらの指標を「あり（1件以上）」か「なし（0件）」の二値で表すダミー変数（「あり」を1，「なし」を0で表す変数）に変換して，ダミー変数化した新たな指標を分析に用いることにした。
　さらに，第5章の分析でも採用されていた創造的行動をどの程度とっていたのかという主観的な側面から測る成果も見てみよう[8]。具体的な創造的行動は下記の4項目を取り上げている。

- 創造的なアイデアを思いつくことがよくある
- 新しいアイデアを実現に向けてまとめることがよくある
- 新たな問題解決策を思いつくことがよくある
- 業績達成のための新たな手段を提案することがよくある

前節で分析したキャリア感に関する項目と同様、上記の4項目は5段階の選択肢で質問されている。最も否定的な選択肢の「該当しない」を1点、最も肯定的な選択肢の「該当する」を5点とするように得点化した。そして、上記4項目を総合的な創造的行動の状況から見た「主観的成果指標」として1項目にまとめたが、具体的には得点化された4項目の合計得点を用いた[9]。

以上で見た客観的成果指標3項目と主観的成果指標1項目との合計4項目の成果指標について分析する。

(2) 成果に関する分析結果

では、前項で見た成果指標4項目について、海外経験との関係性を考えてみよう。その際、客観的な成果としての新製品、開発した技術、そして学術論文は、業務の担当領域によって出やすさに差が生じることが予想されるように、留学経験以外にも成果指標と関係する要素は多く考えられる。

成果指標のそれぞれを被説明変数として、海外経験を含めて関係性があると考えられる様々な要素を説明変数とした回帰分析をしてみよう[10]。これによって、海外経験以外の説明変数との関係性をコントロールしながら、海外経験と各成果指標との間にどのような関係性があるのかを見ることができる[11]。

その際、前節同様に留学経験について、留学期間の長さに関係なく一括したモデル1と、短期(半年未満)と長期(半年以上)で分けたモデル2との2通りの状況(モデル)を考慮して分析した。

主要な結果を**図表8-11**にまとめたとおりである。

① 学生時代の留学経験との関係性

学生時代の留学経験に関する部分から見ると、留学期間を考慮しないモデル1では、どの成果指標に対しても有意な関係性が見られなかった。しかし、留学期間別に変数を分けたモデル2では、客観的成果指標のうち開発技術に対して、短期留学経験は有意なマイナスの関係性が見られた。

この結果から、学生時代の短期留学経験者が新たな技術を生み出す可能性は、

図表8-11　成果指標に関する回帰分析結果（主要部分）

被説明変数 説明変数	客観的成果						主観的成果	
	新製品・有無		開発技術・有無		学術論文・有無		創造的行動	
	モデル1	モデル2	モデル1	モデル2	モデル1	モデル2	モデル1	モデル2
学生時代留学あり	0		0		0		0	
学生時代留学あり・短期		0		−		0		0
学生時代留学あり・長期		0		0		0		+
社会人時代留学あり	+		0		+		0	
社会人時代留学あり・短期		+		0		+		0
社会人時代留学あり・長期		0		0		+		0
海外赴任経験あり	+	+	0	0	0	0	0	0
女性	0	0	−	−	0	0	−	−
修士課程修了	0	0	0	0	+	+	0	0
博士課程修了	0	0	0	0	+	+	0	0
転職経験あり	0	0	0	0	0	0	0	0
管理職	0	+	0	0	0	0	+	+

注：有意なプラスの関係性があれば＋，有意なマイナスの関係性があれば−，有意な関係性がなければ0と示した（有意水準は5％）。空白はモデルに含まれない説明変数であることを示す。上記以外の説明変数として年齢・担当業務領域・企業を含め，これらをコントロール（条件合わせ）した。
出所：筆者作成。

相対的に低くなることが示唆された。短期留学は語学習得を目的とすることが多いのに対し，長期留学は専門的知識の習得を目的とすることが多い[12]。グローバルな職場環境の中で，学生時代の短期留学経験者は技術開発そのものに寄与できていなかったと考えられる。

また，主観的成果指標（創造的行動）に対して，学生時代の長期留学経験は有意なプラスの関係性が見られ，学生時代の長期留学経験者は創造的な行動をとりやすいことが示唆された。

② 社会人時代の留学経験との関係性

一方，社会人時代の留学経験に関する部分はどうだろうか。モデル1で客観

的成果の新製品と学術論文に対して留学経験はプラスで有意な関係性が見られた。一方のモデル2で新製品に対して短期留学経験はプラスで有意な関係性が見られ，学術論文に対して留学経験は短期・長期ともにプラスで有意な関係性が見られた。このことから，社会人時代の留学経験者は，新製品や学術論文の面での仕事成果が出る可能性が相対的に高いと指摘できる。特に，その留学が短期的であった場合は新製品と学術論文を出せる可能性が相対的に高く，長期的であった場合は学術論文を出せる可能性が相対的に高いと言える。社会人になってからの留学の多くは企業派遣によるものが多く，仕事上の課題を持って留学することが一般的である。客観的成果とのプラスの関係性が見られなかった学生時代の留学とは異なり，短期間でも客観的成果とのプラスの関係性が見られたのは，このような背景によるものと考えられる。

③ 海外赴任経験との関係性

さらに，海外赴任経験は新製品に対してプラスで有意な関係性が見られ，赴任後の研究開発者は新製品開発に関わる可能性が高いという傾向も示唆された。ただ，その他の成果指標に対しては有意な関係性が見られなかった。

④ その他の要素との関係性

その他のコントロール変数として入れた要素（説明変数）の部分も見てみよう。一般的に管理職は創造的行動をとりやすい傾向にあり，モデル2に限定すると新製品を出せる可能性が相対的に高くなっていた。また，女性は新技術の開発に携わる可能性が相対的に低く，創造的行動をとりにくいことも示唆された。さらに，大学院修了者は学術論文を生み出す可能性が高いという傾向も見えた。

6 本章の結果と示唆

本章では，海外研究開発拠点を持つ大企業に所属する日本人研究開発者の留

学を中心とした海外経験について概観した。そして，研究開発者の留学経験とキャリア感・仕事成果との関係性について考えてきた。本章の分析結果から得られた主要な結果は次のようにまとめることができる。

- 学生時代の留学経験の有無に関係なく，企業は幅広い研究開発者に海外経験（留学・赴任・出張）を積ませようとしていた。
- 一般的に留学経験者は海外赴任志向が強まりやすい。特に留学期間が半年以上の長期にわたる人は機会追求志向も強まりやすく，職場に関する流動的志向が強くなりやすかった。
- 学生時代の留学経験者のうち，留学期間が長期にわたる人は仕事成果としての学術論文を生み出す可能性が相対的に高く，成果につながるような創造的行動をとりやすくなっていた。
- 社会人時代の留学経験者は新製品や学術論文を生み出す可能性が高く，特に留学期間が短期であった者は，その可能性がより安定的に見られた。また，海外赴任経験者は新製品開発に関わる可能性が高くなっていた。

今回の分析結果を見ると，留学経験と研究開発者の海外赴任志向や仕事成果との間には，プラスの相関関係が見られることが多い。留学に加えて海外赴任に関しても同様の傾向が見られており，まとまった期間の海外経験は，研究開発者としての人材開発との関係性があることを示唆している。

学生時代に海外留学が奨励されている近年において，留学経験者の就職後における仕事上の特性が見えてきた。特に学生時代に長期間留学した者の特徴として，海外赴任志向が強く，創造的行動をとりやすいというキャリア感の傾向に加えて，学術論文を生み出す可能性が高くなっていた。学生時代における長期的な留学経験は研究開発者としての仕事の中でも活用されていることから，研究開発志望者が学生時代に長期的な留学を経験することは，能力開発にも寄与して将来的な活躍の可能性を高めうると言えよう。

また，社会人時代における短期間の留学と長期間の赴任を経験した研究開発

者は，客観的に現れる仕事成果が高くなりやすい傾向も見えていた。このことから，全体的に企業は期待の人材に明確な目的を持って海外経験を積ませており，海外経験を積んだ人材もその期待に応えられていたと指摘できよう。

グローバル化した企業において，通常業務の中で海外との共同作業や情報共有の機会が一層広がるような状況を考えると，留学を中心とした海外経験者の活用はより重要な課題となる。

今回は協力が得られたグローバル化した大企業の研究開発者を分析対象としており，分析結果をそのまま一般化できない可能性もある。また，今回の分析では厳密な因果関係を示すことが難しく，相関関係を示していることに留意を要する部分もある。ただ，これらのような分析上の制約はあるが，今回の結果は研究開発者の育成や配置を考える上での一つのヒントになると考えられる。

▶注

1) 協定等に基づく留学だけではなく，協定等に基づかない留学も含んでいる。ただし，この指標には海外の大学等に直接入学した留学生が含まれていない。
2) 留学のための渡航中における日本での身分が，退職して無職であった者，休職中であった者，勤務籍の制度で留学中であった者について集計した。
3) この調査に関する詳細については，第1章で「個人調査」として示されているので，こちらを参照されたい。
4) この調査では学歴について文系・理系も尋ねており，619名（98.6％）が理系出身と回答している。
5) 有意水準を5％として検定した。独立性の検定のカイ二乗検定値を示すと，社会人時代の留学に対して0.587（p＝0.444），海外赴任に対して0.499（p＝0.480），出張に対して0.098（p＝0.754）となり，いずれも帰無仮説を棄却できない（すべて自由度は1）。なお，学生時代の留学経験を短期・長期に分けて同様に検定しても，すべての場合で有意な関係性が見いだされなかった。
6) 5段階の質問項目の順序変数を被説明変数にすることやこれらの分布状況が該当する側に偏りがあることを考慮して，順序ロジスティック回帰分析の手法を採用した。また，説明変数間の相関係数は高くとも0.4未満の弱い相関しか見られておらず，説明変数間の相関による多重共線性については生じていないものと考え

られる。

7) 0件と回答した人の有効回答に対する割合は，①新製品件数で68.6％，②技術開発数で43.4％，③学術論文数で61.8％であり，いずれも0に偏った分布（べき分布）となっていた。この場合，通常の最小二乗法を用いた重回帰分析は手法として適切ではない。

8) ここでの創造的行動は理論的に成果につながるとされる仕事上の行動を意味するが，理論づけに関しては第5章を参照されたい。

9) 4項目の共通性は十分に高く，まとめて1項目としても問題ないと考えられる。なお，共通性を示すクロンバックのαは0.849であった。

10) 客観的成果に関しては，被説明変数が二値変数であるためロジスティック回帰分析の手法で分析した。また，主観的成果に関しては，その分布状況を考慮して通常の最小二乗法で分析した。なお，主観的成果を前節と同様に順序ロジスティック回帰分析の手法で分析しても，基本的な結果は変わらなかった。

11) 今回の分析では残念ながら因果関係を明確に特定して示すことが技術的に難しく，相関関係を示すのにとどまることに留意する必要がある。

12) 第2節で見た日本学生支援機構による調査結果でも，このような傾向が見えている。

▶▶参考文献

上原克仁［2007］「大手企業における昇進・昇格と移動の実証分析」『日本労働研究雑誌』No. 561，pp.86-101．

高濱愛・田中共子［2011］「短期交換留学生のリエントリー・ステージにおける課題の分析：逆カルチャーショックと留学活用を中心に」『人文・自然研究』（一橋大学）第5号，pp.140-157．

東洋経済新報社［各年］『CSR企業総覧』（2016年まで），東洋経済新報社．

東洋経済新報社［各年］『CSR企業白書』（2017年以降），東洋経済新報社．

内藤陽子［2012］「海外派遣からの帰任―組織への再適応とその決定要因」『日本労働研究雑誌』No. 626，pp.72-88．

村上由紀子［2015］『人材の国際移動とイノベーション』NTT出版．

渡部晃正［2003］「留学経験とキャリア形成：日本人の外国大学卒業者を例として」『桜花学園大学人文学部研究紀要』第5号，pp.95-112．

▶▶▶**参考ウェブサイト**

日本学生支援機構「海外留学経験者の追跡調査（平成23年度）」
　　http://ryugaku.jasso.go.jp/link/link_statistics/link_statistics_2012/
　　（2018年8月30日現在）
日本学生支援機構「協定等に基づく日本人学生留学状況調査結果」（各年）
　　https://www.jasso.go.jp/about/statistics/intl_student_s/index.html
　　（2018年8月30日現在）

第9章

グローバル研究開発人材の育成とマネジメント

▶本章のねらい
2章から8章までの分析結果をもとに，グローバル研究開発人材の育成とマネジメントについて考察し，本書のまとめとする。

▶分析で明らかになったことと実務へのヒント
グローバル研究開発人材の育成とマネジメントの要点は，「研究開発者に求められる能力」，「海外派遣者のHRM」，「外国人研究開発者の雇用」，「MNC内でのHRMの独自性と統一」，「研究開発者の社会関係資本と人的資本の形成」，「外部知識の獲得と職場内の共有」，「研究開発チーム内の多様性」という観点からまとめることができ，それぞれについて実務的示唆がある。

［村上 由紀子］

第1章で詳述したように，本書にはグローバル研究開発について主に3つの問いがある。すなわち，①R&D組織とそこで働く研究開発者はどのようにグローバル研究開発を行っているか，②どのような人材がグローバル研究開発に必要か，③グローバル研究開発に有効な人材マネジメントとは何か，について答えを見出すことが本書の目的である。

　既に，第2，3章とMNC内の組織間関係についてまとめた第4章において，日本の本社R&Dと海外拠点が分業と連携を行いながら研究開発を実施している状況について詳述した。また，どのような人材がグローバル研究開発に必要かという第二の問いに関しては，グローバルな研究開発で競争できる能力・知識を持った人材，国内および海外の研究開発者を育てることのできる人材，国境を越えて広がる研究開発拠点をつなぐことのできる人材という3つのポイントを導いた。

　本章では，第5章から8章までの研究成果も踏まえて，それらのポイントに関する議論を発展させ，さらに，第三の問いであるグローバル研究開発に有効な人材のマネジメントについて考察し，本書のまとめとする。

1　研究開発者に求められる能力

(1)　グローバル研究開発能力

　グローバル人材育成推進会議（2012）は，グローバル化した世界の経済・社会の中で育成・活用すべき「グローバル人材」の概念には3つの要素が含まれると指摘している（グローバル人材育成推進会議，2012, p.8）。すなわち，ⅰ）語学力・コミュニケーション能力，ⅱ）主体性・積極性，チャレンジ精神，協調性・柔軟性，責任感・使命感，ⅲ）異文化に対する理解と日本人としてのアイデンティティーの3つである。グローバル研究開発に従事する研究開発者も例外ではなく，これらの要素を必要としている。本章では，グローバル研究開発の場面でこれらの要素が具体的に意味することや，これらの要素では説明し

尽くされないグローバル研究開発独自の要件について考察する。

　まず，第4章のむすびにおいて，グローバルレベルの競争を行うための能力・知識を持った人材が必要であることを指摘した。グローバルレベルで競争しながら企業が存続していくために，先端知識を取り込み，研究・技術のシーズをキャッチすることが海外拠点の役割の1つになっており，日本の本社R&Dにも，先端知識を吸収できる人，研究・技術のシーズを理解してビジネスに発展させることのできる人が必要になる。したがって，MNCは研究開発者の自学自習に任せるだけではなく，若手研究者を海外の大学・大学院等に留学させたり海外で共同研究に従事させたりしながら人材を育成している。

　このような社員の専門知識や能力向上のための教育訓練は企業がすべて自前で行う必要はなく，日本の大学院教育の活用や産学連携を通じた人材育成という方法もある。オーバードクター問題が社会問題になり（榎本，2010），政府は博士卒の民間企業での活用を呼びかける取組みを行ってきたが（文部科学省，2010），理系の採用においては今でも修士卒重視の傾向は変わらず，日本企業は博士卒の人材の採用に消極的である。しかし，海外で研究を行うためには博士号をもっていることが条件である。製薬会社のヒアリング調査では，アメリカの拠点ではPhDの取得を採用の条件にしているにもかかわらず，日本からの派遣者が博士号をもたないと，「日本の会社だから日本人をひいきにし，アメリカ人を差別している」と訴えられたときに太刀打ちできないという指摘があった。大学院教育も国際化している今日，語学力と異文化理解力を高め，研究室で責任をもって1つの研究をやり遂げた博士卒の能力・スキルを，民間企業のグローバル研究開発に活かせる可能性は大きい。

(2) 人材育成に必要なスキル

　第4章では，グローバル研究開発に必要な人材として，国内および海外の研究開発者を育てることのできる人材を挙げた。海外マーケットに適した製品を研究開発する場合には，効率的・効果的にR&Dを進めるために，少なくとも研究開発の一部はマーケットの近くの海外拠点で行われている。現地採用の研

究開発者は，日本の品質基準に合致するような開発・設計を行えるように技術力を高め，企業独自の効率的な研究開発方法を修得する必要がある。そこで，日本人派遣者から OJT で教えられたり，日本に出向いて教育訓練を受けたりしている。しかし，ヒアリング調査では，文化的背景やものの見方が異なる人々に対して，論理的に説明して相手を納得させることに日本人が慣れていないという問題が指摘された。すなわち，起承転結に話すのではなく，結論を先に述べその後に短時間でそれをサポートする説明を与えるという話し方のスタイルに，日本人は慣れていない。また，文化・慣習を共有していない人に対して，わかり易いロジックで納得してもらえるように話したり説明したりする力が弱いという。

堀井（2014）は，日本語は述語が最後にくるので結論が最後までわからないことがあるが，異文化コミュニケーションの場では，結論を先にいう言語技術を磨くことの重要性を指摘している。また，論理的根拠に基づいて自分の意見を組立て，それを分かり易く論理的に伝えるような言語訓練の必要性を強調し，言語教育の専門家の指導のもとで発表する場を設けるなどの企業の施策も提案している。学校教育の中で異文化コミュニケーションや異文化理解を学習してこなかった世代の教育は，企業のコスト負担による教育訓練や研究開発者自身の努力に任されているのが現状である。第8章で示したように，海外留学制度を持つ企業の割合が近年増加し，ビジネスのグローバル化に対応すべく社員を教育する必要にせまられている企業が増えつつあるとみられる。次世代の教育として，グローバル人材の育成を目指した大学が，工夫をこらしたカリキュラムを提供しているが，さらに，より年齢の低い段階から，海外を意識した上で，日本語・日本文化を学び，論理的根拠に基づいて自分の意見を組立て他者に伝えられるような教育を行っていくことが求められている。そうすることによって，グローバル人材の層が厚くなり，企業の負担も軽減されると期待される。

第4章では，グローバル研究開発に必要な人材の第三のカテゴリーとして，国境を越えて広がる研究開発拠点をつなぐことのできる人材を挙げた。これには，海外派遣者，日本国内で採用された外国人社員，国境横断的チームのメン

バーが含まれる。以下の2～4節では、それぞれを取り上げてマネジメントの現状と課題について考察しよう。

2 海外派遣者のHRMと課題

(1) 海外赴任

　国際的に広がる研究開発拠点間の連携において、派遣者が果たす役割は大きいが、派遣を巡る問題もある。日本のR&D本社を対象にした「国内調査」（このアンケート調査の詳細は第1章参照）の結果によると、「海外派遣者として優秀な人材が選抜される」という企業は、ややあてはまる、あてはまるを合わせると102社のうち85社（83.4％）と多い。しかし、「海外派遣者の選定の際、本人の希望を重視する」という企業は48社（47.0％）と半数に満たない。重要なミッションをもった派遣者に高い能力が必要であることは言うまでもないが、能力重視の選抜であると、派遣者にとっては不本意な派遣になってしまう恐れもある。Murakami（2017）によると、本社と拠点の文化的距離が大きいほど、対面によるインタラクションが可能な派遣によって、研究開発に関する知識移転が行われているが、文化的距離が大きくなると、派遣者の赴任中の負担が増えるという問題もある。Håkanson & Ambos（2010）は、二国間の文化的距離と共に、心理的な距離も大きくなることを見出しており、派遣者の海外生活における苦労も増えると推察される。したがって、派遣者の人選を慎重に行い、彼らの負担を軽減するように、派遣期間中にサポートすることが一層重要であろう。

　しかし、「国内調査」の結果によると、「海外派遣者や家族に対してメンタルヘルスケアを行っている」という企業は51社と半数しかなく、また、「海外派遣前の日本人社員を対象とした研修が充実している」企業は38社と半数に及ばず、十分な準備もないまま、また、派遣中も十分なサポートを得られないまま海外で仕事に従事している研究開発者が少なからず存在する。その結果、複数

の企業のヒアリング調査においても，派遣者のすべてが現地に適応できているわけではなく，メンタルな問題をかかえて任期を終えずに帰国するケースも聞かれた。それらの企業は，自立した個人を派遣者に選び，本人に任せることを基本方針としてきたため，企業として現地で彼らをケアするようなことは行ってこなかったが，今後は海外派遣者のメンター制度の導入に人事が積極的に関与することを目標としている。

(2) 帰 任

派遣者は日本に帰国したあとも日本と海外拠点をつなぐブリッジになるケースは多い。MNC内の知識共有は連携の核であり，派遣者は移動するタイミングで知識を運び入れるだけではなく，派遣の任務が終わったあとも，海外拠点とのネットワークを活かして知識フローのチャネルになっている。国内調査では，帰任者（海外派遣の任務を終えて帰国した人）が海外拠点とのブリッジとして活躍しているかどうかを5段階（該当しない＝1～該当する＝5）で尋ねたところ，全体の平均値は3.84と4に近い肯定的な回答が得られた（図表9－1）。また，海外拠点との共同研究開発プロジェクトが研究開発活動全体に占める割合は，日本と海外拠点の連携の程度を表わす指標になると考えられる。そこで，その割合を0％，1－49％，50％以上の3段階に分けると，**図表9－1**に示されるように，連携の程度が高いほど帰任者がブリッジとなる傾向がみられる。

また，「国内調査」で，帰任者は海外派遣の経験を活かせる業務を担当しているかどうかについても5段階で尋ねたところ，その平均値は3.74と比較的高く，また，国際共同研究開発プロジェクトの割合の高い企業ほど平均値が高いという傾向もみられる（図表9－1）。しかし，平均値が4（やや該当する）を下回っているという統計からは，帰任者が必ずしも活かされていない現実がうかがえる。ヒアリング調査では，派遣から帰国した研究開発者を関連する部署に配置するが，数年たったときに影が薄くなっている人たちがいるという問題も指摘された。派遣の経験は一般的に本人の自信につながりモチベーションを

高める効果はある。また，企業側も最先端の研究・技術に触れ，オピニオンリーダーになることを期待して多くのコストをかけて送り出している。しかし，十分に力を発揮できていない帰任者がいるために，帰国後のキャリア形成への人事の積極的関与が今後の課題であるという。

帰任者の日本国内での活用が進んでいないという企業の事例は他にもある。日本を中心に意思決定が行われており，海外拠点の価値や役割が小さいために，そこでの経験が高く評価されていないことが一因であると人事は推察している。その企業では，トップの現地化も含めて現地への権限委譲を進めているところであり，それがある程度進むと，海外のことを知っている人の価値が高まると予想されるが，まだその段階には至っていないという。

また，派遣者は日本のラインから一旦はずれるため，帰国したときにどの高さの役職に当てはめるのかが難しいという問題もある。職階は各地域の文化の影響を受けるため，MNC内で職階を統一するのは難しい。日本本社と海外拠点の職階が異なっており，また，欧米では職位によって権限やアクセスできることに明確な違いがあるため，日本から海外に派遣するときに職位を1ランク上げることは良く行われている。しかし，日本に帰国した時に，そのまま1ランク高い職位とするのか，海外経験を考慮してさらに職位を上げるのか，日本

図表9-1 国際共同研究開発プロジェクトの割合別帰任者の役割

役割＼国際共同研究開発PTの割合	0%	1～49%	50%以上	計
①帰任者は海外派遣の経験を活かせる業務を担当	3.29	3.81	4.00	3.74
②帰任者は海外拠点とのブリッジとして活躍	3.76	3.80	4.22	3.84

注1：国際共同研究開発プロジェクトの割合とは，親企業各社の研究開発活動のうち，海外拠点との共同研究開発活動が占める割合である。
　2：「0%」は17社，「1～49%」は①が70社，②が71社，「50%以上」は9社の平均である。
出所：筆者作成。

の元の職位に戻すのか,企業側の判断は難しい。これらの帰任者の問題は研究開発者に限ったことではなく,海外派遣の問題として以前から指摘されている(内藤,2012;労働政策研究・研修機構,2008;梅沢,1994)。MNC内で職階の統一に至らなくても,派遣者の派遣中と帰国後の役割を明確にしてキャリアパスの中に派遣を位置づけられるようにし,かつ,派遣中も帰国後も経験を活かせる仕事と職位を与えられるようにすることが重要である。

3 外国人の雇用と課題

(1) 日本本社採用の外国人

　帰任者と並んで日本本社と海外拠点をつなぐ人材になりうるのが日本で採用された外国人である。彼らは外国語を話し海外の商慣習や法を知り,かつ日本本社側のビジネス事情にも明るいため,両組織の連携に貢献できると考えられるが,現実には,そういう意味での外国人の活用はあまり進んでいない。

　図表9-2は図表9-1と同様に「日本調査」のデータを用いて,5段階(該当しない=1～該当する=5)で尋ねたときの回答の平均値を示している。外国人は「海外拠点とのブリッジとして活躍している」という項目については,

図表9-2　国際共同研究開発プロジェクトの割合別外国人の役割

役割＼国際共同研究開発PTの割合	0%	1～49%	50%以上	計
①海外とのコミュニケーションを担うのは主に外国人	2.00	2.04	3.00	2.13
②外国人は海外拠点とのブリッジとして活躍	2.47	2.72	3.22	2.73

注:「0%」は17社,「1～49%」は69社,「50%以上」は9社の平均である。
出所:筆者作成。

全体の平均値は2.73と3を下回り否定的な回答が多い。ただし，海外拠点との共同研究開発プロジェクトが全研究活動の50％以上を占める企業（以下，グローバル化先進企業と略記する）では，その値は3.22と相対的に高く，海外拠点との連携が進むにつれて，外国人の活躍の場が広がっていると推測される。同様に，「海外とのコミュニケーションを担うのは主に外国人」という項目に対しても肯定的な回答は少ないが（全体平均2.13），グローバル化先進企業では他の企業よりも肯定的な回答が多くなっている（平均3.00）。

　日本企業の外国人の雇用は2010年代に入って活発になり，彼らの採用や企業内での活躍がメディアで取り上げられる機会も増えた（村上，2015）。また，日本再興戦略2016では研究者・技術者を含む高度外国人の活躍促進が謳われている。しかし，上述のように，外国人よりも日本人の海外派遣経験者が海外拠点とのブリッジになる傾向が強く，日本本社で採用された外国人が海外拠点とのブリッジになったり，海外拠点とのコミュニケーションの要になったりする傾向はいまだ弱い。

　そもそも外国人を積極的に採用する企業自体が少ない。**図表9－3**は「国内調査」において，HRMに関する項目を提示して5段階（該当しない＝1～該当する＝5）で回答を求めた結果を示している。この表に見られるように，外国人を積極的に採用しているという項目の平均値は2.73で3を下回っている。グローバル化先進企業ではさらに低く，わずか2.22である。また，外国人の採用の際に日本語力を重視する企業は多く（平均3.53），この傾向はグローバル化先進企業でも同じである（平均3.56）。

　ヒアリング調査では，ほんとうは日本語能力とは関係なく優秀な人を採用したいと思っているが，まだ社内の体制が整わずその段階には至っていないという発言があった。また，ブリッジとなる人材がまだ育っていないのは，外国人を採用した歴史が浅いため，日本で採用された外国人は20代が中心で，管理職に昇進していないことに原因があるという。確かに，日本で経験を積んだあと帰国して，現地の技術リーダーになってもらうことを期待して採用された外国人もいる。しかし，アジアの拠点で採用された社員は，日本からの派遣者より

もかなり低い給与で雇用されているため，日本で採用された外国人がアジアの母国に戻って派遣者レベルの高い給与もらうには，現地採用の研究開発者に納得してもらえるほどの高い能力・スキルをもっていなければならない。しかし，経験の浅い若手研究開発者の能力・スキルはそのレベルに達しておらず，ブリッジとして活躍するには至っていないという。

(2) 国境をこえて形成されるプロジェクトチーム

　研究開発拠点間の国際的な連携には，国境横断的な研究開発チームやマネージメントチームも貢献する。これらのチームは，国籍や採用された国にかかわらず必要な人材を集めて形成される。ヒアリング調査を行った企業の中にも，グローバルなユニットを作って研究開発を行っているため，日本国内で外国人をあえて採用する理由が見当たらないという企業もあった。前述のように，外国人を積極的に採用しているという項目の平均値は，全体よりもグローバル化先進企業について低いのは，そのような企業においては海外現地採用の人材を活用できることに一因があると考えられる。しかし，このような企業はまだ少なく，図表9-3に示されるように，「世界中の拠点から必要な人材を選抜して，プロジェクトチームを組織している」という項目の平均値は全体で2.21，また，「グローバルに活躍できる経営幹部候補者を，国籍や勤務地を問わずに選抜し教育している」という項目の平均値は全体で2.82であり，いずれも3に及ばない。グローバル化先進企業に限定すると，全体よりはそれらの平均値が高いものの，それでも3以下である。

　グローバルユニットを作って研究開発を行っている企業のヒアリングでは，次節で詳述するHRMのグローバル統一の問題に加えて，リーダー育成の課題も指摘された。すなわち，研究開発人材の能力と，多国籍チームをまとめるリーダーのマネジメント能力との融合が，競争力の源泉であるが，大きな権限と責任をもつリーダーをどのように育成するかについて答えがみつかっていないという。「国内調査」の結果でも図表9-3に示されるように，グローバルに活躍できるリーダーを育成するための研修が充実しているという項目の平均値

図表9-3　国際共同研究開発プロジェクトの割合別研究開発者のHRM

HRM \ 国際共同研究開発PTの割合	0%	1～49%	50%以上	計
①海外勤務を想定した日本人を毎年採用	2.89	2.83	3.22	2.88
②外国人を積極的に採用	2.50	2.85	2.22	2.73
③外国人の採用の際に日本語力を重視	3.39	3.56	3.56	3.53
④社内のグローバル統一基準で採用	2.50	2.46	2.11	2.44
⑤詳細な職務記述書を作って採用や教育訓練を実施	2.83	3.07	3.33	3.05
⑥グローバルに活躍できる経営幹部候補者を国籍や勤務地を問わずに選抜し教育	2.61	2.85	3.00	2.82
⑦世界中の拠点から必要な人材を選抜して，プロジェクトチームを組織	1.47	2.30	2.89	2.21
⑧グローバルに活躍できるリーダーを育成するための研修を充実	2.56	2.97	2.56	2.86
⑨人事評価結果により大きな報酬格差	3.11	3.01	3.44	3.07
⑩人事評価結果により研究開発のリソースを配分	2.00	2.46	2.78	2.40
⑪国内外を問わず同一の評価システムを採用	2.44	2.31	2.56	2.36

注：回答企業数は以下の通りであり，表中の数値は回答企業の平均である。
　「0％」は⑦のみ17社，その他は18社，「1～49％」は⑦のみ70社，④と⑪は71社，その他は72社，「50％以上」はすべて9社である。
出所：筆者作成。

は，全体で2.86に過ぎず，グローバル化先進企業では2.56と全体平均よりも低い。R&Dのグローバル展開が進んでいるからといって日本国内でグローバルに活躍できるリーダーの育成が進んでいるとはいえないようである。

　また，ヒアリング調査を行った企業の中で，経営幹部候補者に限定して選

抜・育成を行っている企業の主な育成方法は，ローテーションであった。外国人であれば日本に来てもらい，日本人であれば海外に赴任してもらい，外国人もしくは多国籍チームを管理する経験を積ませている。経営幹部候補者の選抜のために，世界中を飛び回って情報が集められている。石田（2015）はグローバルマネジャーのヒアリング調査を元に，一般的にグローバルマネジャーの積極的育成には現場体験を重視すべきと提言している。すなわち，若いうちから国内外に出向させて30歳前後には幹部候補として公認し，40歳を目途にグローバルマネジャーとして任命し，50歳代前半には本社の上級幹部に起用するというキャリアパスを提唱している。グローバル研究開発のリーダーの育成については，別途詳しい調査研究が必要であるが，資質のある人を見極めて，異文化の環境で現場体験を積ませることは重要な人材育成方法であると考えられる。

4 MNC内でのHRMの独自性と統一

(1) HRMと現地労働市場の相互関係

これまで議論してきたように，グローバル研究開発では，海外採用の研究開発者への教育訓練，日本と海外の間での両方向の派遣，研究開発やマネジメントを行うグローバルチームの形成などが実施されている。しかし，MNCの人的資源管理（HRM）がそれらと整合的ではないために問題も生じている。本節ではそれらの問題について考察しよう。

第3，4章で明らかにされたように，海外拠点は採用や報酬に関するHRMについて高い自律性をもっている。また，図表9-3に示されるように，「社内のグローバル統一基準で採用」という項目の全体平均値は2.44，「国内外を問わず同一の評価システムを採用」という項目の全体平均値は2.36と低く，採用や報酬に関するMNC内の統一は進んでいないことがわかる。日本企業の特徴とされる長期雇用，企業内教育訓練，能力の向上をベースにした年功的昇進・昇給制度は，日本の非流動的な労働市場と制度的に補完的であるため，労働市

場の前提が異なる海外の拠点に日本の HRM システムをそのまま導入することは難しい。例えば，海外拠点の技術力を高めるために MNC は海外拠点の研究開発者に企業内教育訓練を行っている。そのために，時には海外拠点から日本にコストのかかる派遣を行う場合もある。教育訓練投資を行った人材に対しては，企業内で長期的に雇用したいところであるが，地元の労働市場が流動的であるとき，彼らを引き留めるのは容易ではない。しかも，ヒアリング調査によると，投資効率の良い優秀な人材に対して教育訓練投資を重点的に行いたくても，労働市場が流動的な場合，優秀であればあるほど他社に移る可能性も高くなるため，人事としてはどの位の教育訓練投資が適切であるか難しい判断を行わなければならない。一方，研究開発者の側からみると，企業内教育訓練を受けて長期に勤続するのは，昇進昇給の見込みがある時である。しかし，拠点のトップを日本人派遣者が占めて，現地採用の研究開発者に昇進の天井がある場合には，長期に勤続するメリットは小さい。したがって，拠点の人材が育ってきたときに現地に権限を委譲することが，教育訓練投資を活かすためには重要である。

(2) 評価・報酬制度の統一

また，長期雇用を前提にしないと，報酬制度も日本本社とは異なるものになり，そのために生じる問題もある。上述のグローバルユニットを形成して研究開発を行っている MNC でも，日本の報酬制度は職能資格制度を基礎としているが，欧米の制度は業績による格差の大きい業績給であるという違いがあった。すなわち，報酬決定の基礎となる評価に違いがあり，日本では業績評価（半年に1回，賞与連動）も行うが，基本は能力評価（年に1回，基本給与連動）であり，これが日本人の長期的なキャリアアップのモチベーションや成長意識につながっている。一方，欧米では能力評価になじみが薄く，年に1回，目標達成度に基づいて業績評価が行われている。しかも，流動的な労働市場を背景に，優秀な人を会社に引き留めておくために，業績評価に基づく基本給格差が大きく設定されている。

したがって，同じユニットの中でも，日本人と外国人では適用される評価方法が異なることになる。しかも，ユニットのトップが外国人である場合には，日本人部下の能力評価を行うのが非常に難しいという。能力評価という概念自体が外国人上司には理解しづらく，評価が上に偏るなどの問題も起きるという。それにもかかわらず評価の方法を日本と欧米で一本化しないのは，日本では職種別採用を行っておらず，研究開発者がのちに営業や管理に異動するケースも想定される中で，研究開発職だけにグローバル人事制度を適用するわけにはいかないからである。すなわち，日本国内の企業内配置（職種）転換と補完的な報酬制度をとろうとすると，業績給よりも能力給の方が適しているということである。

また，ヒアリング調査を行った別の企業でも，海外拠点は日本とは異なる独自の報酬制度を採用していた。すなわち，日本では職能資格制度をとっているが，職能資格制度の概念を海外で理解してもらうのは難しく，欧米のみならずアジアの拠点においても役割と業績ベースの賃金制度がとられ，年功的要素と能力的要素をもった日本の賃金制度との間には大きな違いがある。ただし，その企業では世界中の優秀な人で構成されるドリームチームの結成をめざしているため，グローバル共通のコンピテンシーを定め，幹部への登用のしくみについては共通化している。

また，管理職以上に対して世界共通の評価・報酬システムを採用している企業もある。前節で紹介した経営幹部候補者を国籍や勤務地を問わずに選抜し育成している企業では，管理職以上に年俸制を適用し，世界中どこに転勤しても同じ基準で評価され年俸が決定されるという制度を採用している。評価基準はコミットメントと目標の達成，コンピテンシーで，評価項目は社内辞書に詳細に定義されている。

このような共通化を行わなければ，グローバルに活躍する人たちの評価や報酬に一貫性が保たれないことになる。しかし，もともとR&D組織の報酬制度には日本と海外で違いがあり（中原，1994），それをどのようにすり合わせていくかが課題である。研究開発者が社内の他の職能部門に異動する可能性のあ

る日本では，能力・年功給は好都合であり，研究開発職だけに役割と業績ベースの海外の報酬を適用しにくい。また，海外拠点に日本の報酬制度を理解して取り入れてもらうことも難しく，MNCはすり合わせに苦労している。そのような中で，研究開発者の中でも主に管理的業務を行っている人やグローバル経営に携わっているトップに限って評価や報酬を共通化することが，グローバル研究開発の進んだMNCの現段階の到達点であるようだ。

(3) 日本本社におけるHRMの変化

また，共通化に至らなくても，R&Dのグローバル化に伴って徐々に国内のHRMを変えていく傾向もみられる。榊原（1995）は「研究開発の国際化は，国内ではみられない新しいタイプの研究開発マネジメントを，海外で別個に模索し実践する過程になる」（P.226）と推測していたが，海外のみならず本拠地日本でも模索が行われている。経験による能力の向上を基礎とした昇給や昇進，評価による格差の小さい報酬，あいまいな職務割り当てなどの日本企業の特徴が，日本で雇用する外国人になかなか受け入れられないという問題が実際に起きているからである（村上，2015）。また，第8章で見出されたように，海外留学の経験のある人は，所属組織で成長できなければ社外に機会を求めるというキャリア観をもっており，日本人社員も多様化してきているからである。図表9-3に示されるように，詳細な職務記述書を作って採用や教育訓練を実施している企業や，人事評価の結果に基づいて報酬格差や研究資金などのリソース格差を大きくしている企業は，全体的に少ないながらも，グローバル化先進企業で相対的に多くなっている。

ヒアリング調査では，組織の全体目標に関連づけて個人の仕事の内容や役割，権限や責任の範囲などを明確にすることが，海外拠点でも，日本国内で外国人を雇用する場合でも重要であることが指摘された。また，労働市場が流動的な海外のみならず，日本国内においても外国人は長期勤続を前提としておらず，他に良いキャリアがあれば前向きに離職していくという。したがって，R&Dのグローバル化に伴って，職務の明確化，評価に基づいて報酬や研究開発のた

めのリソースに格差をつけるなど，優秀な人材の引き留め策になるようなHRMの対応も必要になっている。

　1980年代，90年代には海外子会社に日本のHRMを移転すべきか，移転できるのかについて，盛んな議論が行われた（白木，2006，第1章）。その頃の主な研究対象は製造や販売の子会社であり，HRMの移転は，本社のある日本から子会社のある海外へという方向が想定されていた。しかし，これまでの例にみられるように，現在研究開発のグローバル化に伴って起きているHRMの調整は，日本のシステムを変える方向で展開されている。石田（1985）は30年以上前に，日本企業の処遇が海外でホワイトカラーの人事管理上の問題を引き起こしていることを観察し，今後，日本企業が多国籍化を進める上で，高級な人的資源の調達と確保を阻むHRMがあい路になるであろうと予測していた（石田，1985，p.249）。さらに，そのあい路を打開するために，能力平等主義を廃止して報酬格差を大きくすること，外国人マネジャーに重要な情報を共有させマネジメント集団に統合すること，日本本社による海外子会社幹部のトレーニングとコントロールの体制を整えることを提案した。また，このように国際的に通用可能な修正日本型モデルは，日本におけるHRMの変化の方向とも大筋で一致するであろうと予測していた（石田，1985，p.250）。研究開発者は石田の指摘する高級な人的資源に該当し，彼らが主役である現在の研究開発組織において，日本側のHRMを修正する方向の変化が起きている。

5 ｜研究開発者の社会関係資本と人的資本の形成

　前節までは，多国籍企業において組織間で連携しながら研究開発を実施していくための人材マネジメントを考察した。これは第1章のマクロ的フレームワーク（図表1-1）に対応する考察である。本書では，R&D組織内の個々の研究開発者の行動に視点を移したミクロ的考察も行っている。第1章で論じたように，グローバル競争に勝ち抜くためには，組織の外部から知識を吸収し，組織内部の既存知識と新結合を起こし，画期的な新製品や新サービスを市場に

供給していかなければならない。Cohen & Levinthal（1990）は，外部の新しい知識を認識・獲得し，獲得した知識を処理して有効に活用することを吸収力（absorptive capacity）と定義したが，Hotho et al.（2012）が指摘するように，どのようにして個人の行動が組織を単位とした吸収力に転換されるのかについては，これまで十分な研究が行われていない。そこで本書では，第1章の図表1-2に示されたミクロ的フレームワークに沿って，そのプロセスにおける研究開発者の行動とそれに影響を与えるマネジメントに焦点を当てた分析も行った。まず，研究開発者個人が知識創造の主役であることから，彼らの人的資本と社会関係資本がパフォーマンスに与える影響について分析を行った。

(1) ネットワークの形成と効果

第5章では，「個人調査」のデータ（詳細は第1章参照）を使って，研究開発者の半数以上が国内の他社・大学・研究機関に勤務する研究開発者と個人的ネットワークをもっていること，また，4人に1人は海外の他社・大学・研究機関のネットワークとつながっていることが見出された。今日ではインターネット上で外部知識を吸収することもできるが，半数以上の研究開発者が個人のソーシャルネットワークを経由して外部知識を取り込んでおり，さらにそのネットワークが海外に広がっている人の割合は，全体の4分の1に及んでいる。

また，第5章では社内，国内，海外に多様なネットワークをもっている研究開発者ほど創造的行動をとり，また，新製品のリリース件数や技術的成果の件数も多いことが明らかになった。すなわち，多様なルートで職場外から知識を吸収している研究開発者は，個人の中で様々な知識の統合をはかり，高い研究開発成果をあげることができると推察される。これらのことから，研究開発者にとって，外部知識吸収のチャネルとなるソーシャルネットワークは，パフォーマンス向上に寄与していると考えられる。

(2) 海外移動経験の効果

第5章で示されたように，ネットワークの多様性は職位とも関係しているが，

海外出張や社会人になってからの長期（半年以上）留学の影響も受けており，海外移動の経験がネットワークの形成に寄与している。移動により地理的距離は縮まり，さらに，同じ空間の中で経験や知識を共有することで，社会的・認知的距離も縮まると，ネットワークのタイが形成されやすい。タイの維持には努力や時間的・金銭的コストも必要であるため，帰国によって物理的距離が離れた人とのタイの一部は失われていく（Murakami, 2014；Fontes et al., 2013）。しかし，知識が地理的に遍在しているときに，空間的に離れた人とのリーチの長いタイは，斬新な知識のソースになる可能性が高い。また，海外のコンタクトとのタイを維持することによって，海外と国内の両ネットワークの間の構造的隙間（structural hole）に位置して，多様な知識を得られるチャンスも広がる。これらのベネフィットを得られる研究開発者が，海外とのソーシャルネットワークを維持し，パフォーマンスを高めていると考えられる。

　また，第8章では社会人時代の留学経験や海外赴任経験が，新製品のリリースや学術論文の出版のような研究開発成果の向上に寄与する可能性が示された。前述のように優秀な人が海外派遣者に選ばれている傾向から察すると，もともと優秀な人が海外留学等の機会を与えられ，海外経験によって一段と能力を高め，高いパフォーマンスを発揮していると考えられる。海外経験を通じて，先端知識や技術的問題を解決するための知識を学び能力を高めることができるため，海外経験はソーシャルネットワークを形成する機会であるばかりではなく，人的資本を高める機会にもなっている。

　さらに，第8章の分析では，学生時代の留学経験は，研究開発成果に直結しておらず，社会人時代の海外経験とも無関係であるという結果が得られている。ただし，学生時代に留学経験のある人の中には，機会があれば海外赴任をしたいという人が多いことも見出されており，また上述のように，海外生活に適応できずに派遣途中で帰国する研究開発者もいることを考えると，企業は留学経験のある社員を海外赴任要員としてもっと活用することができると考えられる。政策のサポートもあって，最近の日本の留学者数は増加傾向にあり（図表8-1），若者の内向き志向と呼ばれた時期を脱したようにもみえる。彼らが本格

的に労働市場に参入する時期には，科学技術に関する高い専門能力ばかりではなく，異文化適応力を備えた研究開発者が多く供給されるようになると期待される。

6 外部知識の獲得と職場内の共有

(1) 職場内の知識共有を促進するマネジメント

　研究開発成果は，個々の研究開発者の能力と努力に負うところが大きいといっても，組織外から新しい知識を吸収し，それを組織のコンテキストに変換し，組織の既存の知識と結合するという一連のプロセスを，一個人で成し遂げるのは難しい。吸収した知識を個人の中にとどめておかず，職場内の同僚と共有することによって，図表1−2に示された知識の交換・変換・結合のプロセスが広い範囲で展開されると考えられる。そこで第6章では，「個人調査」のデータを使って，職場外から得た知識を職場の仲間と共有する行動を促進するHRMの分析を行った。その結果，研究開発知識についてもビジネス知識についても，知識共有行動を促進するHRMが存在することが明らかになった。すなわち，知識・情報・技術を社内の仲間に伝達することを評価・奨励したり，人事評価において，個人のチーム業績への貢献度とチームメンバーが互いに連携し合うプロセスを重視したりすると，職場内の知識共有行動が促進されるという結果が導かれた。また，定期的な社内研究会のような知識共有の場を提供するマネジメントも有効であるという結果が得られた。

(2) 外部知識の獲得と職場内共有の連鎖

　第5章では組織の外からの知識の獲得を，第6章では獲得した知識の職場内の普及をそれぞれ別々に論じたが，組織がイノベーションをおこしたり，高いパフォーマンスを達成したりするためには，これらの2つの行動をつなぐことが重要である。アレンは1960年代のアメリカのR&D組織の研究から，外部か

ら知識を取り込む役割と，取り込んだ知識を組織の文脈に変換し，組織内の他者にそれを広めるという役割の2つを担うゲートキーパーの存在を見出した（Allen, 1977）。ところが，最近はこれらのゲートキーパーの2つの役割に分業が見られるようになってきたことが指摘されている（Harada, 2003；Whelan et al., 2011；Whelan et al., 2013）。前者の役割を担う人はアイデアスカウト（idea scout）もしくは外的スター（external star）と呼ばれ，後者の役割を担う人はアイデアコネクター（idea connector），もしくは内的スター（internal star）と呼ばれている（Whelan et al., 2011；Whelan et al., 2013）。

このような分業が起こるようになった背景として，インターネットの発達が指摘されている。1960年代とは異なり，現代では誰もがインターネットを通じて組織の外部から容易に情報や知識を取り込むことができる。これによりゲートキーパーになりうる人の数は増えたように思えるが，ネットを通じて得られる情報は膨大で，しかも信頼性が保証されたものではない。膨大な情報の中から，信頼でき，かつ，組織にとって価値ある情報・知識を見出すためには，広く浅い知識ではなく，狭い範囲の深い知識が必要になり，そのために専門家が求められている（Whelan et al., 2011；Whelan et al., 2013）。

一方，組織の内部で広めるためには，外部知識を組織の文脈に変換することができ，かつ変換した知識を他者に信頼してもらえるような組織内で影響力を持つ人物が必要になる。しかし，そのような資質，スキル，内部ネットワークと，インターネットで情報をサーチする能力や外部ネットワークとは異なり，両方を兼ね備えている個人は少ない。そこで，ウェラン（Whelan）たちが分析した複数の企業では，外部知識の吸収と内部での普及の2つのステップが分業化され，各ステップを担う個人がインフォーマルにつながって外部知識が組織内に広く伝達されていることが見出だされた。ただし，そのつながりはインフォーマルであるために，保証されているわけではない（Allen, 1977；Whelan et al., 2011；Tushman & Scanlan, 1981）

イノベーションのために外部知識が重要であり，また，見知らぬ人が発信するインターネット上の知識よりも研究開発者の個人的ネットワークから得られ

る知識の方が信頼できるならば，組織は個々の研究開発者がもつソーシャルネットワークをうまく活用して知識を獲得し，それらの知識を職場内でシェアすることにより知識の新結合のプロセスを効率良く進めることができると考えられる。しかし，パーソナルネットワークを通じて得られた知識は，インターネット上で不特定多数の人がアクセスできる知識と比べて，オープンにされていない分だけ希少性があり，それをもっていることが競争的アドバンテージにつながる可能性がある。また，昇進，昇給などの報酬は組織単位で決定されることが多いため，組織内では組織外での交換以上に，パーソナルネットワークで吸収した知識について秘匿の誘因が働く可能性もある。パーソナルネットワークを介した知識交換は組織外で起こる自発的行動であるため，組織が介入できる余地は少ないかもしれないが[1]，組織内での移転はマネジメントの範囲であり，MNCはマネジメントを通じて知識共有を促進することが期待される。

7 研究開発チーム内の多様性

(1) 多様性とチームの成果との関係

　前節では，R&D組織の知識創造が，一個人ではなしえないケースが多いことから，外部から吸収した知識を職場内で共有する研究開発者の行動を考察した。そこでの考察の単位は研究開発者個人であったが，研究開発者は協力して共通の目標を達成するために，チームを形成することが多い。そこで，チームを単位に分析を行い，研究開発成果を高めるマネジメントを見出すことは重要である。グローバル研究開発では国内研究開発と比べて，メンバーに多様性のあるチームが形成されやすいと考えられ，また，一般的に，多様性は創造的な研究開発成果につながると期待されている。そこで，第7章では，研究開発チームの多様性を高めれば創造的な成果が生まれるのか，また，そうであるならばそのメカニズムは何かについて分析が行われた。

　分析の結果，多様性とチームの創造的成果の関係は複雑で，多様性が高まる

ことが情報の共有化やチームとしての自信につながればチームの創造的成果は高まるが，コンフリクトを誘発するとチームの成果が損なわれることが導かれた。ただし，リーダーシップのあり方によってはポジティブな効果が促進され，ネガティブな影響が抑制されることも見出されている。さらに，第7章では，タスク志向性―関係志向性と，表層的―深層的の2つの軸で多様性を詳細に分析することにより，多様性の種類によってチームの創造的成果に与える影響が異なることも見出された。例えば，時間感覚の多様性はコンフリクトを引き起こしてチームの創造的成果にマイナスの影響を与えるが，最先端技術を追求することに対する考え方の多様性は，情報共有化を促進してチームの創造的成果を高めるという結果が得られた。

多様性というと，一般的には，年齢，性別，国籍など人口統計に基づく分類上の多様化を意味することが多いが，グローバル研究開発で追及される多様性は，知識の多様性である。ただし，知識や能力が世界中に遍在しているならば，知識の新結合のために多様な知識を求めようとすれば，MNC内の国籍は自然と多様化する。タスク志向性―関係志向性と，表層的―深層的の2つの軸で多様性を分析した図表7-1に沿って議論するならば，知識や専門能力などの深層的タスク志向多様性（第3象限）が，国籍という表層的関係志向多様性（第1象限）と関係し，さらに，国籍が価値観やパーソナリティという深層的関係志向多様性（第4象限）ともつながっている可能性がある。タスク志向的多様性がチームパフォーマンスを高めるという実証研究は多いが，関係志向多様性の効果ははっきりしないため（Horowitz & Horwitz, 2007；Josh & Roh, 2009），知識や専門能力の多様性が国籍や価値観の多様性とも関連するとき，問題は複雑になる。第7章の議論によると，何に関する価値観，考え方なのかによって，その多様性がコンフリクトを引き起こす可能性もあれば，情報の共有化に発展する可能性もある。

(2) R&Dの現場で起きている多様性のメリットとデメリット

ヒアリング調査では，国籍や人種の面での多様性のメリットとして，知識や

能力の補完性と議論の活発化が挙げられた。海外の市場，言語，慣行に関する知識の違いに加えて，スキルや能力は学校教育等を通じて後天的に獲得できるため，国によって学校教育の方針や教育のメソッドに違いがあるとき，国籍の多様化は知識，能力・スキルの多様化にもつながる。ある電機メーカーの海外拠点では，国籍による得意分野や優れた能力に違いが見られ，それらの特徴を配慮してチームを組むと，うまく補完し合って非常に高いチーム能力を発揮するという経験をしていた。

また，議論の活発化というメリットについては，多くのヒアリング協力者が口にしていた。文化的多様性によりいろいろなアイデアや方法が生まれ，また，バックグラウンドが違う人たちが議論をすると，様々な意見がぶつかり合い，活発な議論の末に良いアイデアや結果が生まれるという。第7章の表現を借りれば，情報の共有化のプロセスが展開されているということである。このような効果は特に新しい課題にぶつかったときに発揮される。同じ考え方の人ばかりが集まると，新しい課題に無関心な態度や，従来の枠の中だけで議論する傾向がみられるが，多様性のある環境では，従来の考え方や価値観を超えた議論が展開されるという。ただし，このようなメリットを享受するためには，参加者が異なった文化的背景をもつ人たちと議論できるスキルをもっていなければならず，また，リーダーには，参加者から多様な意見を引き出す能力が求められる。

一方，多様性によるデメリットとしては，放っておくとイギリス人だけ，スペイン人だけという具合にサブグループ化することが，海外拠点のヒアリング調査で指摘された。上記のように，多様性により議論が活発になり新しいアイデアが生まれることはあるが，それは多様性を効果的に管理した場合であって，それがなければ文化圏の間での連携が弱くなり，逆に効率が悪くなるケースも生じるという。この事態を回避するためには，第7章で見出されたように，リーダーの適切なリーダーシップが必要になる。

8 本書の貢献と残された課題

　先端的研究の実施，研究のシーズや技術情報の探索，現地向け製品の開発などを目的に，海外のR&D拠点が設立され日本企業の多国籍化が進むとき，日本の本社R&Dと海外のR&D拠点は自律しながらもある程度連携して研究開発を進めている。本書では特に，それらの組織間での知識の移転とMNC内での知識の創出に焦点を当て，第1章で提示したマクロ的フレームワークとミクロ的フレームワークに基づいて人材の観点から分析を行った。その結果は第1章の5節と本章の1〜7節にまとめられている通りである。本書はR&D拠点を単位とした分析と，グローバル研究開発を行う研究開発者個人とチームを単位にした分析を行うことにより，「研究開発者個人の行動が，どのようにして組織を単位とした知識創造に転換されるのか？」というブラックボックスの部分の解明に一定の貢献をしている。

　しかし，MNCのグローバル研究開発を研究開発者個人と組織の両面から分析する研究は複雑で，今後さらに掘り下げた研究が必要である。例えば，本書の組織間関係の分析では，本社と海外子会社との関係に関する分析に重点が置かれ，海外子会社間の分析は今後の課題に残されている。また，上述のブラックボックスの解明には，知識の新結合に至るまでの連続的なプロセスを視野に入れた研究開発者間の相互作用の分析や，そのプロセスに様々な組織の人材がからみあう立体的な分析を考案することは今後の課題である。グローバル研究開発に有効な人材マネジメントについて個別のハウツーを提案するには，さらに，適切な実験データや経験に基づく一定規模のデータ等を集めて精緻な分析を行う必要もある。また，本書では製薬，自動車，電機の産業を対象に一般的な議論を行っているが，業種特性を考慮した業種別の分析も今後の発展の方向であろう。

　日本企業の海外現地法人数は急速に伸び，グローバルなビジネス展開は確実に進んでいる。グローバル研究開発の重要性は今後さらに高まると予想される。

本書では，過去の研究を礎とし統一的な視点で包括的な分析を行ったが，グローバル研究開発の人材の育成とマネジメントに焦点を当てた研究に残された課題は多い。本書を今後の研究の出発点としたい。

▶注

1）　先行研究では，組織が行いうる外部知識吸収のマネジメントとしては，人々がコミュニティにおける知識シェアに参加するよう促す文化的規範を確立することや（Wasko & Faraj, 2000），組織の利害に関する情報を十分提供したうえで，個人の意思決定にまかせることが推奨されている（Schrader, 1990）。

▶▶参考文献

石田英夫［1985］『日本企業の国際人事管理』日本労働研究機構.
―――――［2015］「国際競争力の低下とグローバルマネジャー」『日本労働研究雑誌』No. 660, 103-108.
梅沢隆［1994］「第4章　海外派遣者のキャリアと動機づけ」石田英夫編著『国際人事』中央経済社.
榎本英介［2010］『博士漂流時代―「余った博士」はどうなるか？』ディスカヴァー・トゥエンティワン.
グローバル人材育成推進会議［2012］「グローバル人材育成戦略―グローバル人材育成推進会議　審議まとめ」.
榊原清則［1995］『日本企業の研究開発マネジメント―"組織内同形化"とその超克』千倉書房.
白木三秀［2006］『国際人的資源管理の比較分析』有斐閣.
内藤陽子［2012］「海外派遣からの帰任―組織への再適応とその決定要因」『日本労働研究雑誌』No. 626, 75-88.
中原秀登［1994］「第7章　研究開発の国際化」石田英夫編著『国際人事』中央経済社.
堀井惠子［2014］「第9章　現地法人における異文化コミュニケーションとその能力開発」白木三秀編著『グローバル・マネジャーの育成と評価』早稲田大学出版会.
村上由紀子［2015］『人材の国際移動とイノベーション』NTT出版.
文部科学省［2010］『平成22年版科学技術白書―価値創造人材が拓く新たなフロンティア：日本再出発のための科学・技術の在り方』株式会社ぎょうせい.
労働政策研究・研修機構［2008］『第7回　海外派遣勤務者の職業と生活に関する調

査結果』JILPT 調査シリーズ,No. 40.
Allen, Thomas J. [1977] *Managing the Flow of Technology*, Cambridge: the MIT Press.
Cohen, Wesley M. & Levinthal, Daniel A. [1990] "Absorptive Capacity: A New Perspective on Learning and Innovation" *Administrative Science Quarterly*, 35, 128-152.
Fontes, Margarida, Videira, Pedro & Calapez, Teresa [2013] "The Impact of Long-term Scientific Mobility on the Creation of Persistent Knowledge Networks" *Mobilities*, 8, 3 440-465.
Håkanson, Lars & Ambos, Bjoern [2010] "The Antecedents of Psychic Distance" *Journal of International Management*, 16 195-210.
Harada, T. [2003] "Three Steps in Knowledge Communication: the Emergence of Knowledge Transformers" *Research Policy*, 32, 1737-1751.
Horwitz, Sujin K. & Horwitz, Irwin B. [2007] "The Effects of Team Diversity on Team Outcomes: A Meta-analytic Review of Team Demography" *Journal of Management*, 33, 987-1115.
Hotho, Jasper J., Becker-Ritterspach, Florian & Saka-Helmhout, Ayse [2012] "Enriching Absorptive Capacity through Social Interaction" *British Journal of Management*, 23, 383-401.
Joshi, Aparna & Roh, Hyuntak [2009] "The Role of Context in Work Team Diversity Research: A Meta-Analytic Review" *Academy of Management Journal*, 52, 3 599-627.
Murakami, Yukiko [2014] "Influences of Return Migration on International Collaborative Research Networks: Cases of Japanese Scientists Returning from the US" *Journal of Technology Transfer* 39, 4 616-634.
―――― [2017] "'Inpatriation' for Knowledge-Transfer within Japanese Multinational Corporations" *Asia Pacific Business Review*, 23(4), 576-595.
Schrader, Stephan [1990] "Informal Technology Transfer between Firms: Cooperation through Information Trading" *Research Policy*, 20, 153-170.
Tushman, Michael J. & Scanlan, Thomas J. [1981] "Characteristics and External Orientations of Boundary Spanning Individuals" *Academy of Management Journal*, 21(2), 83-98.
Wasko, McLure M. & Faraj, S. [2000] "It is What One Does: Why People Participate

and Help Others in Electric Communities of Practice" *Strategic Information Systems*, 9, 155-173.

Whelan, Eoin, Parise, Salvatore, deValk, Jasper & Aalbers, Rick [2011] "Creating Employee Networks that Deliver Open Innovation" *MIT Sloan Management Review*, 53, 1 37-44.

Whelan, Eoin, Golden, Willie & Donnellan, Brian [2013] "Digitising the R&D Social Network: Revisiting the Technological Gatekeeper" *Information Systems Journal*, 23, 197-218.

索　引

■あ行

ICT ……………………………………… 100, 101
暗黙知 …………………………… 96, 102, 136
イノベーション ………… 2, 3, 4, 6, 26, 56, 244
HRM ……… 136-138, 140, 149, 156, 157, 159
オープンイノベーション …… 2, 26, 33, 35, 47, 49, 59, 93

■か行

海外経験 ……… 126, 144, 152, 155, 202, 207, 212
海外出張 …………………………………… 207
海外派遣者 …………… 96, 206, 212, 228-230
海外赴任志向 ……………………………… 212
海外留学制度 ……………………………… 205
外国人 ………………… 20, 228, 232-235, 238
開放的なネットワーク …………………… 114
関係志向多様性 …………………… 168, 169
機会追求志向 ……………………………… 212
技術移転 ………………………… 99, 100, 105
帰任者 …………… 143, 144, 152, 155, 157, 230-232
客観的成果 ………………………………… 217
キャリア感 ………………………… 202, 212
教育訓練 ………… 99, 100, 102, 106, 157, 158, 227, 228, 236, 237
共同研究開発 ………………………… 230, 233
共同プロジェクト ……………… 95, 103-105
グローバル・マインド ……………… 195, 196

グローバル研究開発 …… 3, 4, 8, 10-13, 17, 20, 56, 57, 65, 105, 140, 226-228, 236, 245, 246, 248
グローバル人材 ………………… 10, 20, 226
グローバルタレント ……………………… 103
ゲートキーパー ……………………… 178, 244
研究開発知識共有行動 ……… 139, 140, 143, 145, 151, 153, 156
現地活動自律性 …………………… 69, 73, 80
国際移動 ……………………… 18, 130, 202
国際共同（協働）マネジメント …… 56, 76
コンフリクト ……… 177-179, 181, 182, 184, 186-188, 190, 191, 193

■さ行

産学連携 ……………………… 49, 93, 227
GK型リーダーシップ ……… 178, 179, 181, 188-191, 193, 195
シーズの探索 …………… 40, 88-90, 93, 94
自己効力感 ………………………………… 172
仕事成果 ……………………………… 202, 217
社会関係資本 ……………………………… 241
主観的成果 ………………………………… 218
情報共有化 …… 177, 179, 181-188, 191, 193
職業キャリア ……………………… 126, 130
職場流動性 ………………………………… 212
自律性 …… 6, 7, 13, 14, 16, 17, 56, 59, 60, 64, 67, 68, 88, 90, 92, 94, 98, 105, 141, 236
人材のフロー ………………… 88, 91, 92, 105

人材マネジメント····9, 10, 16, 20, 240, 248
人事管理自律性··················69, 70, 77
深層的関係志向多様性············170, 172
深層的タスク志向多様性····170, 172, 174
深層的多様性··················169, 171, 172
人的資源管理························135, 136
人的資本······················106, 113, 241
創造性······36, 135, 141, 156, 158, 166, 173, 174, 176, 177, 188
創造的行動··············20, 119, 151, 217, 241
創造的自己効力感··························184
創造的成果······19, 119, 136, 140, 141, 143, 156, 165-167, 175, 176, 179-182, 184, 187, 188, 191, 193-195, 245
創造的チーム効力感···177, 179, 181-183, 186, 187, 190, 191, 193

■た行

タスク志向多様性···························168, 169
多様性··········12, 18, 20, 142, 151, 154, 155, 158, 165-179, 181-196, 245, 246
短期留学···207
チーム凝集性··································172
知識移転····8, 13, 16, 30, 36, 37, 40-42, 45, 50, 89, 95, 97, 98, 100, 102, 104-106
知識吸収·······26, 35, 37, 38, 40-42, 44-49, 89, 107, 249
知識共有··18
知識共有行動·········135, 136, 140, 142, 149, 151, 153, 158, 243
知識創造······················9, 11, 241, 245, 248
知識のフロー··············88, 91, 92, 98, 105

長期留学··207

■な行

ネットワーク········5, 17, 18, 100, 112-131, 230, 241

■は行

媒介要因··············175, 176, 181, 182, 184, 186-188
派遣·······8, 9, 13, 91, 94, 98-100, 102-105, 211, 229, 232
ビジネス知識共有行動··········139, 140, 143, 145, 151, 153, 157
表層的関係志向多様性·····················169-171
表層的タスク志向多様性··············170, 171
表層的多様性·······································169
赴任······························142, 152, 207, 209
文化的距離························103, 104, 229
閉鎖的なネットワーク·······················113
報酬制度·······················137, 158, 237-239

■ま行

モデレータ要因····172-175, 178, 181, 184, 193

■ら行

リーダーシップ·········14, 19, 174, 176-181, 184, 188-191, 195, 246
留学······142, 145, 152, 155, 157, 202, 204, 242
労働市場··237, 239

[執筆者紹介・執筆分担]

村上由紀子（むらかみ　ゆきこ）　　　　　　　　　編集，第1章，第4章，第9章
編著者紹介参照。

鈴木　章浩（すずき　あきひろ）　　　　　　　　　　　　　　　　　　第2章
長岡大学経済経営学部専任講師（2019年4月より常葉大学経営学部専任講師着任予定）。
大阪大学経済学部卒業。早稲田大学大学院経済学研究科博士後期課程単位取得満期退学。
製造業勤務，立教大学経営学部兼任講師等を経て，2016年より現職。
主な論文に，「日系多国籍企業における海外研究開発拠点から日本への知識の移転」，『国際ビジネス研究』第7巻第2号（2015年）がある。

田中　秀樹（たなか　ひでき）　　　　　　　　　　　　　　　　　　　第3章
京都学園大学（2019年4月より京都先端科学大学に改称予定）経済経営学部准教授。博士（政策科学）。
同志社大学総合政策科学研究科博士課程修了。同志社大学技術・企業・国際競争力研究センター，青森公立大学経営経済学部などを経て，2017年より現職。
主な著書・論文に，"Impacts of Overtime Reduction on Psychological Well-Being for Japanese Research and Development Engineers: Positive and Negative Sides of Work Time Regulations" *Journal of Japanese Management*, No. 1, Vol. 1, pp.27-43（共著，2016年）[Journal of Japanese Management誌 Best Paper Award受賞]，「技術者の仕事管理と人的資源管理」『日本労働研究雑誌』633号，pp.66-80,（2013年）がある。

宮本　大（みやもと　だい）　　　　　　　　　　　　　　　　　　　　第5章
同志社大学経済学部教授。博士（経済学）。
同志社大学大学院経済学研究科博士後期課程修了。同志社大学COE特別研究員，流通経済大学講師，准教授，同志社大学准教授を経て，2016年より現職。
主な著書・論文に，『高付加価値エンジニアが育つ—技術者の能力開発とキャリア形成』（共著，日本評論社，2009年），*Have Japanese Firms Changed?: The lost decade*（共著，Palgrave Macmillan，2010年）がある。

義村　敦子（よしむら　あつこ）　　　　　　　　　　　　　　第6章
成蹊大学経済学部教授。博士（商学）。
慶応義塾大学商学研究科博士後期課程修了。
主な著書・論文に，『研究開発者の職務関与と人的資源管理』（慶應義塾大学出版会，2007年），「創造性概念と人的資源管理に関する考察」『成蹊大学経済学部論集』第45巻（2014年），「人的資源管理システム研究の展望(1)」『成蹊大学経済学部論集』第48巻（2017年）がある。

石川　　淳（いしかわ　じゅん）　　　　　　　　　　　　　　第7章
立教大学経営学部教授。立教大学リーダーシップ研究所　所長。博士（経営学）。
慶應義塾大学経営管理研究科博士課程修了。
主な著書・論文に，『リーダーシップ教育のフロンティア　研究編』（分担執筆，北大路書房，2018年），『シェアド・リーダーシップ：チーム全員の影響力が職場を強くする』（中央経済社，2016年），『善き経営　GBIの理論と実践』（分担執筆，丸善雄松堂，2016年），「研究開発プロセスのリーダーシップ：文献レビューと課題の提示」『日本労働研究雑誌』660号，66-86頁，2015年がある。Pan-Pacific Business Conference Outstanding Paper Award（2014年）受賞。

宮﨑　　悟（みやざき　さとる）　　　　　　　　　　　　　　第8章
国立教育政策研究所教育政策・評価研究部主任研究官。博士（経済学）。
2008年3月同志社大学大学院経済学研究科博士後期課程修了。2008年より同志社大学技術・企業・国際競争力研究センター特別研究員を経て，2012年より現職。
主な著書に，『高付加価値エンジニアが育つ』（共著，日本評論社，2009年），『小中一貫［事例編］』（共著，東洋館出版社，2016年）がある。

[編著者紹介]

村上由紀子（むらかみ・ゆきこ）

早稲田大学政治経済学術院教授。博士（経済学）。
早稲田大学大学院経済学研究科修了。大阪外国語大学（現，大阪大学外国語学部）専任講師，早稲田大学助教授を経て，現職。
カリフォルニア大学バークレイ校（1996-1997年），オックスフォード大学（2003年），マサチューセッツ工科大学（2007-2009年）で客員研究員を務める。
主な単著に，『人材の国際移動とイノベーション』（NTT出版，2015年），『頭脳はどこに向かうのか』（日本経済新聞出版社，2010年），『技術者の転職と労働市場』（白桃書房，2003年）がある。

グローバル研究開発人材の育成とマネジメント
──知識移転とイノベーションの分析

2019年3月1日　第1版第1刷発行

編著者	村　上　由紀子
発行者	山　本　　　継
発行所	㈱中央経済社
発売元	㈱中央経済グループ パブリッシング

〒101-0051　東京都千代田区神田神保町1-31-2
電話　03 (3293) 3371 (編集代表)
　　　03 (3293) 3381 (営業代表)
http://www.chuokeizai.co.jp/
印刷／昭和情報プロセス㈱
製本／㈲井上製本所

©2019
Printed in Japan

＊頁の「欠落」や「順序違い」などがありましたらお取り替えいたしますので発売元までご送付ください。（送料小社負担）

ISBN978-4-502-29231-6　C3034

JCOPY〈出版者著作権管理機構委託出版物〉本書を無断で複写複製（コピー）することは，著作権法上の例外を除き，禁じられています。本書をコピーされる場合は事前に出版者著作権管理機構（JCOPY）の許諾を受けてください。
JCOPY〈http://www.jcopy.or.jp　eメール：info@jcopy.or.jp　電話：03-3513-6969〉